改革开放中的成都

大城崛起进行时

改革开放中的成都：

大城崛起进行时（修订本）

汤继强 著

西南财经大学出版社
Southwestern University of Finance & Economics Press
中国·成都

图书在版编目(CIP)数据

改革开放中的成都:大城崛起进行时/汤继强著.—修订本.—成都:西南财经大学出版社,2022.1
ISBN 978-7-5504-5154-4

Ⅰ.①改…　Ⅱ.①汤…　Ⅲ.①改革开放—成就—成都　Ⅳ.①D619.711

中国版本图书馆 CIP 数据核字(2021)第 239262 号

改革开放中的成都:大城崛起进行时(修订本)
GAIGE KAIFANG ZHONG DE CHENGDU:DACHENG JUEQI JINXINGSHI
汤继强　著

策划编辑:何春梅
责任编辑:何春梅
责任校对:肖翀
封面设计:张赟成
衬页题字:邓代昆
责任印制:朱曼丽

出版发行	西南财经大学出版社(四川省成都市光华村街 55 号)
网　　址	http://cbs.swufe.edu.cn
电子邮件	bookcj@swufe.edu.cn
邮政编码	610074
电　　话	028-87353785
照　　排	四川胜翔数码印务设计有限公司
印　　刷	四川新财印务有限公司
成品尺寸	170mm×240mm
印　　张	18
字　　数	242 千字
版　　次	2022 年 1 月第 1 版
印　　次	2022 年 1 月第 1 次印刷
书　　号	ISBN 978-7-5504-5154-4
定　　价	88.00 元

春望成都[1]

初春的成都街头，树上挂满大红灯笼，节日气氛甚浓，尤其经历过2020年的特殊考验，每一个人心里都有些别样的感动。

前不久，我沿着长三角、粤港澳大湾区走了一圈，在与学界、企业界及其他各界朋友的交流中发现他们对成都充满了艳羡和某种期许。回首再望，你会发现这几年成都发展好，跑得快，名气大，大家都爱来，来了都说“巴适”。成都的关注度越来越高了，很多人愿意来投资、来安家、来“蓉漂”，不少去了国外的、粤港澳的或是长三角的川籍学生又回来了，操着外地口音的人在这儿越来越多。

近期公布的2020年经济发展成绩单，全国十大城市的排名依次是上海、北京、深圳、广州、重庆、苏州、成都、杭州、武汉和南京（据各地经济年报），南方经济整体呈现“万马奔腾”局面。从经济数据上看，西南地区成为中国经济增长最快的区域。成都，作为西南地区的耀眼明珠，连续12年蝉联最幸福城市TOP1；轨道交通里程破500千米，荣登地铁第四城；中国金融中心指数成都排名全国第6……

数字不会说话，生活味儿中最能体会一个城市的温度。这几天，成都召开了“两会”，成都市委、市政府决定在“十四五”时期实施

---

① 本文于2021年2月8日刊发于《南方周末》，略有修改。

"幸福美好生活十大工程"，更好满足市民对幸福美好生活的新向往，持续创造高品质生活宜居地优势，把践行新发展理念的公园城市示范区建设发展成果转化为人人可感可及、普遍受益的社会认同。成都给外地人最深刻的印象便是其闲适的生活方式和包容开放的态度，这种安逸与洒脱的生活依赖于成都人对美好生活的高标准要求和向往，也是成都建设"高品质生活宜居地"，加快推进"三城三都"建设，持续打造巴蜀特色国际消费目的地等一系列新消费场景，为人民提供高品质的生活环境和宜人场景的生动实践。

2018 年 2 月，习近平总书记来川在成都天府新区视察时强调"要突出公园城市特点，把生态价值考虑进去，努力打造新的增长极，建设内陆开放经济高地"。从此，公园城市这一全新的城市建设理念，从这里走向全国，走向世界。成都很幸运地成为公园城市的"首提地"。2020 年 1 月，习近平总书记主持召开中央财经委员会第六次会议，对推动成渝地区双城经济圈建设作出重大战略部署，明确要求支持成都建设践行新发展理念的公园城市示范区。2020 年 10 月 16 日中央政治局会议讨论通过《成渝地区双城经济圈建设规划纲要》，支持成都未来形成"一山连两翼"城市发展格局。公园城市成为成都城市发展价值核心和总体遵循，公园城市从提出到实践，到如今正好三周年。

早在公元前 256 年，李冰主持修建都江堰，让成都从此享有"天府之国"的美誉。有学者认为成都堪称世界上最早的"生态城市"。后蜀主孟昶在城墙上遍种芙蓉，让成都赢得"花园城市"美誉。从历史上的生态城市、花园城市再到今天的公园城市示范区建设，从"窗含西岭千秋雪，门泊东吴万里船"的浣花成都，到登高西眺、雪山重现的当代现实图景，成都秉持人城境业高度和谐统一的城市理念，主动调整公共政策和服务方式，加快构建以人文、生态、审美宜居为核心的城市场景供给体系，全力打造近悦远来、巴适安逸的生活城市和幸福家园，构筑起以事业成长性和生活宜居度为核心的综合竞争优势。成都践行新发展理念的公园城市建设，使城市未来既充满智慧，又兼具文化与生态，为中国城市甚至世界城市发展提供最新、最强的非典型样板和内生动能机制探索。

自 2018 年女子乒乓球世界杯，2019 年男、女乒乓球世界杯以及 2019 年第 18 届世界警察和消防员运动会在成都成功举办后，成都相继获得 2021 年第 31 届世界大学生夏季运动会、2022 年第 56 届世界乒乓球团体锦标赛、2023 年第 18 届男足亚洲杯、2025 年第 12 届世界运动会主办权。举办国际大型体育赛事，成都越来越成为世界目光的焦点。

近两年，紫光成都集成电路基地、京东方第 6 代 LTPS/AMOLED 生产线、中国中铁轨道研发设计中心、天府国际生物城、英特尔“骏马”、微芯区域总部等一大批重大产业化项目相继落户成都，进一步巩固了成都在 IT、BT 领域，尤其是世界级集成电路制造基地和高端制造方面的优势，凸显了成都在全球配置要素资源的能力。其实，新中国成立初期成都工业曾被戏称为只拥有“三根半烟囱”，到 20 世纪 60 年代成为“三线建设”的重要基地和国家军事工业重要生产基地，从一个传统的消费型城市，到现代致力于打造国际消费中心城市，其间先后实施府南河改造工程，“五路一桥”建设，引进世界 500 强，打造高端电子信息产业基地，构建现代化产业体系等。随着成渝地区双城经济圈建设的国家战略赋能，未来成都将成为高质量发展的重要增长极和新的动力源。

近年来，成都在推动创新创造、加快产业转型方面做了不少新的探索。以科技型企业为主角，以高品质科创空间为载体，构建“科学发现・技术发明・成果转化・产业创新・未来城市”一体贯通的全周期创新体系，努力在世界生产力革新中扮演更加重要的角色。尤其是在工业领域，坚持以创新创造为引领，抢占产业发展制高点，大力培育和发展先进制造业和战略性新兴产业，推动产业加快转型。致力于打造产业功能区、产业生态圈，构建起66个产城融合、职住平衡的产业功能区，14个高效协同、开放共享的产业生态圈，响亮提出了“场景营城、产品赋能”重要理念。同时，积极推进金融科技发展，加速产业资本融合，聚力打造现代金融产业生态圈。由于较好地实现了产城融合和职住平衡，成都吸引了越来越多的优秀的人才和企业，让他们成为城市发展的体验者、共建者和共享者。

成都处于内陆的空间位势无法改变，要成为开放前沿、发展重心，必须更加深刻理解“要致富先修路”的道理。成都近年来保持快速的基础设施建设发展势头，尤其最近几年更是快马加鞭，建立了服务公园城市建设、“三网融合”的绿色交通体系，最大限度地保障了城市路网稳定运行。2020年国家发改委批复支持成都建设中欧班列集结中心示范工程，推动中欧班列开行由“点对点”向“枢纽对枢纽”转变。随着天府国际机场正式投入使用，成都正式迈入“双机场”时代，成为继北京、上海后，我国内陆第三个、中西部地区首个同时运营双国际机场的城市。

当前，国内国际双循环发展新格局与经济发展方式转变同频共振，正重新定义未来城市产业体系、悄然重塑经济运行的组织方式，成都正在将“成都休闲”“成都服务”“成都创造”“成都消费”塑造为世界级城市品牌，面向全球市场打造供应链体系和国际航运物流枢纽，深入推进主导行业和头部企业的国际化战略，提升在国际经济循环中的生态地位。从内陆腹地，到对外开放的前沿，成都，正成为“一带一路”国际枢纽城市，带动西部内陆区域崛起的重要开放门户。

这几年，成都正在发生令人惊喜的变化。城市越来越美，“锦江近西烟水绿，新雨山头荔枝熟”，建设践行新发展理念的公园城市示范区，成都融城于景，展开千年的风物人情与市井繁华的画卷。产业结构越来越优，制造业有龙泉驿区位列“2020年中国工业百强区”

第22位，互联网、高新技术有进出口额领衔全国的高新区，“慢生活”的成都奔驰在“快经济”的跑道上。文化积淀越来越厚，城市根、人文魂，千年底蕴与时尚文化交汇，筑城、兴产、聚才，成都城市生长自然有序且生机盎然。

著名诗人马克·斯特兰德曾说：“当你从书页上抬眼，然后合上书本依然感觉到，住在那片光里。”在这个信息爆炸的时代里，你也许很久没有时间翻开书本，汲取养分，但成都的风景就像一本好书，能为你带来知识和不一样的观点，让你拥有与众不同的视角看世界。

日前，国家发展改革委正式印发《国家发展改革委办公厅关于国家城乡融合发展试验区实施方案的复函》（以下简称《复函》），原则同意浙江嘉湖片区、福建福州东部片区、广东广清接合片区、江苏宁锡常接合片区、山东济青局部片区、河南许昌、江西鹰潭、四川成都西部片区、重庆西部片区、陕西西咸接合片区、吉林长吉接合片区11个国家城乡融合发展试验区实施方案。

四川成都西部片区试验范围包括成都市温江区、郫都区、彭州市、都江堰市、崇州市、邛崃市、大邑县、蒲江县，面积约7 672平方千米。试验重点：建立城乡有序流动的人口迁徙制度；建立农村集体经营性建设用地入市制度；完善农村产权抵押担保权能；搭建城乡产业协同发展平台；建立生态产品价值实现机制等。在确保封闭运行、守住底线、防范风险的前提下，进行改革探索，为全国提供城乡融合发展样本和可复制、可推广、利修法的典型经验。

这又是装入成都囊中的一个国家级政策大礼包，加上之前成渝地区双城经济圈、西部大开发形成新格局、长江经济带、“一带一路”，特别是公园城市示范区等，成都已然是一个被国家偏爱有加的政策赋能的“宠儿”。

前几天偶然翻到一本日本人写的书《巴蜀》，作者名叫山川早水，他于1905年至1906年在四川进行了16个月的旅行考察，撰写了20

多万字并配有一百多幅照片的游记，1909 年由日本东京成文馆出版。书中用了大量的篇幅介绍成都，蜀人气质、成都街景、蜀汉皇城、诸葛井、万里桥、双孝祠、回澜塔等悉数写出，有许多经典掌故，今人都未必知晓。该书的出版产生了较大影响，将日本人对四川的了解推向了高潮。2020 年 1 月，我去日本访问，受到中国驻日本大使孔铉佑的亲切会见，他告诉我说这些年日本到中国的游客有递减趋势，唯有到四川和成都的游客逐年递增，三国文化和成都的影响力对他们吸引力很大。

历史的成都，地理的成都，文化的成都，自然的成都，产业的成都，经济的成都，社会的成都，政治的成都，成都人眼里的成都，外地人眼里的成都，千人千面，万人万观，不同的人有不同的感受和认知，但对成都充满热爱和深情的人却越来越多了。

我是一个凡夫俗子，能装下成都就自觉腹有诗书了，能走遍成都就自觉心满意足了。上天入地，洪荒环宇，以成都看世界，从成都读世界，我想，力献一城就是力助国家，倘人人如此，国必复兴梦自圆。有理由相信，成都，未来一定会更美好。

我愿意永远做成都的“孩子”。

汤继强

2021 年 2 月于成都

兴城与兴国

城市，人类的发明，人与自然对话最优美的结晶，人类文明进步的摇篮。

城兴，则国兴，兴城即兴国。从近现代城市化、城市群化的实践和一般规律，可见现代国家兴盛的一个缩影。

城市是人类文明的主要组成部分，城市也是伴随人类文明与进步发展起来的。农耕时代，人类开始定居；伴随工商业的发展，城市崛起，城市文明开始传播。其实在农耕时代，城市就出现了，但主要是作为军事防御和祭祀仪式的场所，并不具有生产功能，只是消费中心或者政治、军事中心。那时，城市的规模很小，因为周围的农村能提供的余粮不多。每个城市和它控制的农村，构成一个小单位，相对封闭，自给自足。学术界关于城市的起源有三种说法："社会分工说"认为随着社会生产力不断发展，一个民族内部出现了一部分人专门从事手工业、商业，一部分人专门从事农业的现象。从事手工业、商业的人需要有个地方集中起来，进行生产、交换。所以，有了城市的产生和发展。"集市说"认为随着社会生产力的发展，人们手里有了多余的农畜产品，需要有个集市进行交换。进行交换的地方逐渐固定，聚集的人多了，就有了市，后来就建起了城。"防御说"认为建城市的目的是为了不受外敌侵犯。

从城市的分类看，一是从人口规模的集聚效应进行垂直划分，人口规模巨大的城市称为“巨型城市”；二是从城市功能和城市作用进行水平划分，对世界经济具有重要性和对全球化过程具有重要作用的城市称为“世界级城市”或“全球城市”。无论从人口规模上的垂直划分，还是从功能内容上的水平划分，都离不开城市发展的目的。城市始终是为了增加人类自身的福祉和推动社会文明进步。城市的发展壮大是人类文明史的一个基本规律，城市的规模与城市化水平往往代表了人类文明的发展水平。人类历史的进步是城市化的进步，没有相当程度的经济和文化发展，大规模的城市将无法持续发展，城市化率亦止步不前。城市化的过程就是国家的兴盛或者复兴的过程。

纽约从 19 世纪开始建设城市公园——中央公园，城市发展的脚步始终没有停歇，2006 年，纽约启动 PlaNYC2030 规划，提出“为建设一个更绿色、更伟大的纽约而努力”，纽约迈向建设智慧城市来驱动城市发展的新目标。纽约通过实施“Urban Tech NYC”市级加速器项目，对推动城市宜居、可持续与弹性发展的科技创新类企业进行投资支持，帮助企业共同构建智慧和可持续解决方案。这是西方城市的典型发展之路。

公元前 256 年，李冰主持修筑都江堰，成都平原从此“水旱从人，不知饥馑，时无荒年”，成就了成都天府之国的美誉，因此可以说成都是世界上最早出现的“生态城市”。五代后蜀主孟昶，曾在城墙上遍植芙蓉，人夸“四十里为锦绣”，这种城墙上大面积种花卉的现象，在中国建城史上绝无仅有。成都因之成了中华文明中第一个“花园城市”。成都端坐于盆地中央，千里沃野，千年繁华。青城山、西岭雪山像她的围墙，都江堰的滔滔江水赐予她灵动，龙泉山起伏的曲线像她的微笑，沱江连着远处的长江，顿时有了通江达海的宽广气韵。宋代诗人陆游的《梅花绝句》这样写道：“当年走马锦城西，曾为梅花醉似泥。二十里中香不断，青羊宫到浣花溪。”当前，成都正在践行新发展理念的公园城市建设，使城市未来既充满智慧，又兼具文化与生态。成都从历史上的生态城市、花园城市再到今天的公园城市示范区建设，她以这种方式为中国城市甚至世界城市发展提供最新、最强的非典型样板和内生动能机制探索。

追溯城市发展史还可以发现，从最早的城市古巴比伦城“空中花园”的壮美奇观，到阿契美尼德帝国创造的公园雏形，再到纽约中央公园定义现代化的都市生活，人类追求理想城市的建设实践从未停止，城市理论不断推陈出新。1903 年英国社会学家霍华德在其代表作《明日的田园城市》中首次将生产、生活、生态并列；1933 年法国建筑大师柯布西耶通过城市功能分区，绘制出“光辉城市”的蓝图；1977 年国际建筑师协会的《马丘比丘宪章》提出“社会文化论”，此后又出现了森林城市、花园城市等理论。进入 21 世纪，伦敦、巴黎、东京、新加坡等世界级城市开始编制远景战略规划，对未来理想城市的形态进行展望和描绘，都清晰呈现出“价值判断 · 发展愿景 · 路径选择”的逻辑主线。价值判断回归营城初心，城市发展进步不再以“物”的生产为核心来衡量，而是回归到“人”的生活本源。

成都作为一个历史文化名城，也是一个非常传统的内陆城市，通过城市化，通过产业发展，通过对外开放，推进了城市的现代化，成为国家特大中心城市、西部内陆开放开发门户，向西、向南开放的重要窗口。

用开放的眼光，放眼全世界的国家、城市现代化进程，在这个格局中去理解和解释中国的国家发展、城市发展，便能系统地理解城市对国家发展的决定性意义。在现代国家间的激烈竞争中，如何部署城市化发展战略，涉及国家竞争战略是否得当的重大问题。国家间竞争的优劣，在国家的城市发展战略上明显分出了高下。恰当的城市发展战略，是恰当的国家战略的重要组成部分。一言以蔽之，国家兴衰系于城市兴衰，国家未来系于城市发展。

从世界城市史的高度去观察，不难发现，城市的进步发展无不依赖于伟大的时代，无不成就于科学理论、先进理念的指引。城市战略演变既是一个应对变化、管理变化的过程，也是一个凝聚共识、坚定方向的过程。要胸怀中华民族伟大复兴战略全局，从世界百年未有之大变局交汇形成的独特历史景观，准确把握城市发展的历史与现实、环境与条件、目标与路径，审时度势、站高谋远，借势借力、追赶超越，推动城市功能定位、动力体系、营城逻辑、治理方式全方位变革。

城市，也是国家的一个符号和象征。远望美国纽约、英国伦敦，近看日本东京，无一不是透过一座城市的繁华和衰落，彰显一个国家的繁荣与衰微。城市化进程是一座城市不断前进的主要标志，也是国家发展、时代进步的主要推动力，中国的城市化进程意义极为深远。2001 年诺贝尔经济学奖获得者、美国经济学家斯蒂格利茨（Joseph E. Stiglitz）认为，中国的城市化和以美国为首的新技术革命是影响 21 世纪人类进程的两大关键性因素。当前，城市化水平、城市能级已成为衡量一个国家或地区进步和发展水平的重要象征，世界上的普遍实践都是以城镇化、城市群化来推动国家发展、地区发展的。

在人类历史伟大的兴城过程中，改革开放成为当今世界的整体潮流，也是中国的强国之路，使中国经济面貌发生了翻天覆地的变化。在改革开放春风的吹拂下，城市化、城市群化蓬勃发展，中国仅用 40 多年时间迅速成为世界第二大经济体。作为改革开放的城市化代表，深圳从一个名不见经传的小渔村，发展为世界瞩目的超级城市，奇迹般崛起于中国南方，成为驱动粤港澳大湾区经济发展的重要引擎。在城市群化的战略布局中，雄安新区的成立使京津冀协同发展有了重要支撑，长三角的一体化为长三角地区成为中国经济第一极奠定了坚实基础。

谈到改革开放的代表城市，不得不提到内陆城市——成都。作为祖国广袤土地上的一颗璀璨明珠，成都历史上就有“执西南之牛耳”

的说法。在国家大力推进改革开放的浪潮中，成都准确把握这一大好机遇，以经济建设为中心，大力推进经济体制改革，积极扩大对外开放，全市经济迅猛发展，人民生活水平显著提升，生态环境日益改善，社会事业全面进步，经济社会发展实现了历史性跃升，从区域中心城市正式迈入国家中心城市行列，未来有望成为竞争力强大的新型世界级城市。成都在成渝地区双城经济圈国家战略中发挥着重要的“极核”作用。

成都的崛起，离不开城市化。新中国成立初期，成都主城区的规模仅有18平方千米，截至2019年，这个数字已经被刷新为601平方千米，几十年间扩展了32倍，城镇化率达到73%以上，非农人口比重稳步提高，城镇体系逐步完善，城市形态向较高水平的大都市演进。

成都的崛起，离不开对外开放。作为北方丝绸之路、南方丝绸之路和长江经济带三大交通走廊和经济带的交汇点，大家熟知的蜀绣从这里走向世界；更早的夏布，四千年前就到达了埃及；世界上第一张纸币“交子”诞生于北宋时的成都……这个长江上游的政治、经济、文化中心，在历史上就已然是一个对外开放的门户。2018年，成都召开对外开放大会，鲜明地强调要把握新时代机遇，主动服务“一带一路”建设，坚持“四向拓展、全域开放”，高水平建设西部国际门户枢纽和内陆开放高地。

成都的崛起，离不开创新服务。近年来，成都在全国率先成立新经济发展委员会、城乡社区发展治理委员会，启动打造全球最大森林公园，打造全国首个金融众创空间，成立首个以城市命名的科技成果三权改革联盟，推出“5+X”服务项目等。在国家发改委发布的《全国中小城市综合改革试点经验案例》中，成都成为试点城市入选案例最多的城市，在福布斯发布的中国创新创业相关榜单中，成都屡次入榜，其历史与现代成就无不彰显着自身的创新基因。今日成都，世界

500强企业不断入驻、高水平高学历高质量人才倍增，城市政务环境、营商环境、生态环境不断优化。深度融入“一带一路”建设，热情参与成渝地区双城经济圈建设，依靠开放、科技、创新和文化的强劲动力，成都站在了中国经济转型升级的超级风口。

成都的崛起，离不开产业支撑。城市要进步，工业挑大梁，经济要发展，一业定乾坤。工业是现代经济的脊梁，是城市发展的动力和支撑。新中国成立初期，集中力量进行工业化建设成为当时中国产业发展的主基调。改革开放期间，成都利用有利的宏观经济环境和改革开放所激发的巨大生产热情，全面推动工业的发展，取得了速度和效益的全面增长。近年来，成都在推动创新创造、加快产业转型方面有了新的探索。尤其是在工业领域，坚持以创新创造为引领，抢占产业发展制高点，大力培育和发展先进制造业和战略性新兴产业，推动产业加快转型。致力于打造产业功能区、产业生态圈，构建起66个产城融合、职住平衡的产业功能区，14个高效协同、开放共享的产业生态圈。同时，积极推进金融科技发展，加速产业资本融合，聚力打造现代金融产业生态圈。由于较好地实现了产城融合和职住平衡，成都吸引了越来越多的优秀人才和企业，使其成为城市的体验者、共建者和共享者。2021年上半年，两个新鲜出炉的数据：2 093.8万常住人口、9 602.7亿元地区生产总值，标定了成都在接下来一个时期的机遇和挑战。作为成渝地区双城经济圈极核城市，成都肩负着增强经济和人口承载能力、提高产业基础能力和产业链水平，带动西部乃至全国高质量发展的重大使命。

成都的崛起，离不开科技引领。当前和未来的一段时间里，世界新一轮科技革命和产业变革浪潮与世界经济格局重塑交汇叠加，国内国际双循环发展新格局与经济发展方式转变同频共振，正重新定义未来城市产业体系、悄然重塑经济运行组织方式。成都以科技型企业为主角，以高品质科创空间为载体，构建“科学发现·技术发明·成果转化·产业创新·未来城市”一体贯通的全周期创新体系，努力在世界生产力革新中扮演更加重要的角色。成都搭建推动产业生态化和生态产业化、数字产业化和产业数字化平台，推动传统产业智能化改造和数字化升级，引导生产企业提升研发设计水平，引导流通企业构建新商业模式，增加商品与服务多样化供给，致力于将“成都休闲”“成都服务”“成都创造”“成都消费”打造成为世界级城市品牌。面向全球市场打造供应链体系，深入推进实施主导行业和头部企业的国际化战略，提升在国际经济循环中的生态地位。

我们发现，以成都为案例来分析城市的进步，就能找到城市发展的内在逻辑和动力机制。本书较为详尽地描述了成都几十年来，如何通过开放与世界发生关联，通过改革完善自身的城市肌理，为产业发展提供良好的外部环境，通过产业发展推进城市发展。本书还告诉世界，成都，这座拥有几千年历史的文化名城，地处四川盆地、中国腹地，如何从千年前“蜀道难，难于上青天”的历史嗟叹中走来，筚路蓝缕、励精图治，一步步实现城市的现代化，在改革开放和城市发展中起到典范作用。对内，成为国家中心城市、美丽宜居公园城市、世界文化名城和向西向南的重要窗口；对外，成为“一带一路”国际枢纽城市、带动西部内陆区域崛起的重要开放门户。

今天的成都，正在演绎雪山下公园城市的今古传奇。

当生存需求得到满足后，人们对美好生活的向往更多体现在根据自己的个性偏好来选择生活在哪个城市和城市的哪个区域，这为我们通过生活城市特质集聚各类人才、实现后发超越提供了方向指引。从“窗含西岭千秋雪，门泊东吴万里船”的浣花溪，到登高西眺、雪山重现的当代现实图景，成都秉持人城境业高度和谐统一的城市理念，主动调整公共政策和服务方式，加快构建以人文、生态、审美、宜居为核心的城市场景供给体系，全力打造近悦远来、巴适安逸的生活城市和幸福家园，构筑起以事业成长性和生活宜居度为核心的综合竞争优势，正在成为高品质生活宜居地。

从改革开放初期的起步，到2020年的繁花盛开，成都以城市的强势崛起和蓬勃生机，见证了国家的沧桑巨变，实现了全面小康，开启了全面建设社会主义现代化强国新征程。

成都，雪山下的公园城市，紧握您的手，我们一起走向未来。

谨以此书，献给伟大的祖国和伟大的时代，也献给我深深爱恋的成都。

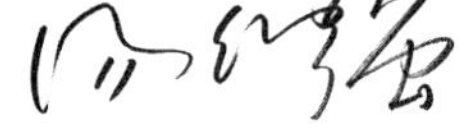

2020年9月于成都

本书看点与精彩段落阅读导览

【本书看点】

◎ 回溯成都产业发展的关键节点

◎ 回答成都近二十年，为什么能大城崛起

◎ 展现成都汽车产生如何由弱变强

◎ 一根电线与英特尔入驻成都的故事

◎ 科伦药业创立之初的存亡之战

◎ 成都电子信息产业如何弯道超车，直奔高端

……

【精彩段落阅读导览】

P004　据成都工业文明博物馆记载，东郊的工业企业曾经创下很多个全国第一。甚至可以说，从“三转一响”中的收音机，到后来的电视机、洗衣机、电冰箱、空调，再到现在的汽车、电子产品，老百姓的日常生活中都有成都东郊电子工业的身影。

P009　承接全球电子信息产业转移的“黄金十年”，也为成都市本土电子信息企业的“脱胎换骨”带来了契机。

P010　在世纪交替之际，中国IT产业以长三角和珠三角为先行军，带动了中国沿海地区的IT产业建设。中西部地区虽然拥有广袤的土地和丰富的物产资源，但是对当时已经形成了规模的IT企业群体来说，在空白之地建立新的IT基地无异于徒手翻越一座雪山。

P017　英特尔给成都出了一道“难题”：我们来了，但我们的要求有些“苛刻”，第一就是电压的绝对稳定，甚至不能出现毫秒级的波动。这对于从未充分融入全球IT产业版图的城市，其难度可想而知。

P047　在重庆直辖之后，四川决策层并没有气馁，而是敏锐地抓住了全球知名汽车品牌在中国的新一轮战略布局机会，这使得以成都为代表的汽车产业迅速崛起。

P054　由于曾成为蓉城出租的运营车种，“夜明珠”作为成都的“自有品牌”轿车，也留在了市民的记忆中。但后来随着生活水平的提升，这款样式俭朴、功能单一、连空调都没有装的“夜明珠”成为留在成都市民记忆中的一个符号，天驹汽车也在市场的大潮中渐渐没有了声音。

P63 捷达在成都的故事，或者说一汽-大众在成都的故事，见证了成都汽车产业逐步清晰的发展脉络，以及产业链圆梦的过程，成为成都汽车产业发展史上的重要里程碑。

P094 电影中的情节，就这样在现实的大荧幕上演绎着。3 个月的产业扩张，科伦三发三中，年产 8000 万瓶的产能跃升到 2 亿多瓶，昂首进入中国输液行业的第一方阵。

P119 天府软件园的产业聚集之路，是一条发现和抓住产业机遇、顺应产业趋势、响应国家战略的发展之路。每一次新的产业方向都依赖于原有产业的基础与积淀，都是对原有产业的丰富与突破。

P124 极米曾经研发了一款产品，开模生产上千台。但是，钟波认为这虽是一款合格的产品，但不是极致的产品，坚持要用锤子砸掉。在这款产品上倾注了太多心血的员工请求买回家作为纪念，被钟波拒绝了。

P176 潘锦功的创业之路步步都是血印，但不管遇到了再多的坎坷与艰辛，他都咬牙坚持 着 即使陷入发展低谷，成都中建材依然保持着“产业报国”的信念和热诚，依然满怀用碲化镉新技术改造传统玻璃工业的激情和希望。

P181　中建材在不盈利的情况下整整坚持了八年，几乎从零开始，从材料选购开始，从产品研发开始，甚至从车间设备的制造开始，一步一个脚印。

P206　不得不说，这样的红旗连锁是川内零售企业向高科技企业转型的一个典范，布局“互联网”与“金融”，打造更靠近消费者生活的生鲜市场，红旗连锁勾勒出了连锁零售行业的未来。

……

目　录

产业之城

创新之城

Industry

产业之城

成都作为一个西部内陆城市，在传统工业时代无疑是掉队了。但成都厚积薄发，在“变道超车”的发展道路上寻获到契机，在汽车、互联网、生物医疗等高技术行业奋起直追。英特尔、戴尔、富士康、本田、沃尔沃……这些知名企业为何纷纷选择进驻成都？全球首台3D生物血管打印机又为何在成都诞生？或许可以用一句话来回答：成都，都成！

第一章

IT之城

2019年5月，成都市人民政府办公厅印发《关于促进电子信息产业高质量发展的实施意见》（以下简称《实施意见》）。《实施意见》提出：到2020年，全市电子信息产业主营业务收入突破1万亿元；到2022年，将成都打造成为全球电子信息高端研发制造基地和世界软件名城。

发展脉络总览

▷▷▷东郊时代

1958 年，位于成都东北角[①]，代号“715”的西南无线电器材厂（后改名宏明无线电器材厂）举行了开工典礼，标注着“1957”的双烟囱冒出滚滚浓烟，标志着成都电子工业发展迈出了第一步。

发展起来的成都东郊，成为电子工业发展的摇篮，同时也是当时成都工业的重要基础和支撑。从某种程度而言，东郊的企业夯实了成都电子工业基础。未来成都的电子信息产业也由此启航。

据成都工业文明博物馆记载，东郊的工业企业曾经创下很多个全国第一。甚至可以说，从“三转一响”中的收音机，到后来的电视机、洗衣机、电冰箱、空调，再到现在的汽车、电子产品，老百姓的日常生活中都有成都东郊电子工业的身影。

以成都红光厂（原成都国营红光电子管厂）为例，中国第一个彩色显像管诞生于此。由于技术在同行内处于领先水平，1965 年电子工业部向成都红光厂下达了“试制彩色显像管”的任务。从 1962 年生产黑白显像管，到 1969 年投入全厂 1/3 的人力去做产品研发，再到 20 世纪 80 年代红光彩色玻壳研发项目获国家 4 亿元拨款，成都红光厂对中国电子工业的贡献被载入史册。

然而，1989 年以后中国家电市场进入低谷，成都东郊大批电子工业企业开始走“下坡路”。

---

① 现址为成都市成华区 SM 广场。

仍以成都红光厂为例。经过多次改制更名后，这个曾代表中国的高科技水平，被专家誉为“北有‘首钢’、南有‘红光’”的传奇企业，再不见往日的辉煌。

进入20世纪90年代后，大部分东郊企业相继陷入困境，生产规模和效益急剧下滑，经营困难。由于高能耗、低利润，到2000年时东郊众多企业平均负债率达到70%，大批企业资不抵债、濒临破产。

成都并不缺少工业企业，但在计划经济向市场经济转轨的过程中，成都的工业企业纷纷受到来自“市场化”的冲击，从公有体制向现代化企业转变，并出现“改制”矛盾，经历了企业结构调整带来的冲突……成都的工业企业最终未能跟上全球电子产业向高端产品发展的脚步，因而错过了扩大市场的最佳时机。

至此，成都东郊企业相继没落，东郊时代悄然而逝。

▷▷▷以托普为代表的成都IT产业的指路者

在成都东郊企业相继陷入困境的20世纪90年代初，在电子科技大学工作的宋如华与人合伙注册了“成都市成华区托普电子科技发展公司”，从买卖电脑起步。一年半后，托普为当时成都民间自发股票交易市场——“红庙子”交易厅配置显示屏设备，逐渐从“贸易代理公司”转型为“工程技术型企业”。

1995年，当国内软件仍是高等院校、科研院所“束之高阁”的科研成果时，托普受税务局委托开发的税务软件就已“杀”向全国市场。除了计税软件，托普还开发出工商软件、条码阅读器、多媒体彩屏、条形屏、传呼屏等新产品，产值达到了1亿元。

尽管此后几年托普的发展波折不断，但是1997年3月中旬它终于得到了一个大展宏图的机会。托普建设西部软件园的申请得到了国家的正式批复，1997年5月以托普为主体投资兴建的“西部软件园”入选首批4家国家火炬计划软件产业基地。这使得看似没有与先进技术挂钩的西部省份四川，在IT产业上有了“国字号”的品牌。

在当年政府鼓励发展民营高科技产业的宏观政策环境下，“西部软件园”犹如一剂催化剂，给托普带来了较高的社会关注度和良好的经济效益。在短短两年多时间里，托普在浙江、江苏、山东、上海、湖南、广东、陕西、辽宁等地相继建成了27个软件园，占地1.4万余亩（1亩≈0.066 7公顷）。

1998年，托普通过买壳上市，与四川长征机床股份有限公司（简称“川长征”）达成股权转让协议。2001年托普实现产值55亿元，企业总资产近100亿元，员工近6 000名，跻身国家重点高新技术企业和国家级企业技术中心之列，成为国内最大的应用软件供应商之一和最大的软件出口企业之一。

迅速崛起的托普，成为四川信息产业的一面旗帜。2002年，在托普成立十周年庆典上，一张集团组织架构图表明，托普已发展为由托普控股、托普信息、迈托普、柯尔、托普教育、托普金融、托普生态园艺组成的集团公司。

然而，当托普面向全国招聘5 000名软件工程师时，其在资本市场上的风光却掩盖不了在市场销售和技术产品上的欲振乏力，这引发了业界的广泛质疑。2003年软件业暴利时代走向终结，托普等盲目扩张的明星企业的主营收入剧降，净利润一泻千里，潜在的问题也集中爆发。

2003年托普集团年收入为2.13亿元，亏损却高达4.01亿元，旗下多家子公司处于停业状态。四川、上海、浙江等地的托普软件园被查封的消息纷至沓来……

从“红庙子工程”的显示屏，到“金税工程”的税务软件，托普的发展无疑踏准了“节奏”。但遗憾的是，根基未稳的托普迅速且盲目扩张到众多领域，逐步在技术与市场上失去竞争优势。托普软件曾喊出的口号“放眼全国，放眼世界”，此时却成为托普不能承受之重。

今天来看，一方面，我们顺着托普这十年的发展历程可以寻到成都IT行业的发展轨迹；另一方面，通过托普的命运我们也能看出**20世纪末风起云涌的中国IT企业及行业所表现出的某种特性和状态。站在时代前沿的IT企业在引领时代发展的同时，自身也处在一种彷徨中。**

与托普同处一个时期的迈普、卫士通、国腾，以及中国电子科技集团第11所、第29所、第30所等一大批龙头企业，都为成都电子信息产业的发展做出了不小的贡献。

▷▷▷及时把握电子信息产业的重大机遇

20世纪90年代，拉里·佩奇、乔布斯等人创造出的“硅谷奇迹”，引发了一轮“硅谷效应”，IT产业成为群雄逐鹿的行业高地。中国IT产业也乘势崛起，形成了长三角和珠三角两大IT产业集群。中国IT企业像雨后春笋一般，从各个不起眼的角落里成长起来。

相对于IT行业蓬勃发展的沿海地区和中关村来说，内陆城市，尤其是西部地区的IT业发展滞后。

四川尽管也有乐山菲尼克斯半导体有限公司等与外资成功合作的案例，有成都托普集团等探路者的实践，但是总体上仍落后于东南沿海地区。成都市及四川省在20世纪90年代的全国电子信息产业版图中消隐了。但是IT企业的发展浪潮，所带来的巨大冲击和发展势头是有目共睹的。

基于此，四川省政府和成都市政府及时把握住了电子信息产业所面临的重大发展机遇，一朝令行，将其列为六大支柱产业之首和实现对外开放、跨越式发展的产业。

2000年11月17日，四川省委、省政府颁布《中共四川省委四川省人民政府关于加快电子信息产业发展的决定》，将电子信息产业作为主导产业，并将其列为全省的“一号工程”。同时，随着国家提出西部大开发战略，四川电子信息产业基本形成了以成都为中心，以绵阳、德阳、乐山、广元为重点的电子信息产业带。

2001 年，一个被称为“611”的成都市新世纪“一号工程”问世，明确了成都电子信息产业未来的发展目标。

在成都，对电子信息产业的关注，不仅仅来自某个区域或某个部门，而是一座城市面对发展高新技术产业所形成的“成都共识”。

对成都而言，像重庆、武汉、上海那样发展传统工业模式，无疑是不适合的。然而，**成都在传统工业化时代的“落后”，反而成为其抢抓电子信息产业转移“黄金十年”的优势。**

在传统工业时代，成都无疑是掉队了。但成都抓住了文化建设、科教建设、人才培养、软硬件环境提升的机遇，最终厚积薄发，在“弯道超车、直奔高端”的发展道路上寻获了契机。

毫无疑问，实现“弯道超车、直奔高端”的操作之一就是发展电子信息产业。

2003 年 8 月，英特尔芯片封装测试中心最终选择落户成都。作为全球最大的芯片生产商，英特尔落户成都迅速产生了强大的聚合作用，吸引了国内外有关芯片业上下游企业到成都设点开厂，包括集成电路设计、研发、芯片封装测试、制造等多个方面。

长期研究“英特尔效应”的一位学者认为，英特尔落户成都的最大意义在于，当产业集群形成后，这个产业将成为这个城市真正的、别处无法复制的比较优势。从经济学上来讲，这种后天形成的比较优势，甚至可以成为一种独有的要素禀赋。有了这样的要素禀赋，就更容易扶持和招纳更多的优势企业，打造更多的产业集群，城市经济也就可以迅速发展。

从成都 IT 产业发展的路径来看，我们无法否认，在 20 世纪末到 21 世纪初的这段时期，成都在产业搭建方面成绩亮眼。时势造英雄，成都 IT 产业的腾飞既离不开相关决策层的敏锐果敢，也是时代发展的必然结果。

▷▷▷引入一批重大产业项目

如果说英特尔宣布在蓉投资，是电子信息产业成为成都经济发展新引擎的起步之举，那么引入一批重大的产业化项目，则是成都电子信息产业真正崛起的标杆！

德州仪器、戴尔、仁宝、联想、京东方、腾讯、华为……如此高的签约密度、如此多的世界级电子信息企业，既给成都带来了巨大的终端制造能力，也带动了众多上下游配套企业的落户，形成了年产值几千亿元的IT产业链，合力一举将成都的电子信息产业推上了世界舞台。

对于配套企业自身而言，是否西进取决于产业环境、市场容量和新设厂的成本权衡。成都给出的解决方案是，将供应链整合到西部地区，形成“立体构建”的发展模式。

此外，**承接全球电子信息产业转移的“黄金十年”，也为成都市本土电子信息企业的“脱胎换骨”带来了契机。**

不仅电子信息制造业在成都取得了傲人的成绩，而且软件与信息技术服务业也普遍看好成都未来的发展趋势。

如今，成都电子信息产业发展如火如荼。2020年，成都市电子信息产业规模达到10 065.7亿元，同比增长19.8%，约占成都地区生产总值的56.8%，位于全国乃至全球主要城市前列①。

---

① 经济参考报. 成都：全球电子信息产业版图新地标［EB/OL］.（2019-12-17）. http://dz.jjckb.cn/www/pages/webpage2009/html/2019-12/17/content_59833.htm.

英特尔："外商投资的教科书"

"在遥远的中国西南地区的成都市，仅仅一个周末，英特尔的芯片就卖出了6 000颗。那里的人民对IT充满热情，应该去那个地方看看。"1998年，时任英特尔公司总裁的贝瑞特，面对美国媒体专访，这样说道。

许多美国记者纷纷惊诧地拿起世界地图，寻找着贝瑞特口中这座名不见经传的城市。成都就是在这一刻走进了世界的视野。

而贝瑞特所言的这个"周末"，就是在中国西部IT界引起轰动的首届成都国际电脑节。

2003年，全球第一大芯片制造大鳄英特尔将其在中国西部首个、也是唯一的封装测试工厂落户成都。

循迹产业发展逻辑，英特尔无疑是中国西部IT产业的先行军。如果说成都今天已经走出了一条不可复制的IT路，那么英特尔就是第一个将脚伸进这片草丛里的企业。因此英特尔西进所创造出的效益，也是其应得的"甜头"。

之所以如此评价英特尔，不单单是因其对成都IT领域的开拓意义，也归结于其能在21世纪之初这个对于中国IT界来说极其特殊的年代，超前做出异于常人、异于同行业其他企业的战略布局。这一步对中国IT产业"边强中空"的地域性划分有着不可忽视的影响。

在世纪交替之时，中国IT产业以长三角和珠三角为先行军，带动了中国沿海地区的IT产业建设。中西部地区虽然拥有广袤的土地和丰富的物产资源，但是对当时已经形成了规模的IT企业群体来说，在空白之地建立新的IT基地无异于徒手翻越一座雪山。

而英特尔先于全球的同行们翻越了这座雪山。当时的成都 IT 产业，甚至整个西部的 IT 产业都处于一个尚未开发的阶段。随着互联网时代的到来，成都虽有做产业的基础，但尚无“攀登”之力。一直到 2003 年 8 月 27 日，成都与英特尔合作签订协议，才打破了这一局面。

在西部大开发启航之时，成都被赋予了新的重任。这里，是英特尔 A7T7 项目的选址地；这一刻，是成都 IT 行业真正意义上融入全球产业分工的坐标点。英特尔当之无愧地成了成都 IT 产业开疆拓土的功臣。

▷▷▷从濒临出局到迎来转机

2003 年 8 月 26 日，成都迎来了决策层期盼已久的人——英特尔公司总裁贝瑞特。26 日下午，时任英特尔总裁贝瑞特第三次造访成都，他此行的目的是要与成都一同向全球发布一个重要的信号：英特尔公司芯片封装项目落户中国西部，选址成都。

这个看起来很是让人意外的决定，其实早就悄然形成。英特尔与成都的前期合作铺垫了数年，其中的难度超过预想。其间，成都甚至一度面临着“出局”的风险。

要讲这个历时数年且赢得并不轻松的选址故事，还得回到 2001 年的春天。2001 年 2 月 5 日下午 4 时，两位神秘的女士出现在成都高新区，她们是时任英特尔（中国）有限公司政府关系总监的王黎和税务经理潘丽敏。这两位女士此行只有一个主题：为英特尔投资中国西部进行可行性考察。

英特尔作为世界 IT 企业中的翘楚，对所在区域的经济、科技、技术等方面的带动作用是显而易见的。此次对中国西部地区的考察，是西部地区 IT 技术与世界 IT 技术接轨的一次重大机遇。

成都市政府敏锐地意识到机会来了。如果能得到英特尔的助力，那么成都 IT 产业的发展将进入快车道。其不言而喻的重要性让成都市政府的决策层当即展开了行动。

兵贵神速。在紧接着的一周内，英特尔（中国）有限公司总裁陈伟锭收到了来自成都高新区详细全面的投资环境评估报告。2001 年 2 月 20 日，陈伟锭亲临成都高新区进行考察。

全球芯片大鳄英特尔布局新区域的消息，成了当时 IT 界最热的消息。在英特尔方面，成都并非其唯一的选择，在项目论证前期，有 8 个国家的 10 余个城市进入英特尔的视野。这就意味着，成都必须与全球的 10 多个城市展开直接竞争。

竞争是残酷的。在第一轮评估中，成都的表现不尽如人意。随着英特尔注意力的转移，成都发现自己面临着“出局”的危机。唯一的好消息是，虽然成都在这次评估中并没有取得明显优势，但是花落谁家的定锤还没有敲下。换句话说，成都还有机会，只看如何补救。机不可失，重新审视，绝地重来。2001 年 8 月，四川派人远赴大洋彼岸的美国，向英特尔高层陈述成都的投资环境与潜在优势。此前，虽然英特尔已经派人来成都考察过一次，但是看到的只是成都的硬环境，**而成都真正异于其他城市的优势则在于软环境。人才是企业发展的基础，政府则是企业发展的后盾。**显然，这两大软实力是肉眼无法看到的。

此次走访让英特尔对成都的重视程度有所提升。两个月后，时任英特尔公司高级副总裁、全球战略决策总监虞有澄来蓉。虞有澄离开前传递了一个重要信息：成都是可以信赖的朋友。可见，连续几次的考察，让英特尔对成都市政府所言深信不疑，也让其对外来企业在蓉受到的重视有了更深刻的认识。

一波三折后，成都再度进入全球竞选城市之列。

2002 年 3 月 11 日，由成都市 11 位决策高层组成的“成都特使团”，登上了飞赴旧金山的班机。这次赴美与上一次不同的是，美国英特尔总部的虞有澄博士已经代表英特尔在大洋彼岸恭候。

“成都特使团”与英特尔终于进入了实质性的对话阶段。双方的话题从成都市一年一度的电脑节说起，成都特邀贝瑞特再次莅临。

“可否在成都设立英特尔软件实验室?”

“实验室必须与芯片封装测试连在一起考虑。”面对成都抛出的“绣球”，英特尔的回应，正合成都之意。

“你们应该将芯片生产厂选址在成都。”

“我们将把成都作为重点考察城市。”从英特尔稍显“官方”的回应中不难看出，成都在他们心中的印象不错。

此次美国之行取得圆满成功，贝瑞特答应再次来成都。要知道这次从答应到来蓉只有两个月的时间，而贝瑞特的行程往往要提前半年安排，从这个细节，足见成都在英特尔心中的分量。

▷▷▷设成都出口加工区（西区）

英特尔落户成都出口加工区（西区）的难度，远远超出人们的想象。在前期考察中，英特尔对成都高新区（西区）的区位尤为中意。但作为一个产品90%出口的世界制造基地，高效率的大通关，只能在出口加工区实现。

然而，成都已经拥有中国首批15个出口加工区之一的位于成都高新区的南部园区，成都高新区（西区）不属于出口加工区范畴。中央还会再特批一个加工区吗?

经过四川省的努力，成都出口加工区（西区）正式设立。在全国范围内，一个城市能有两个国家级的出口加工区极为罕见。即便有了中央的支持、省市的齐心，英特尔项目领导小组、工作小组还是面临着许多新问题。工作小组每天都需要为这些不曾遇到过的问题寻求破解之道。

“现在回过头去想，在与英特尔‘打交道’的过程中，成都获益不少。几年里，从接触到谈判，起承转合的推进，我们也渐渐摸索出了与全球企业、机构对接的经验与模式。”当时的成都市高新区管委会副主任曾全程跟进英特尔成都项目，他感慨道：“这些经验与模式，只有真正参与其中，才能有所收获。以前我们介绍成都时，大多会拿出成都简介和投资指南。在与英特尔接触之后，我们会拿出一本标准的成都市投资环境调查报告，我们摸索出了一套运作项目的模式。这些经验，对当下的项目招商引资都非常有用。”

在谈判中，英特尔提出的问题，甚至有些出人意料。

在考察成都为英特尔投资准备的600亩土地时，英特尔提出了要了解当地农民是否支持项目的要求。还有一个问题是：“英特尔在这里建厂，原来生活在这里的小鸟会飞到哪里去？”成都方面耐心而合理地解释小鸟也得到了“妥善安置”，英特尔方面才算满意。

从某方面来看，英特尔抛出的这些问题，是对成都市政府能力的考察。光关系融洽还不行，政府必须具备权威性，才能保证这张政府公关牌的实际效用。

很显然，成都市政府所表现出来的各个方面都让英特尔很满意。

▷▷▷最终甄选

2002年6月底，成都英特尔项目小组领导专赴马来西亚槟城，造访时任英特尔技术及制造事业部副总裁、封装测试部门总经理王寿苔。迎接他们的，是坐满会场的“考官”。

经过上午11时到下午6时共7个小时的“考试”，成都这一城市在王寿苔心中的印象更加深刻。而真正的考验，发生在2002年7月16日。这天，由时任英特尔公司副总裁南希·派敏蒂带队，英特尔财务成本组、物流运输通关组、人力资源组三个考察谈判团来蓉。

成都与英特尔都很清楚，此行决定着成都是否有资格留下英特尔。

就在南希抵蓉的前一天晚上，成都英特尔项目小组办公室的灯光一直亮到次日凌晨，只为即将到来的关键一役。从税收到用电问题，从海关到环保……最终的拉锯战，指向了政府激励措施。在这个问题上，成都市究竟可以做出多大程度的让步，这是利益之争，也是项目谈判中容易因双方意见不一致而暂时停顿的环节。在规则的谈判桌前，经过数个回合的交手，达成意向，双方均基本认可。

2003 年之春，一场与 SARS 的战役，突如其来。

防疫之战，并未影响英特尔项目工作的推进。5 月 7 日，成都“SARS 零纪录”的信息及时传达到英特尔。随后，成都一制药厂研发生产的一种可提高人体免疫力的药品被及时送达时任英特尔中国区总裁陈伟锭手里，那是一份如朋友般的温暖。

春末夏初，英特尔对国内外候选城市进行最终甄选。按规定，每个专题以 5 分制计分。很快，成都得到反馈：“成都的投资环境极具竞争力！”与此同时，另一利好消息传来：“英特尔正在做市场潜力和政府能力的评估，成都的优势明显。”

2003 年 6 月 23 日，陈伟锭特意致信成都市领导，表示“我们期待着与成都长期合作”。

成都与英特尔的故事，即将拉开序幕。

2003 年 8 月 27 日，上午 9 时 30 分，成都假日酒店宏图府。第八次抵达中国、第三次造访成都的时任英特尔公司总裁贝瑞特，在此时此地，见证了属于英特尔与成都的“大日子”。

全球最大的芯片制造商美国英特尔公司用行动发布信号：投资 3.75 亿美元在成都高新技术开发区设立芯片封装测试工厂。

对于世界 500 强企业、芯片巨鳄英特尔而言，任何一次落户选址、增资提速，都必然是循迹产业生命周期与项目区域承载能力的缜密考量。在增资、提速“加速度”的背后，外界难以窥见的，是英特尔成都项目的另一种加速进行时。

英特尔落户成都从侧面印证了成都市政府的努力。对于招商，他们认为很多城市都是用优惠政策来吸引投资者，但软实力的竞争则在成都招商引资的过程中占据了最重要的位置。时任英特尔中国执行董事的戈峻在接受媒体采访时表示：“**成都软环境非常棒，适宜人居，聚集了各方面、各层次的人才，人们能够做到工作和休闲的平衡，是一个对话共赢的平台。**”

此后落户成都的腾讯、戴尔、奇宏等企业也反复提及，改革开放初期所提供的优惠政策、低成本劳动力等已不是其落户成都的最主要因素，成都的综合竞争优势才是最为重要的原因。

《福布斯》（中文版）曾经的总编辑周健工认为，成都拥有很强的工业发展基础，同时电子信息产业与创意产业在全国范围内具有相当影响力，这些都属于推进成都发展的原动力。

对于成都来说，电子信息产业如同一颗新星正在冉冉升起。

2003 年英特尔的西进，不仅搅动了成都和四川的外向型经济格局，更在某种程度上打破了成都电子信息产业发展过程中“缺芯少魂没面子”的局面。

以英特尔落户为契机，成都市政府一改过去在招商中重进度、轻质量，重引资额、轻产业链，重招商进门、轻提供服务的做法，**把引进外资时提供的引前、引中、引后服务放到了重要位置，把与龙头企业产业链相关的上下游企业主动纳入招商服务范围……可以说，成都对 IT 产业的打造，实际上是一个产业链的打造、一个产业集群的形成，从而实现了产业、学校、研究所以及职业工人、技术工人等整个体系的贯通融合。**

▷▷▷“一条电线”，考验着整个中国西部

2003 年 8 月 27 日，这一天是一个新的起点。在成都市政府与英特尔的签约仪式上，那份象征性的文件仅有薄薄数页，然而，其配套文件却是以“千克”为单位来计量的。

是日，为英特尔公司服务的专门机构“英特尔项目工作协调办公

室”启动。该机构从成都市外经局、成都市信息办、成都市高新区等部门抽调精兵强将，专门负责协调项目建设运营中需政府有关部门处理的各项具体事务，协调跟踪英特尔公司后续投资项目和关联公司的跟进项目。

此时，英特尔的“一条电线”，考验着整个中国西部。

英特尔给成都出了一道“难题”：“我们来了，但我们的要求有些‘苛刻’，第一就是电压的绝对稳定，甚至不能出现毫秒级的波动。”这对于从未充分融入全球IT产业版图的城市，其难度可想而知。

用电不能出现毫秒级的波动这样的要求，不光是成都市，甚至在当时整个中国大西部，都是第一次遇到。时隔多年，再读这则“英特尔落户成都”的产业故事，过程的艰辛、曲折、喜悦与自豪很多人依然感慨万千。

当时，冬季用电一直是一个较为突出的问题，而英特尔项目的厂址是“拉闸限电”的主要区域之一。怎么补这一产业短板？多部门会商后拍板决定：确保2004年10月底专用变电站开始正常供电。

接着，新问题接踵而至。2003年冬季的用电缺口怎么办？当时，成都市领导多次前往英特尔项目施工工地进行现场办公，建立了加强电力调度的应急处理方案和预先通知机制。为确保英特尔项目施工用电，成都高店子变电站承担起了向英特尔专用变电站输送电力的任务。同时，市经委协调相关部门，抓紧施工郫县（现更名为郫都区）境内郫筒镇至南北大道110KV电力通道工程。

成都市政府积极组织召开英特尔项目的每周协调会，将每周的星期四定为“解决和发现问题日”。在每周的这一天，由英特尔成都代表提出问题，领导开展“现场办公”。之后，**这种为一个大项目而设立一个专门机构的模式，被称为“英特尔模式”。**

而今，虽已不用再为每个重大项目设立专门的项目办公室，但“项目责任制”的精髓与方式，已在成都招商引资的服务中得以沿用。

其最大的好处在于，在体制还不够健全的情况下，这种模式可以推动项目高效运行，做到“政令畅通，令行禁止”，为最迅速、最科学的决策提供有力保障。

“当时，解决英特尔电压问题，恰恰说明了我们的差距。在沿海城市，此类问题的解决已经快我们一步。既然要发展这个产业、引进这些高科技企业，那么确保电压稳定、物流畅通，就如‘九通一平’等要求一样，是我们必须解决的先决要素。英特尔提出来的，恰恰就是我们滞后的。要发展，就必须解决问题，而且得更快更好地拿出解决方案并付诸行动。”在一次交流中，时任成都市市长葛红林就英特尔的“一条电线”如是分析。

“四川省政府、成都市政府的前瞻性魄力在于，他们知道这是一个好事情，虽然暂时不知道怎么做，但是他们有魄力去拍板。”最让时任英特尔技术与制造事业部副总裁、英特尔产品（成都）有限公司总经理卞成刚印象深刻的，是成都企业服务的力行与创新。他说：“比如物流，政府专门成立了一个物流办，这个机构整合了各领域的服务职能。以往，企业总得派专人跑几十个部门去盖章，然后才能把货品发往国外，而现在，企业只需要一个窗口。”

▷▷▷英特尔第一工厂

英特尔带给成都一句话：Chengdu，Can Do！意思是“成都，都成”。言辞之间，不难看出对成都的赞许。几年间，成都与英特尔的故事，其推进的速度，甚至在英特尔计划之外的加速度中不断更新……

2003 年 8 月，英特尔宣布投资建设英特尔成都芯片封装测试工厂，工厂一期投资 3.75 亿美元。

2004 年 4 月 7 日，英特尔产品（成都）有限公司封装测试厂项目举行奠基仪式。

2005年3月，英特尔宣布在成都增资建设工厂二期工程，投资总额累计达到5.25亿美元。

2005年12月6日，英特尔产品（成都）有限公司开业庆典暨英特尔志愿者爱心教育工程启动仪式在成都高新区隆重举行，标志着英特尔成都测试封装厂一期项目正式投产，首颗“成都造”高性能电脑芯片下线，西部最大芯片基地正式运营。

2008年6月23日，时任英特尔公司董事会主席贝瑞特亲赴成都。这是有别于以往任何一次造访的成都行。这天，距离“5·12”汶川大地震，仅仅过去了一个多月，时不时尚有余震。

“在得知此次大地震时，我的第一反应，就是要为这座城市做些什么，因为我是成都的荣誉市民，英特尔也是成都的企业公民。”贝瑞特简短数语，用情尤深。

5月20日，在地震发生仅一周后，英特尔就对外发布信息，其在成都的芯片组装及测试工厂已恢复运行，5月16日，1 600名员工已全部回到工厂上班。而就在大地震发生后12小时内，英特尔中国大区管理团队就做出了向灾区捐赠的决策，捐助了数千万元人民币用于灾区援助和教育设施重建。

贝瑞特此次来蓉，宣布启动“英特尔i世界计划”等一系列帮助灾区恢复重建的计划，并且还带来价值3 500万元的电脑和相关设备，用于建设灾区200个计算机网络教室及开展相应培训等。

“我们对成都未来的发展充满信心，我很乐意向世界宣传成都、推介成都。”贝瑞特的声音，即时向全球传递。

2009年，英特尔第三次向成都工厂追加投资7 500万美元，用于扩大其生产能力，从而使得英特尔在成都的总投资额达到了6亿美元，随着产能提升，成都工厂规模也从近3 000人扩大到3 500人。

2012年1月9日，英特尔与成都高新区签约建设中国西部地区分拨中心协议，推动成都成为中国中西部地区重要的电子产品生产基地。

2012年1月9日，英特尔成都公司下线了第10亿颗芯片，创造出英特尔全球工厂的速度之冠。“这是英特尔历史上唯一一家，可以在这么短的时间内产出10亿颗芯片的基地。”入围第十二届（2012年）四川十大财经风云人物候选人的英特尔技术与制造事业部副总裁、英特尔产品（成都）有限公司总经理卞成刚的言语中洋溢着对英特尔成都工厂的自豪之情。

2012年的英特尔成都工厂综合效益，已排名至英特尔全球TOP1。据悉，在其全球工厂中英特尔成都工厂的生产周期最短、生产每一颗芯片的综合单价全球最低、产量全球最高。卞成刚透露，以生产周期为例，成都工厂的生产周期只有两三天的时间，比其他基地缩短了20%～30%，在英特尔成都工厂，生产线上每秒钟可封测生产9颗芯片。

英特尔与成都的前9年，其历程是一个情节曲折的产业故事。之于产业如是，之于发展如是，之于情谊更如是。

▷▷▷三次追加投资

2003年，在尚有很多人会问“成都在哪里”之时，在成都坚定地将电子信息产业作为“一号工程”全力推进之时，英特尔毫不犹豫地将成都“圈”进“Intel Inside”的蓝色版图之中，这让成都电子信息产业有了第一次真正意义上的“全球发声”。

2005年12月，在成都出口加工区，第一颗“成都造”英特尔芯片在英特尔成都封装测试厂生产线下线；2012年1月，英特尔成都工厂诞生了第10亿颗芯片。

2010年10月，英特尔对外发布，英特尔将投资2 000万美元，把在全球的第三个晶圆预处理工厂建在成都，英特尔成都工厂由此将成为英特尔全球封装测试来料的重要供应基地。

2012年，英特尔在中国的第三个分拨中心——中国西部地区分拨中心正式宣布落户成都高新区，西部客户可以享受当日或隔日取货的极速供应链响应。

“没有成都，优化整个产业链会变得非常困难。”卞成刚透露，随着英特尔上海工厂封测业务的产能转移，成都英特尔工厂芯片产量在持续递增，英特尔成都厂已成为英特尔在亚洲最大的芯片封装测试工厂，成都在英特尔全球封装测试业务中的中心地位已经确立。“成都是英特尔移动处理器和芯片组的制造中心，与哥斯达黎加的服务器中心、马来西亚的台式机中心等已形成鼎足之势。英特尔成都封装测试厂是英特尔在全球最大的芯片封装测试中心之一，这里有世界上最先进的封装测试技术。”

而与此同时，英特尔在全球建立的第三个晶圆预处理工厂，正在成都高新区（西区）投运，由此实现了晶圆预处理与芯片封装测试在成都同步进行，加上英特尔 2012 年在大连的建成投产晶圆生产厂，这意味着英特尔将完成在中国从晶圆生产到晶圆预处理、再到芯片封装测试的完整生产链布局，而成都将成为英特尔全球封装测试来料的重要供应基地。

时任英特尔中国区执行董事长戈峻说：“9 年前英特尔选择了成都，9 年中我们曾三次追加投资，这是英特尔史无前例的发展速度，目前成都工厂是英特尔在全球最大的芯片封装处理中心之一，世界上有一半的笔记本电脑安装着经英特尔成都工厂封装测试的芯片。”

“Why Chengdu?”在问及投资者这个问题时，政务服务、人才优势、产业积累、创新活力等多是在回应这个问题时常会被提到的要素。而对于在英特尔成都工厂奋斗多年的卞成刚来说，除了这些，还有另一种注解，而这也是英特尔与成都故事所不为人知的一面：

“员工身上焕发出的博爱精神和对工作的执着、对科技的向往，使我们进一步认识到，我们选对了地方。”

英特尔成都公司还有一个全球第一的头衔：员工志愿服务时间是英特尔全球第一。据统计，英特尔成都公司平均每年员工志愿服务时间约为25 000小时，约有70%的员工参与志愿者服务。

“特别是在四川地震以后，从我们的员工身上爆发出来的那种博爱的能量，关爱社区、志愿服务社区的精神，让我深深感动。”卞成刚说。英特尔成都公司的员工充满激情的志愿服务精神，可能就是成都这个天府之国得天独厚的人文环境的一部分，也是英特尔所理解的“成都，都成”精神的内涵之一。

“文化底蕴和人文积淀的吸引力，能够把对高科技的热爱和执着转化为生产力。”就此，关于为什么成都工厂可以成为全球生产周期最短的基地，英特尔找到了答案。

▷▷▷蝴蝶效应

按照英特尔创始人所提出的摩尔定律，即当价格不变时，集成电路上可容纳的元器件的数目，每隔18~24个月便会增加一倍，性能也将提升一倍。但是随着电子芯片的发展，这一定律已经逼近极限，各大芯片厂商都在寻求新的技术突破。

“2015年，我们预判到行业技术和公司整体战略的变迁，成都团队努力拿下了‘骏马’项目——它代表着英特尔最高端的测试技术。我们派了近100名员工，用了6~9个月的时间到美国总部学习新技术，以这些新技术为指引，推动成都工厂全面升级。如今，转型的成果显现，成都工厂不仅保留着封装、测试两大传统业务，还加入了晶圆预处理、高端测试两大新模块，成为英特尔在全球唯一具有四大功能模块的战略‘重镇’，能测试任何为数据解决方案而量身定做的芯片。”① 卞成刚如是说。

成都工厂一次又一次出乎世界的意料。2017年，成都英特尔工厂

① 摘自四川在线网于2017年12月8日发表的《专访英特尔（成都）总经理：英特尔转型成都工厂角色将更重要》中卞成刚的一段描述。

实现进出口总额186亿美元，同比增长了128%。

英特尔就像是一只蝴蝶。2014年，他们曾委托第三方机构进行过一次测算。以英特尔在成都投资的6亿美元来计算，其引发的经济效益为1：10：100（即英特尔每在成都投入1元，就能拉动第二产业圈层10元的效益，拉动第三产业圈层100元的效益）。“骏马”项目的投资规模更加庞大，并且成都已经聚集了不少匹配英特尔的上、下游企业，这一轮投资一定能够引发新一轮的“蝴蝶效应”，促使中国信息通信技术更新换代。到了智能互联网时代，成都工厂率先进行转型升级，在英特尔全球战略中成为愈发重要的一环。

如今，全世界用户所使用的笔记本电脑，每两台中就有一台配置了“成都智造”的芯片。

10多年前，很多跨国公司总裁都难以清晰地描述成都的坐标。

然而，10多年后，成都，已全然置身于全球信息化产业之中。伴随着西部大开发，对于成都、对于后起发力却势如破竹的成都电子信息产业而言，可以说这是不可复制的“黄金十年”。

其实，从成都IT产业发展的脉络中不难发现，英特尔为成都带来的不仅仅是示范效应，它更促成了成都IT产业链的迅速形成，并形成了强大的吸附效应。

“英特尔入驻成都以后，很多上、下游企业也分批入驻，特别是很多下游企业，比如联想、戴尔等知名PC厂商，都入驻成都，他们主要是看重了供应链的效益。”卞成刚分析道，“他们在别的地方可能要3~4天，或者一个礼拜才能拿到英特尔的芯片，但是在成都，我们的承诺是‘24小时必达’。上次接待联想的总经理一行人，我还和他们开玩笑说，你们在这里一个小时就可以拿货了。”

“24小时必达”的承诺，源于英特尔成都工厂的再度“功能升级”。2012年年初，随着富士康、联想、戴尔、仁宝等IT终端项目在成都的抱团入驻，英特尔宣布了一个重要的战略决定：中国西部地区分拨中心正式落户成都高新区。英特尔高层表示，这将进一步优化英特尔的供应链，提升对 OEM 的物流响应速度，提升英特尔对中国市场及客户需求的服务质量和响应速度。

2019 年，英特尔宣布位于成都的封装测试工厂已经完成了认证，可实现完整的全流程制造。这意味着成都工厂与越南、马来西亚工厂拥有同样的封装技术能力。比如，可以生产最新的九代酷睿处理器，如酷睿 i9-9900K/KF/T 等高端处理器。不仅如此，在“成都市 2020 年重要项目计划”名单中，英特尔“骏马”项目二期就是其中一个重要实施项目，该项目将会使英特尔成都在经济产值上产生更大的效应。

管中窥豹，可见一斑。若要浓缩成都电子信息产业的“一斑”，英特尔就是最好的印证。在几年前的成都出口加工区（西区），国际跨国企业寥寥无几。英特尔的落户及其所衍生的“马太效应”，让如今的成都出口加工区（西区）“满园春色”。

给仁宝和纬创做配套的台湾尚达集团成都设厂筹备处负责人张承平坦诚地说：“如果仅有一家客户到西南设厂，我们肯定不愿意跟着过来，因为市场风险很大，万一哪天客户又搬到其他地方去了呢。”

2011 年 1 月 19 日，在四川仁宝制造基地与总部项目签约后短短四个月内，仁宝集团成都制造基地项目正式开工建设。新日兴、群光电子、加百裕电子、桦晟电子等 12 家仁宝集团笔记本电脑配套企业尾随而至。台湾仁宝集团董事长许胜雄表示：“这既是仁宝看好四川现实优势和未来发展的体现，也表明了仁宝投资四川的诚意。”

作为世界最大的电脑代工企业，仁宝集团成都制造基地吸引了上百家配套企业落户，形成了笔记本电脑产业集群。

在仁宝集团成都制造基地开工后不到一个月，纬创集团成都制造基地项目也正式开工建设，这比预定的动工时间稍有提前。作为戴尔、联想的主要合作伙伴，纬创将成都制造基地定位为其在中国西部最大的项目。

台湾纬创集团董事长林宪铭说："与成都签约后曾多次前来考察，充分感受到了四川在科教、人才和产业配套等方面的优越条件以及深厚的文化内涵。"这使他们坚信选择四川、选择成都是正确的。

在2012年3月纬创集团成都制造基地投产之际，50余家纬创集团的伙伴企业来成都举行了电子信息配套项目集中签约仪式。讯凯、联冠、尚达等10家电子信息配套企业与双流县（现在的双流区）进行集中签约，合计总投资约35亿元人民币。

如此迅猛的发展态势，让张承平放了心。他说："核心配套企业与IT巨头合作多年，整个链条也属于半封闭状态，如果不跟着市场转移，改做其他业务的成本会更大。所以，我们也来了。"很快，超过千家电子信息配套企业与四川签约，包括与平板和笔记本电脑配套的显示设备、电池模组、机壳模具、连接器、测试设备、物流配送等完整的产业链要素。

电子信息产业国际巨头的入驻，激活了成都本土配套企业的基础，促使其加快换代升级。相关资料显示，在2011年，仅英特尔成都公司的省内外配套企业就超过了300家，富士康、戴尔、联想、仁宝、纬创等一大批产业巨头来蓉，除了自身具有极强的整合能力之外，也会带动逾1 000家的配套企业，再加上原有的长虹、九洲及本省的其他企业，共同构筑起了一个由数千家规模以上企业组成的产业群。在地域上，除了原有的成（都）、德（阳）、绵（阳）以外，乐山、眉山、资阳、遂宁、南充、内江等都被激活和带动起来，呈现出主营与配套相结合、相协调的"立体构建"的生动发展态势。

选择在成都不断扩大投资规模的企业不断涌现。作为物联网行业的全球领军企业，京东方在2007年入川，带来了高达34亿元人民币的投资。在入川后两年内，月产能3万片的第4.5代液晶显示器件生产线正式投产。在当时，这不仅是中国西部首条实现量产的液晶面板生产线，还是中国（港、澳、台地区未统计在内）唯一实现彩色滤光片和液晶面板集成化的全自动生产线。这条生产线为成都实现了光电显示产业零的突破，将成都电子信息产业带到了一个新的高度。

落户成都之前，在四川各地政府的倾力协助下，京东方已在绵阳市设厂。面板生产项目投入的资金巨大。对许多企业来讲，项目的最大障碍就是资金难题。京东方发布的相关公告显示，京东方位于绵阳市的B11项目系京东方和绵阳市共同出资，京东方出资60亿元，绵阳市政府负责筹集余下的200亿元。这个项目超过三分之二的资金都是由地方政府提供的。如果没有地方政府的支持，京东方还需要耗费更多的时间来打通银行贷款以及各个融资渠道，时间成本与建设成本明显要高出一大截。

京东方的核心事业包括端口器件、智慧物联和智慧医工三大领域。2018年，京东方在智能手机液晶显示屏、平板电脑显示屏、笔记本电脑显示屏、显示器显示屏、电视显示屏等五大主流市场上的市场占有率均位列全球第一。

京东方成都第6代OLED生产线是国内首家能够量产柔性OLED显示屏的生产线。2017年年底，京东方成都第6代柔性AMOLED生产线提前量产，向全球展示了中国企业的强大技术实力。2018年6月，京东方在投资者互动平台上透露，京东方成都第6代柔性AMOLED生产线进展良好，3月份综合良率已达65%以上，2021年3月，京东方第六代柔性AMOLED产线良率已在80%以上，居全球领先行列。目前客户包括华为、VIVO等品牌，现已具备产能爬坡第二期的能力。这少不了四川省政府、成都市政府和高新区的支持。作为区、市、省三级政府重点支持的光电显示项目，四川省政府提出要以成都为中心打造全球光电显示产业重要基地。京东方发布的2021年前三季度业绩预告显示，前三季度归属于上市公司股东的净利润超198.62亿元，同比增长超702%，展现了京东方强劲的发展势头。

能为成都电子信息产业“代言”的企业，如果曾经只有英特尔“一家独大”的话，那么，如今，戴尔、富士康、莫仕、仁宝、友尼森、康宁、住友、西门子、阿尔卡特、微软、爱立信、日立、NOKIA、MPS、Symantec等一大批全球知名企业的相继“抢滩”，让成都成为中国IT“第四极”将不再是梦想。

伴随着富士康、戴尔、仁宝等一系列电子信息终端制造企业的入驻，成都电子信息产业终端制造的“短板”不再是其发展的制约要素，国际终端制造“大腕”们扎堆“安家”，让成都拥有了后来居上的绝对竞争优势与产业聚集竞争力，成都正在托起中国IT产业“第四极”的脊梁。

富士康：制造业王者助飞西部

几乎每一天，从成都高新综合保税区发出的各类富士康电子产品，都需要两架波音747货机装载。这些新鲜“出炉”的电子产品，还留有生产线上的余温，就将运往美国、欧洲等全球市场，以“零时差”的速度摆上全球货架。

与此同时，在数百千米之外的重庆，来自西永工业园和空港保税区的笔记本电脑也运抵国内外市场。

在这场IT制造产业的较量中，从某种程度来说，成都从一开始就以领跑者的气场，赢在了起跑线上。2010年，成都市政府在关键的一役中，凭借对产业生命周期的前瞻把控，一举拿下iPad生产线，将这枚引领平板电脑时代的“苹果”收入囊中。

这是一场肇始于2004年的“马拉松”。多年之后，回顾整个故事的脉络，从遭遇“5·12”汶川大地震到金融危机来袭，再到国内城市之间的摩拳擦掌，富士康“意属”成都，并非“一见钟情”的简单故事，让世界一流的iPad生产线扎根蓉城，也绝非可以一笔带过的寻常小事。这是成都乃至中国西部电子信息产业迅速融入全球高端市场的里程碑。

▷▷▷合作初探

早在2005年，成都市政府就试图和富士康接触。当时，富士康正忙于在中部地区和东部沿海地区布局。

现在回想起来，虽然当时的成都电子信息产业正处于高速发展的阶段，但是不沿边、不靠海的成都，要从众多城市中脱颖而出，得到国际代工巨头富士康科技集团的青睐，并非易事。

转机出现在2007年。“从四川连接欧亚大陆桥到欧洲路线该怎么走?”这是2008年1月29日，在富士康深圳产业基地，富士康集团总裁郭台铭向当时四川省的一位副省长提出的第一个问题。当时郭台铭告诉这位领导，到了2008年，其实富士康在沿海和中部的布局已经基本完成，以后是不是往大西部走，就要看物流条件，因此他非常关心怎样从四川到欧洲或到南亚。随即，这位副省长充当解说员，讲述了各条出川路线。

在世界地图上，不起眼的四川，给郭台铭留下了良好的第一印象：从成都出发，到伦敦、法兰克福10小时，到温哥华、巴黎、悉尼12小时，到洛杉矶14小时，到纽约15小时。尤其是，成都到欧洲的航空运输成本比上海至欧洲每千克低了1.7~2.2元。

就这样，成都第一次进入了富士康集团决策者的视线。郭台铭当即表示，愿意来看一看。

合作的曙光乍现。2008年的“五一”期间，以郭台铭为首的富士康高管层敲定来蓉考察。

从九黄机场回成都的航班晚点了3个小时，在等航班的3个小时内，郭台铭和四川省、成都市的相关领导深入交谈。通过交谈，富士康看到了以成都为代表的四川省在发展电子信息产业上的决心。大家意识到，郭台铭在感情上已经接受四川，意属成都。

此次考察，成都抓住机会，最终和郭台铭初步敲定协议，双方的合作意向定于光电投资产业方向。

不久后，富士康特别代表团再度来蓉，和成都市政府洽谈具体的投资合作事宜，约见洽谈的时间恰好是5月12日下午两点半。是日，在成都市政府第一会议室，参会双方是时任成都市市长葛红林和富士康公司的特别代表，内容则是项目投资的具体细节。

然而，还没有切入正题，洽谈就被山摇地动打断。突如其来的

“5·12”汶川特大地震打乱了既有安排，富士康入川来蓉步伐一度停滞。

▷▷▷100 亿美元的投资

接下来，抗震救灾成为成都市政府的第一要务，与富士康的合作，至少在此后两个月的时间里处于半停滞状态。但显然，成都市并不愿意就此放弃从2004年便开始策划的富士康招商引资项目。

其间，富士康曾派人员来过两次，但是他们的主要目的是到四川省地震局，还有国家地震局了解地震对四川的影响。当时，成都市政府也主动向富士康方面提供了详尽的地震影响分析报告。

然而，受金融危机的影响，这家全球代工巨头的日子也不好过。2008年，富士康的国际业绩同比大幅下滑了83%。

反观成都，海外金融危机带来拉动内需的新风向，国家重新制定重视内地市场的有利政策，加上第二季度全球电子信息产业开始复苏，以及腾讯、阿里巴巴相继驻扎成都，种种因素给成都增添了不少有利砝码。

于是，2009年6月18日，成都代表团再次前往台湾访问。在此期间，双方进行了友好谈话，最后还签署了合作备忘录，项目重新进入落地洽谈阶段。

然而，事情并非一帆风顺。西部各城市引进富士康的角逐，从未消停过。2009年8月4日，富士康宣布斥资10亿美元在重庆建设产业基地。重庆市也按照当初成都的规划思路，准备顺藤摸瓜，开始瞄准富士康的其他产业项目。当时，坊间有传闻成都与富士康的“牵手”遇到了阻碍。

然而，事实证明，布局重庆仅仅是富士康西进战略的一个序曲。两个月后，成都市与富士康结束了5年洽谈“长跑”，在西部博览会期间正式签订合作协议。当时宣布的富士康成都项目是一个庞大的计划，包括液晶显示生产线、LED-TV、LCD模组、精密模具及3C数码产品卖场等多个项目。不过，尽管投资总额高达50亿美元，但是并不包括终端产品的生产线。

2010年4月3日，苹果正式发售iPad，带来的震撼触动了政府和业界的决策者。5月23日至5月28日，四川的一个访问团开展了“天府四川宝岛行”，和富士康的洽谈是此次访问的重头戏。

双方商谈正酣，却发生了富士康“跳楼”事件，郭台铭急忙赶往深圳处理相关事宜。

2010年5月26日是四川省和富士康签订战略合作协议的日子，郭台铭又匆匆赶回台湾出席签约仪式。在当天的演讲中，郭台铭谈到了他和成都的渊源：“两年前的这个月，富士康与成都商谈投资项目的细节，却被突如其来的地震打断，所谓好事多磨，正是因为如此，富士康和四川有了患难之交。”言语间，郭台铭满是感慨。

次月，四川省派出四川大学华西医院心理卫生中心的医生前往深圳，协同深陷“跳楼”事件的富士康处理危机。与此同时，成都市政府正式成立“富士康工作组”，工作组的任务很明确：了解富士康的王牌产品是什么，哪些项目适合拿到成都来做，郭台铭的想法是什么。很快，工作组捕获到一个重要的信息：受“跳楼”事件的影响，富士康加快了外移产业基地的步伐，并计划在几个月内将生产线从深圳分流到其他省份。

郭台铭向接踵而至的各地招商组抛出了一个难题：谁可以在20天内找到一个10万平方米的厂房，以及能容纳两万人的宿舍？

各地招商组火速展开搜索。有消息传出，河南省郑州市率先找到一处14万平方米的厂房，成为这一局的胜出者。与iPhone失之交臂的成都招商组在沮丧之际，却捕获到另一个关键信息：郭台铭也有扩大生产iPad的想法。当时，iPad发售仅两个月，销量呈现出爆发式增长。

“成都怎么不去搞这个项目?”富士康一名内部人士不经意的一语，却让成都招商组眼前一亮。转机随即出现，颇有柳暗花明又一村的意味。

7月3日，成都市主要领导再次带队前往深圳。

这一次，郭台铭提出了一个更苛刻的条件：要拿到iPad项目，初期要由政府代建厂房，并且要在3个月内建成数十万平方米的厂房，半年内厂房面积要扩充到170万平方米。除了面积外，富士康还对厂房的高度、质量提出了具体细节要求。

“3个月必须建好厂房，有没有问题?”面对只能用“是”与“否”回应的问题，率队谈判的成都市相关领导当即果断地在责任书上签了字。

对此胸有成竹之举，郭台铭反倒忐忑疑虑起来。但在得知时任成都市市长葛红林曾是上海钢铁研究所的高级专家，并曾任上海五钢集团公司、上海宝钢集团公司副总，是钢构厂房方面的权威时，郭台铭欣然拍板，当场敲定了成都项目厂房用地、地点、规模以及预定投产日期。

7月12日，富士康iPad项目的厂房建设在成都正式动土。

7月13日，“1号工程指挥部”在成都成立，负责全面推进富士康iPad项目。同时，确立了“五边”战略，即边招商、边谈判、边施工、边招工、边投产。

7月14日，当省、市“一把手”率队前往深圳和郭台铭会谈时，终于传出了一个振奋人心的消息：富士康在成都的投资总额约达100亿美元，相当于2009年在西博会上签约的金额翻了一倍。

同一时期，富士康在成都的3家子公司群康科技、鸿富锦科技和富泰宏科技相继注册成立。随后，为了从容应对富士康庞大的产业配套问题，“1号工程指挥部”成立了“配套产业链工作组”，该工作组专门为富士康梳理了数十个配套产业的材料。

▷▷▷富士康基地之最

富士康总投资约100亿美元，预计年营业收入相当于2009年四川省电子信息产业营业收入的1.6倍，占全省工业规模的13%。

富士康入川来蓉，一直站在各路媒体追逐的聚光灯下。成都承接了富士康全球代工产业链中技术含量最高、引领电子产品潮流的苹果iPad平板电脑生产线，这样的高端产业链承接协同，让西部IT产业集体面临着一次全球市场的“洗牌”。

根据双方协商，确定富士康项目用地约4平方千米，另需15平方千米作为生活配套用地。富士康提出，项目用地必须建在综合保税区内，享受免税等政策。此时，富士康厂房早已在建设之中，综合保税区的申报，更是迫在眉睫。

2010年7月22日，设立4.68平方千米的高新综合保税区的文件开始上报。9月30日，10个部门的会签文件全部返给了海关总署。在当年的西博会上，综合保税区随即宣布挂牌。

以2009年为时间节点，在此之前，成都电子信息产业虽然在软件产业、芯片产业上都具有竞争优势，还拥有完善的IC设计与嵌入式研发实力，但是，却没有一个具备强韧垂直整合能力的终端产品制造大鳄。这一缺憾让成都市的诸多优势只能处于“碎片式”的状态。

富士康带着100亿美元强势来蓉，其影响力却远远不止这100亿美元。生产引领全球平板电子产品“风向标”的iPad，既让成都IT产业链得以完善，也让成都真正成为中国IT产业发展的第四极。

蝴蝶效应由此产生：戴尔、联想等全球领军型IT企业接踵而至，在产业链分工协同方面，以深圳天马微电子公司为代表的光电显示、触摸屏、传感器、背光源生产企业纷纷融入这个庞大的产业链条，在富士康做强发力的同时，处于同一生态体系中的他们亦“借船出海”，走向全球市场。

2010年7月，成都高新区领导突然接到的一个电话，恰能印证此言。这天，郭台铭临时致电，请高新区立即将成都附近几家生产铝挤压型材厂家的资料给他。成都、深圳的相关部门立即行动起来，40分钟后，龙泉、乐山等地4个生产厂家的资料送到了郭台铭的手中。而如此基于产业链的跨企业甚至跨区域协同，在富士康项目在蓉推进的进程中，已成常态。

当时，市场研究公司IDC发布的一份报告预测，全球平板电脑在2012年将出货1.22亿台，未来随着平板电脑性能优化，其需求量还将持续增长。而此时成都富士康科技园区的iPad项目已正式启动。“啃”下这枚“苹果”，就意味着全球三分之二的iPad将产自成都。富士康方面的负责人曾坦言，他们在成都规划的iPad项目，是富士康当时在国内的产业基地中，投资最大、产品技术含量最高的项目之一。

统计数据显示，2012年上半年，由于富士康项目的反哺，成都高新区实现工业总产值增长49.8%，产销率达98.7%。同期，成都高新区工业投资完成67.1亿元，其中富士康项目完成投资52亿元，占工业投资完成量的77.5%。

2017年，富士康集团在高新区投资6亿元的笔记本电脑项目（以下称“笔电项目”）在7月正式投产，全年实现产值406.2亿元。笔电项目特有的“整机+配套”产业链模式，不仅会拉动笔记本电脑本身的销售价值，还能吸引众多的配套企业。如果说6亿元的笔电项目每年可以创造10亿元的笔记本电脑销售产值，再算上跟进的众多配套企业，那么富士康（成都）笔电产业集群可以为高新区创造超过100亿元人民币的年产值。

成都市高新区相关负责人介绍说：“过去，笔电的原材料、零部件的80%都是本土生产，但用于高端笔记本电脑的精密机壳却一直从外地引进，需要耗费电脑总物流成本的50%。”2017年，随着成都富士康的笔电项目配套引进的三大机壳项目投产，这一局面彻底改变。这些配套厂建成投产后，可年产笔记本电脑金属外壳近千万件，将解决成都本地近四分之一的金属机壳配套问题。与此同时，还新引进了富士康配套企业成都业成公司50亿元全贴合平板显示屏和OLED压力传感器项目，进一步完善了成都高新区IT制造业的产业链。

如今，可穿戴智能设备是继智能手机之后新的增长领域。2019年4月，富士康将智能穿戴产品制造基地项目落户成都。富士康进川，一方面使成都多了一个IT巨头，完成了产业链的高度整合；另一方面，这也是解决当初成都“有学无企”短板的一步大棋。

联想：入驻蓉城扩产能，勇夺全球第一

2010年10月29日，联想集团与成都市政府举行签约仪式，宣布在成都设立联想产业基地。2011年12月19日9时30分，在联想西部产业基地生产车间内，首台“成都造”联想台式电脑下线。

▷▷▷带动产业发展

也许大家并不知道，联想入川和仁宝入川有着千丝万缕的联系。

联想高级副总裁乔松曾披露，联想（西部）产业基地是和仁宝集团共同进行生产研发的一个重要组成部分。据了解，仁宝集团成都基地项目产品包括笔记本电脑、PC一体机、PAD平板电脑、电视、显示器、移动通信、无限网通等电脑及电子3C相关产品，项目预期投资总额达5亿美元以上。

联想不止一次表明，它并非“一个人在战斗”，而是带动了一系列的产业合作伙伴共同建造产业链。乔松还表示，联想还将引入其他的电脑生产厂家，以及机箱、散热器、第三方物流等企业。“我们就是希望在这儿形成一个近距离的配套产业环境，只有这样才能真正做到成本最优。”

在成都，联想带动的是一个产业链。就在“成都造”联想出货的同一天，联想的合作伙伴仁宝集团的成都基地也正式投产。随着联想、仁宝、纬创等重大电子信息产业项目形成实际产能，成都形成年产1亿台电脑的生产能力，占全球总产能的20%左右。也就是说，全球生产的电脑，每5台中就有1台“成都造”。

“我们需要很多供应商在附近，而不是在500千米、1 000千米以

外的地方。”

“联想60%的显示器是我们做的，联想来了，我们能不来吗?”冠捷科技中国区制造总经理任敬顺表示，他们目前主要生产手机、电脑、一体机显示器，也瞄准了平板电脑显示器，今后这些都会放到成都生产。

全球散热器大鳄奇宏科技也强势来蓉。正如奇宏科技首席执行官沈庆行所言：“我们给仁宝、联想做配套，他们到了哪里，我们也会转移过去。”

一个产业的发展，依靠的是整个区域的优势，甚至整个国家的优势。成都高新区在产业集群的培育上，不仅得到了省、市政府的倾力支持，而且得益于国家在发展西部地区、建设创新型国家等方面所做的战略性布局。

随着富士康、戴尔、联想、仁宝、纬创等电子巨头西进，成都迅速累积了巨大的笔记本电脑产能，同时，尾随其后的大大小小的配套企业也纷纷“搬家”。对于电子信息产业“西进”，最大的难题是供应链，对此，成都给出的解决方案是，将供应链整合到西部地区，形成“立体构建”的发展模式。

这既是成都IT产业发展的特点，也是四川IT产业发展的特点。我们不是完全在一张白纸上画图，特别是从成都IT产业发展的历程中可以看出，我们是在一定的产业基础上进行“立体构建”，具有新进的与原有的相互促进、共同发展的特点，这是引进带动、提档升级取得巨大成功的生动实践。

目前，电子信息的产业转移仍然非常明显，具有较强产业配套能力的成都无疑是中西部的首选。可以预见，这将为成都乃至四川的持续发展注入源源不断的充足动能。**成都高新区在巩固其既有的产业集群发展的基础上，正努力把握战略性新兴产业的发展机遇，寻找新的战略突破点，把移动互联网作为新方向，努力抢占新一轮经济和科技**

的制高点。

▷▷▷联想驻川“五大分舵”

研发是占领未来的关键所在。联想已形成美国、中国、日本研发三角，美国是个人电脑的诞生地，日本擅长紧凑型设计，中国则以务实高效著称。联想成都研发中心的成立，强化了中国在研发三角中的主导地位。

联想成都研发中心瞄准移动互联、用户界面、云计算、后台服务等领域进行关键技术研发与应用。在3年至5年内，联想成都研发中心将建成一个规模达1 000人的“智囊”研发机构。这是一个前瞻性的机构，相当于联想面对未来发展的智囊技术军团，瞄准的是3年至5年后的技术开发。联想集团高管曾谈道：“四川既有的产业环境与人才优势适合创新，成都的气质，特别适合前瞻性研发。”

除了电脑业务以外，联想正在悄然构建“五大分舵”布局，分别为联想集团、神州数码、联想投资、弘毅投资及融科智地。其中，联想投资专注于中小型企业的战略性风险投资；而弘毅投资则主要投资成熟行业中的成长企业，重点关注建筑材料、医药、汽车零配件、传媒、消费品等行业，融科智地则从事房地产开发。

▷▷▷联想再出发

我们在看电视的时候，看到屏幕里心仪的商品，点击暂停，拿起手机扫一扫电视屏幕右侧出现的二维码，即可进入京东、淘宝下单。第二天，影视明星的同款包包或时尚服装就可出现在自家的衣柜中。这在曾经听起来像是天方夜谭，但在2017年4月7日，联想创新科技大会成都峰会上就上演了这样一幕。

这仅仅是某一款联想智能电视所展示的智能功能之一。联想集团个人电脑与智能设备事业部高级总监魏晋表示，在峰会上，他所在区域展示的这台智能电视，基于联想集团自然语音交互、大数据学习等一系列人工智能技术，为用户提供了沉浸式的信息与服务推送体验，“电视不仅仅是电视，更是能与你交流的家庭成员”。显然，伴随着互联网智能设备技术的日趋成熟，比尔·盖茨多年前在《未来之路》中所畅想的场景似乎正在加速变为现实。

当日活动中，联想企业相关负责人以场景化的方式展现了智能家居、智慧办公等极具创新性的智能移动终端，还提出了针对企业级用户的“双态IT”理念以及联想的创新研发体系。随着物联网、云计算、大数据、人工智能等技术的发展，互联网正在由移动互联网进入新的智能互联网时代。在峰会上，联想集团副总裁、中国区商用业务总经理刘征表示，智能设备是用户进入智能互联网、享受云服务的工具和入口，而联想将为用户提供“设备+云服务”的体验。刘征说：“‘设备+云’将打造新一代基于自然语言交互、人工智能和特定云服务的新型智能终端，形成下一代智能设备和未来人工智能领域的核心竞争力。”

未来将是一个“设备+云”的时代，将会越来越人性化。比如支持VR技术的电脑、MotoZ模块化手机、yoga纸屏笔记本、智能摄像头……当日峰会现场展出的各类智能设备产品，让成都市民感觉十分新鲜，尤其是智能摄像头，不像传统摄像头，它能在手机上实时显示家里的画面，十分方便。

智能设备以及行业解决方案背后的核心驱动力是大数据、云计算、人工智能等创新技术。联想创投业务部总经理宋春雨说：“联想将在智能设备、智能云平台、智能服务三大领域重点布局，重点打造成都市智能互联生态圈的市场开发。”

2018年12月，联想（西部）产业基地工厂正式投产。该基地集生产、研发和销售运营三个中心于一体，目前在成都生产台式机和笔记本电脑，未来还将生产联想的其他产品。同时，建成的联想研究院成都分院，将重点研究移动互联网服务及应用开发、移动互联网服务平台建设、高可靠技术研究、笔记本电脑及移动互联设备研发等领域。显然，联想（西部）产业基地的落成，对联想不断巩固在全球市场的领先优势具有重大意义，是联想全球战略布局的一个重要环节。而对成都市而言，这标志着成都建设全球最重要的电脑整机制造基地迈出了重要的一步。

2019 年 1 月 15 日，联想成都工厂举行了第 2 000 万台电脑下线仪式，在进驻成都的八年时间里，联想为成都经济发展贡献了巨大力量。总体来看，联想产业基地的设立以及成都大客户中心和“e 企联想”在成都落户，将使联想的全球供应链、研发体系和营销体系的布局更加完善。正如柳传志所言：“四川不仅代表着西部，四川更是面对南亚的桥头堡，借助欧亚大陆桥，以四川辐射东欧，甚至西欧，是联想未来的全球战略。”

在 2019 联想创新科技大会上，联想集团董事长兼 CEO 杨元庆表示，联想从智能物联网、智能基础设施和行业智能入手，已建立起‘端-边-云-网-智’的架构体系。在这场全球智能化的角逐中，联想致力于做智能化变革的引领者和赋能者。而成都是其实现这个宏伟愿景的重要一环。

腾讯：在成都的大地上舞蹈

2008年7月，腾讯科技（成都）有限公司在成都高新区正式注册成立。之后几年，腾讯在成都分公司不断增资，2011年，腾讯宣布追加投资额度至20亿元，正式成立腾讯成都分公司产品研发中心。

2012年年初，投资20亿元的腾讯成都研发中心大楼正式动工，在奠基仪式上，腾讯主要创始人、首席行政官陈一丹表示："经过多年的持续投入，腾讯在成都取得了很好的投资成果。我们始终看好成都的发展潜力，此次投资就是为了更进一步扎根成都，实现腾讯在当地的持续发展，将这里建成腾讯在西部最大的研发中心和人才基地。"

经过几年发展，腾讯成都分公司已扩建为腾讯在中国西南部的枢纽中心，成为腾讯西部最大的研发中心和人才基地，不但进一步带动了成都高新科技产业的快速发展，更是极大提升了腾讯在西部地区的产品研发能力，打造出开放、和谐、共赢的产业生态链，有力支撑着腾讯长远发展。

▷▷▷腾讯"众创空间"成都全球旗舰店

2017年3月23日，腾讯西部创新创业中心——腾讯众创空间（成都）在高新区举行开园仪式，正式落地成都。作为腾讯西部创新创业中心，成都高新区和腾讯总部对腾讯众创空间（成都）未来的发展寄予了厚望，这里不仅要成为西部最好、全国一流的众创空间，还将打造成腾讯众创空间的全球旗舰店，通过腾讯众创空间（成都）将腾讯优质创新创业资源引入成都高新区。

腾讯开放平台副总经理、腾讯众创空间总经理介绍道："腾讯众创空间（成都）是集线上、线下于一体的创新创业服务平台，将通过全要素立体化方式，致力于丰富、完善和提升整个成都高新区的创业生态。”

腾讯众创空间（成都）成立后，着力搭建六大生态体系，即聚合腾讯资源的创孵平台、聚合创业服务的创服平台、聚焦创业 CEO 培训和成长的创培平台、制造创业明星的创星平台、聚合投资和孵化加速的创投平台以及整合社会和行业资源的创联平台。这六大体系将从创业主体、创新生态、服务运营、政策环境四个方面全方位推进开放战略，进一步完善成都高新区创业生态。

▷▷▷深耕成都 助力成都建设为“智慧城市”

2017 年 12 月 2 日，腾讯与成都高新区签订了《腾讯智能产业、文创及电竞项目投资合作协议》，与四川省通信产业服务有限公司签署了《信息化建设项目战略合作协议》。

据此协议，腾讯将结合成都城市发展规划、文化产业优势和新经济产业发展愿景，投资智慧交通创新项目、天府绿道项目、文创项目、智慧医疗项目，打造引领西部、辐射全国的成都文化创意产业集群平台，推动电子竞技职业联赛落地、建设电竞中心及腾讯音乐基地等项目，助力成都打造新经济产业生态圈。

此外，腾讯与成都一致同意共同打造智慧交通新生态，发挥成都的区位、政策、资源优势，并同时发挥腾讯在社交平台、大数据、云计算、金融科技、腾讯乘车码行业实践等综合能力优势，共同为成都市民出行打造全新生活体验，并为成都智慧城市建设和交通产业的转型升级提供新动能。如腾讯与成都天府通合作的“腾讯交通二维码”项目，依托腾讯微信平台，广泛应用于公交、地铁、城际交通、轮渡等公共交通领域，是集公交、地铁出行信息和便民服务为一体的民生工程。

通过应用腾讯云、大数据、智慧物联系统、全域旅游应用、社交广告平台、大数据交互式展示、文创数字内容等资源，腾讯深度参与到成都环城智慧绿道项目建设，成为成都打造匹配国家中心城市水准的智慧绿道和绿色新经济城市名片新的助推器。

▷▷▷腾讯新文创总部落地成都

2020年8月20日，成都与腾讯“新文创和智慧城市”战略合作正式开启，双方签署了《成都市与腾讯新文创和智慧城市战略合作协议》《成都高新区与腾讯新文创总部投资合作协议》。此次落地成都的腾讯新文创总部项目总投资将达到50亿元，位于瞪羚谷数字文创产业社区天府长岛文创中心，未来将重点发展游戏、电子竞技、动漫、视频、文化旅游等新文创业务。

成都灿烂悠久的“天府文化”，给数字文化产业提供了深厚的土壤。签约仪式上，马化腾发来祝福，他表示：“这次双方的合作，充分体现了‘科技+文化’双翼齐飞的特色。‘科技赋能管理、文化塑造灵魂’，是成都创新发展的重要驱动力，也与腾讯的战略定位不谋而合。当前各行各业数字化进程加速，为我们深度参与成都智慧城市建设，打开了广阔空间。我相信这次战略合作，必将发挥很好的标杆效应，实现双赢的目标。期待双方共同努力，建设一个更有魅力的数字蓉城。”

此次合作将更进一步推动成都城市品牌塑造，除继续丰富“TGC腾讯数字文创节”等系列文创线下活动和文娱方式外，腾讯将携手成都，在文创开发、文旅资源、电竞赛事等维度展开更多合作，持续参与IP文创开发，立足成都讲好中国故事，向世界展示成都形象，传播川蜀文化。

腾讯与成都在新型文化创新和智慧城市方面的战略合作，通过“科技+文化”的力量，为成都建设世界文化名城注入新的活力，共同推动了成都新经济的发展。

▷▷▷“STAC 科创联合大会” 落地成都

2021 年 4 月 8 日，首届腾讯 STAC 科创联合大会在成都召开。会上，腾讯联合高校成立了人工智能科教联盟，并携手高校、科研院所、产业园区、投资机构组建人工智能科创联合体，共同在关键核心技术联合攻关、人才培养聚集和促进产业链上下游交流合作等方面共同努力。

腾讯人工智能科创联合体旨在建立以成渝地区为主，构建以平台、技术、团队为核心的合作主体，共同推动成渝科技创新中心、国家新一代人工智能创新发展试验区、国家人工智能创新应用先导区等重要目标加快建设，通过联合体构建“产学研用”一体化合作机制，促进实体经济循环。

腾讯选择将“STAC 科创联合大会”落地成都并不令人意外。2021 年 2 月，工信部印发通知，支持成都创建人工智能创新应用先导区，加速培育新兴产业，推动传统产业的转型升级。作为成渝经济区极核之一的成都，在人工智能领域扮演越来越重要角色。

某种意义上，成都和腾讯都在过往二十年时间里各自都已成为最成功的“超级平台”。从 2008 年落户，10 多年来，腾讯在成都的团队人数从几百壮大至上万。在这种长期合作的关系下，二者已然形成一种共生的生态关系，彼此成就。我们相信，未来，腾讯在成都大地上的舞蹈势必更加精彩。

第二章

汽车之都

几乎“从零起步”的成都汽车产业，是如何抓住全球知名汽车品牌在中国新一轮战略布局的机遇，由弱变强，一步步成长为中国西部新“汽车城”的？

发展脉络总览

▷▷▷四川丰田成立

在国内汽车发展史上，成都这个西南重镇的汽车工业的起步时间甚至比广州、芜湖等地还早。

在20世纪80年代末期和90年代初期，成都就造出了当时量产的自主品牌轿车“夜明珠”，“通工”“野马”“大地”等厂家引领了首轮SUV风潮，川旅厂①的华西牌客车驰骋全国……有汽车业知情人士说：“巅峰时期，四川汽车产业的产值一度排名全国第四。四川有自己完整的汽车产业生态，甚至形成了一定的品牌效应。”

1997年，党中央正式确定重庆为中国第四个直辖市。由于四川之前将主要的汽车产业布局在重庆市，重庆的直辖造成四川汽车产业的大量剥离。原四川省招商引资局于2009年在一份名为《四川汽车产业调研》的报告中写道：“1997年重庆直辖，川渝分家，当年四川汽车工业总产值达13.6亿元，而重庆分走了11亿元，四川汽车行业基本上重新开始。”当时除四川外，中国汽车大省市主要还有吉林、上海、广东、湖北、北京、安徽、天津等。

重庆直辖使得曾经辉煌的四川汽车产业归于沉寂。对于一个高速发展的产业来说，这无异于行军路上的一次重创。不过那时候留下来的汽车配套体系和技术人员，依然为一些大规模的汽车厂家服务，这也成为成都重振汽车工业的基础。

---

① 四川旅行车制造厂（简称川旅厂）。

在重庆直辖之后，四川决策层并没有气馁，而是敏锐地抓住了全球知名汽车品牌在中国的新一轮战略布局机遇，这使得以成都为代表的汽车产业迅速崛起。

1998 年，日本丰田公司与制造华西牌客车的四川旅行车制造厂合作，建立了在中国的第一家整车合资企业——四川丰田汽车有限公司（简称四川丰田）。这是四川第一家跟上时代步伐，甚至是当时国内领先的现代汽车生产企业。

据知情人士透露，其实丰田与川旅厂的接洽从 1993 年就开始了。谈判的过程非常艰辛，但四川省政府和成都市政府一直把这作为四川汽车工业发展的一个契机，始终严肃又认真地对待，并尽最大努力促成合作。

1998 年 12 月，四川丰田正式成立。2001 年四川丰田正式投产，同年 4 月，其生产的柯斯达客车正式投放市场，取得了当年投产、当年创收的良好业绩。

川旅厂和丰田的合作引起了一汽的关注。2002 年 8 月 28 日，在一汽与丰田合作的新闻发布会上，日本丰田与中国一汽集团宣布，四川旅行车制造厂正式加盟中国一汽集团。2002 年 10 月 21 日，四川丰田正式更名为四川一汽丰田。2003 年 5 月，四川一汽丰田建成普拉多（PRADO）越野车生产线，并于同年 9 月开始正式生产陆地巡洋舰（LAND CRUISER）系列中的普拉多越野车。

▷▷▷建立一汽-大众成都工厂

如果说与丰田的合作是成都汽车产业崛起的第一步，那么与一汽的合作则是成都汽车产业重整旗鼓的关键一步。

除了与丰田合作外，从 2002 年开始，四川和一汽开始了更深的接触，这为后来的一汽-大众成都工厂的建立提供了条件。

2002 年 10 月，中国第一汽车集团在四川成立了“成都一汽汽车有限责任公司”（成都一汽）。其中，一汽集团占81.15%的股份，成都工业投资公司占18.85%的股份。（后成都一汽成为一汽集团全资子公司。）

成都一汽成立后，成都市政府努力游说一汽集团，争取将高端的整车项目引进成都生产。终于，在2006年下半年，一汽集团决定将一汽-大众捷达拿到成都一汽来生产。

2007年7月19日发生了成都汽车产业发展史上的一个里程碑事件——捷达轿车成都生产基地启动仪式正式举行。那一刻，国内单一品牌销量冠军车型——捷达的成都生产项目终于在业界的种种猜测中揭开了面纱。

一汽和成都的深度合作，加速了成都汽车产业的发展。

2008年10月30日，一汽-大众成都项目签字仪式在成都举行。这是成都汽车产业发展史上又一个具有重要意义的时刻。

2009年4月3日，中国一汽集团将成都一汽100%的股权转让给一汽大众；5月8日，“一汽-大众成都分公司成立暨一汽-大众成都35万辆轿车生产项目建设在成都经济技术开发区启动仪式”在成都举行。此后，一汽-大众成都分公司开始拥有齐全的“冲焊涂总”四大工艺，进入了发展的新阶段。

布局中国，选点西部，落子成都。这是成都汽车产业发展的大机遇。

相关资料显示：一汽-大众成都分公司一期项目占地550亩，总投资8亿元，年产捷达2万辆；2010年，捷达汽车年产量达到4.1万辆，年产值达到35亿元；2011年9月，一汽-大众成都分公司二期项目也顺利建成，占地670亩，总投资81亿元，主要生产新速腾（NCS）及新捷达轿车。

2010年7月28日，由成都市政府和一汽-大众成都分公司主办的“一汽-大众成都分公司NCS项目零部件园区启动大会暨关键零部件项目签约仪式”举行。包括 5 家世界 500 强合资企业在内的 22 个关键零部件项目入驻成都经济技术开发区，总投资 39.22 亿元（其中含外资 1.2 亿美元）。这些项目为一汽-大众成都 NCS 整车制造提供配套，标志着成都汽车产业集中、集群、集约发展取得了重大进展和突破。一汽-大众的进驻是成都汽车产业发展的一个重要的里程碑。

2011 年 7 月16 日，一汽-大众成都分公司三期扩建项目正式启动，占地 826 亩，总投资 70 亿元，建成达产后形成了年产 45 万辆轿车的生产规模，主要产品为新速腾、新捷达及其他新车型，总产值达到 675 亿元。

就在同一天，一汽-大众 EA211 发动机项目也正式落户成都。项目一期投资 28 亿元，建成后将形成年产 45 万台发动机的生产规模。该项目于 2013 年3 月建成投产。项目二期于 2013 年开工建设，于 2015 年建成达产。两期项目全部建成达产后形成了年产 60 万台发动机的生产规模，年产值达到 150 亿元。

总共三期项目加上发动机项目，一汽-大众成都分公司在成都的总投资近 190 亿元。“累计生产整车 420 万辆，产值超过 3 300 亿元，上交税金近 290 亿元。”这是一汽-大众成都分公司截至 2019 年 7 月交出的成绩单。

▷▷▷成都经开区成立

2000 年，位于成都市龙泉驿区成都经济技术开发区被国务院正式批准为国家级经济技术开发区。成都经开区和龙泉驿区的目光瞄上了发展潜力大、辐射带动能力强的汽车产业，“西部现代制造业基地”启航。

实际上，直到 2002 年，成都经开区内还仅有银河汽车一家农用整车生产厂（年产能仅为 2 000 辆），以及零星的 10 多家汽车零部件生产厂商。2003 年，成都经开区仍只具备生产 2 000 辆整车的生产能力。2005年，汽车产业尤其是整车生产能力的发展被提上日程，同时，四川省出台了以成都经开区为中心的汽车产业发展规划。彼时，成都汽车产业开始跨越式发展。**不到8年时间，成都汽车产业从无到有，迅速变大变强，完成了其他城市20~40年的产业基础积累。**

2006年年底，成都一汽整体搬迁至成都经开区；2007年7月19日，第一辆“成都造”捷达下线；2008年7月6日，一汽丰田项目建设启动；2008年7月18日，成都一汽第1万辆捷达轿车下线。2009年5月8日，一汽-大众成都公司35万辆轿车生产项目建设在成都经开区正式启动。2011年2月25日，沃尔沃宣布其首个中国新家将落户成都。

为大规模引进汽车生产企业和配套产业，成都开全国之先河成立了“汽车产业推进办”，成都经开区更是设置了“汽车产业投资服务局”，主要负责统筹和履行经开区汽车制造项目和汽车商贸、物流、博览、专卖以及以汽车为主题的文化、休闲、运动等项目的投资促进工作。

政策牵引，呼应者众。一汽丰田、一汽大众、吉利汽车、神钢集团、大运重卡、一汽专汽、一汽客车、卡特彼勒、普什重机等纷纷落户成都经开区，从轿车到装载机，从货车到客车，几乎涵盖了所有的汽车类型。

如此，成都经开区汽车产业实现了从小到大、由弱渐强，产品从单一到多样、从低端向高端的快速崛起。成都经开区累计引进建设了一汽大众、一汽丰田、吉利高原、沃尔沃、神钢等近20个汽车整车、整机项目，以及一汽大众发动机、博世底盘、江森内饰等近200个汽车主机及关键零部件项目；推动了川汽纯电动公交车、一汽新能源客车等12个新能源汽车项目聚集发展，搭建了年产百万辆整车的生产平台。

▷▷▷“百千万” 产业规划

在汽车企业快速发展的同时，成都也搭上了中国汽车产业高速发展的快车。成都已经形成了以经开区为载体的汽车产业化发展集群，整车年生产能力达70万辆，产品涵盖轿车、越野车、客车、载货车等类别，发动机、变速箱、底盘、车身等配套零部件也非常完善。

有着“成都国际汽车城”之称的龙泉驿区将实施“百千万”产业规划，即到2020年，形成“百亿企业集群”“千亿产业支柱”和“万亿产业基地”。届时，龙泉驿区将培育出一汽-大众、一汽-丰田、沃尔沃、吉利汽车、神钢集团等一批百亿企业，形成汽车整车、工程机械、汽车零部件、汽车贸易四大千亿产业支柱。汽车主导产业销售收入突破9 000亿元，基本形成万亿元产业基地。

2016—2020年，在进一步做大做强整车制造规模的同时，成都大力发展新能源汽车、汽车电子和汽车服务业，规划整车产量达到125万辆，汽车产业销售收入达到9 000亿元。

2021年后，成都将再用10~20年时间，发展成为中国重要的轿车产业基地、新能源汽车产业基地、汽车电子产业基地、汽车服务业基地，进入国际汽车产业集群高端行列，最终建成中国一流、世界知名的成都国际汽车城。

天驹汽车：第一款“成都制造”轿车

▷▷▷退伍老兵造车

据公开资料记载，天驹汽车是1988年由红牌楼容器厂、长城床垫厂、红牌楼企业公司联合发起成立的。其创始人李君佑当年正是红牌楼容器厂的负责人。

“中国汽车产业散乱差的始作俑者”，李君佑现在已坦然接受批评者扣在他头上的这顶帽子。他说：“每个行业都有先行者，天驹现在成了‘先烈’，我就是那个滚地雷的。”

1978年，李君佑从部队退伍进入了一家企业。然而，他并不安于现状。1982年，李君佑离开原来的单位，创建了一家容器厂，并挖到了“下海”后的第一桶金。1984年，李君佑的工厂转做锅炉辅机，一年的利润达到了近万元。

虽然熟悉李君佑的人都知道他是个不走寻常路的人，但是当1987年李君佑宣布要造轿车时，周围的人还是吃了一惊。

“那个年代我们都把汽车当成生产工具，很少有人把它当成消费品。”李君佑回忆，造车的冲动起源于公司的一次购车经历。当时由于业务发展，容器厂需要购置一辆微型货车，而市面上只有两个品牌可供选择，一是售价1.35万元的长安，二是售价1.25万元的汉江。李君佑选择的是更便宜的汉江。没料到的是，他竟然被告知，由于供不应求，要在3~5个月之后才能提车。而在几个月后，他去提车时，汉江的价格已经上涨到了1.7万元。

李君佑把这辆汉江微货开回厂里之后，研究了一阵，一个大胆的想法诞生了：利用汉江的发动机、底盘这两个关键技术，加上轿车外壳，这不就是轿车吗？

彼时，李君佑与汽车打交道的经历包括：十五六岁时曾经在林业汽修厂帮工半年多，首辆峨眉牌大客车就是在这里建造的；参军后，在部队里负责通信车、雷达车的维修。

不难想象，当李君佑扬言要“造汽车”时，他遭到了怎样的质疑、嘲讽甚至是批评。“个体户也想搞汽车？开什么玩笑！”李君佑转述道。不过也有例外，当年和他一起参军的战友老龙闻讯加入，成了李君佑的铁杆伙伴。李君佑迅速组建了“造车班子”，邀请了几个志同道合者，包括成都汽车运输公司梁家巷修理厂的技术骨干。李君佑负责图纸设计、车身设计，用现在的话说就是课题组组长。由于大家热情很高，只用了 11 个月，轿车就成型了。

▷▷▷“夜明珠” 的闪耀与黯淡

1987 年，正当李君佑为自己的“汽车梦”激动得彻夜难眠时，在千里之外的北戴河，一次影响中国汽车产业发展进程的会议正在召开。在这次“北戴河会议”上，国务院明确建设一汽、二汽和上汽三个轿车生产点。随后，“三大三小”战略出台，即国家只支持一汽、二汽和上汽三个轿车生产基地（三大）和北京、天津、广州三个轿车生产点（三小），而不再批准任何其他的生产点。唯一的例外是军工系统的奥拓和云雀。

但是，这并没有阻挡“夜明珠”① 在市场上的走红，每辆 2.85 万元的售价对市场上的买家而言太有诱惑力了。随后，天驹将这款汽车远销大江南北，时至今日，天驹的老员工仍然对当年来自天南地北的用户是如何蜂拥而至、抱着现金在厂里等着提车的情景津津乐道。蓉

① 天驹汽车品牌名。

城出租汽车公司在1992年刚成立时就一次性购进了51台“夜明珠”，在当时充斥着“拉达”、“波罗来茨”等外国二手车、“夏利”就是王牌的成都出租车市场，“夜明珠”带来了新鲜感。

从“夜明珠”诞生之日起，李君佑就绞尽脑汁想把它送进国家准许生产的汽车生产目录中。虽然后来这份目录不断扩大，但是李君佑和他鼓捣出来的“夜明珠”却始终与之无缘。

他曾自嘲道：“我们这个车取名夜明珠，顾名思义就是适合晚上行动，没得牌照的哦，你最好是晚上走。”

一方面没有取得合法的“出生证”，另一方面却在市场上热销，“夜明珠”就在这种尴尬中热销了数年，直到20世纪90年代末。

1998年，无论是对创业的李君佑还是对整个中国汽车业而言，都相当于一个分水岭。

这一年天驹汽车制造的产品，除了轿车以外，还扩展到轿跑、沙滩吉普车等车型；同年，上海桑塔纳的“时代超人”上市，广州和日本本田签署合资合同，天津汽车第50万辆“夏利”轿车下线；同为民营企业造汽车的李书福，在这一年生产出了第一辆吉利轿车。

“说起来，我们是被互联网淘汰掉的。”李君佑感叹道。天驹汽车虽然从1994年就开始亏损，但是正式停产是在1998年。此前，给汽车上牌照都是以纸质文件进行，“可以蒙混过关”。但是自1998年以后管理系统改成了联网的电子信息系统，每年的车型必须录入光盘目录，如果各地车管所在目录中找不到该车型，用户就根本无法为它上牌照。

在挣扎折腾了整整10年之后，李君佑最终还是停止了“夜明珠”的生产。

由于曾成为蓉城出租的运营车种，“夜明珠”作为成都的“自有品牌”轿车，也留在了市民的记忆中。但后来随着生活水平的提升，这款样式简朴、功能单一、连空调都没装的“夜明珠”渐渐失去了市

场。“夜明珠”成为留在成都市民记忆中的一个符号，天驹汽车也在市场的大潮中渐渐没有了声音。

2011 年 3 月 25 日，成都天驹汽车股份有限公司与最后 27 名员工签署了劳动解除合约，成立了 21 年的成都天驹汽车股份有限公司正式宣告解散。这家公司生产的“夜明珠”牌轿车被称为“成都制造”的第一款轿车整车。

天驹汽车最后的厂房位于成都红牌楼附近，门前的马路曾被命名为“夜明珠路”，不过现在这个路牌已经无迹可寻。

根据当年成都媒体的报道，正是在这片厂区里，曾有“400 多人的庞大职工队伍来来往往，砂轮、电焊机轰鸣，烤漆房忙碌一片，车辆排得整整齐齐”的盛况。也正是在这片即将成为废墟的厂房中，诞生了专利号为 89212740.6 的一种钢塑复合材料。应用上述材料生产出来的“夜明珠”牌汽车，在 1988 年启动生产线，并在随后创下了全国年销售量 5 000 多辆的成绩。1992 年，蓉城出租汽车公司在刚成立时就一次性购进了 51 台“夜明珠”。那年夏天的晚上，“夜明珠”的淡淡荧光照亮了蓉城的大街小巷。

然而，在 2011 年春天，这片厂房只剩下一片这样的景象：在一地狼藉的废墟旁，盛开着一片灿烂的油菜花，就这样，“夜明珠”这个品牌在时代的潮流中也逐渐成为明日黄花。

▷▷▷退出历史舞台

“‘长江后浪推前浪，前浪死在沙滩上’，这句话用来形容天驹再合适不过了。”天驹最后一批员工中的小李说。他是李君佑的儿子，大学学的是汽车工程专业，2006 年他加入天驹汽车时，公司在给出租车改装天然气的业务。但是2008 年，天驹将改装业务外包给了另一家公司，就没有其他业务作为支撑了。

“有些悲壮。”小李谈到天驹的命运时说道。他在后来处理一些老文件时才发现，天驹在最“辉煌”时曾有五六百人，甚至在西安还有一家分公司；天驹曾经研发过一款类似 SUV 的车型，而那时市场上还没有 SUV 的概念。“夜明珠”汽车由于没有生产资质，后来被禁止上牌。

2011 年 3 月 25 日，一大早天驹汽车最后一批 27 名员工来到位于东大街的一家律师事务所。在这里，他们和天驹汽车解约，每个人分别获得了一笔 7~8 万元遣散费。除此以外，天驹还公告通知股东前往领取权益，每股权益净值为 1.38 元，超过股本部分为 0.38 元。

“我知道有股东对这个价格不满意。过了十几年，每股只赚到 3 毛 8 分钱，还不如存银行。但我只能做到这一步了。”李君佑叹道。在 1996 年前后，李君佑筹措资金为天驹汽车发行股份。“都是5 万元、10 万元凑起来的，大概有 730 多名股东。”李君佑说，彼时认购十分踊跃，最后实际筹了 1 600 多万元。

工友老王掏出老花镜戴上，他的双手摆弄了几十年轴承，拿起笔来却有些微微发抖，但他还是工整地在合同上写上了自己的名字，按上鲜红的手印，然后平静地离开。而在工友们团聚的会议室里，有的老工人潸然泪下。

就这样，天驹汽车正式退出历史舞台。

川旅厂：二次起跑，重振四川汽车工业

1988 年，四川旅行车制造厂在梁家巷成立。

循迹成都汽车产业发展的脉络，川旅厂的成立看似一个相对独立事件，但却成为 25 年后成都打造“世界级、万亿级的国际汽车产业高端基地”的不可小视的“星星之火”。

▷▷▷改革出新品

与天驹汽车相似的创业史，发生在一个叫川旅厂的企业。然而，川旅厂故事的轨迹却是以另一种方式演进，成为成都汽车产业从零起步的“星星之火”……

1958 年，一家敲敲补补的三轮车修理厂从街道中的一家小厂起家，开始了 29 年艰辛造车之路。1987 年，它以国家中轻型客车定点制造企业的身份，有了进入四川汽车工业版图的名字——四川旅行车制造厂。

提及川旅厂，有一个人不得不提及——曾任川旅厂厂长的姜治中。

1985 年，姜治中担任川旅厂厂长时，成都大的汽车企业包括成汽厂、川客厂、专汽厂，这些企业的产品都被国家正式列入了《全国汽车产品目录》。而此时的川旅厂，总资产为 1 000 万元，年产客车 100 辆，销售收入仅为 1 000 万元，其主要搞一些车辆的修理和货车、客车的旅行改装。“厂里也生产客车，但都是‘黑户口’，只能凭借省里的政策在四川销售。”当时的川旅厂，顶多也只是一个小小的汽车修理厂。

上任后的姜治中开始了大刀阔斧的改革。仅在 1985—1993 年该厂

就开发了3代新产品、100多个品种，川旅厂没有向国家要一分钱，对生产线依轻重次序进行了技改，扩大了产能，建立了企业内部的“劳务市场”招聘中层干部……1987年，川旅厂成功兼并成都第二客车制造厂。

“当时，川旅厂的名字，并没有它生产的汽车有名气。”一位曾经的川旅厂中层负责人回忆道。当时，川旅厂制造的“华西”牌中轻型客车已面向全国市场并有部分出口。

一匹黑马，横空出世。

1993—1995年川旅厂连续三年夺得全国中型客车行业产销之冠。仅在1993年，川旅厂客车年产量就已达8 000辆，销售收入达4.1亿元。由此，川旅厂跻身中国500家最大工业企业行列和机械工业百强企业。

此时，姜治中并不知悉，由自己“掌舵”的这匹黑马，已进入日本丰田的视线。

▷▷▷联手丰田

当时，日本丰田在中国尚无一家合资企业，只有一些零零星星的零部件企业，从战略布局上考虑，丰田意欲以客车为跳板进入中国汽车行业的计划由来已久，却一直没找到一个适合的时机与平台。1993年，这条似乎是突如其来的橄榄枝，摆在了归零起步的四川汽车产业面前。

5年谈判，可谓在曲折中前行。省、市领导和相关部门多次赴日本谈判；到北京申请支持；在成都频繁交涉……

“几年谈判，最大的感受，是四川省、成都市政府要推进这个产业的决心。”时任川旅厂中层的一位负责人，对选址问题记忆犹新，“当时梁家巷已经没有发展空间，选了很多地方，最后在成华区跳蹬河南路9号，川旅厂兼并了一家濒临破产的企业，由此获得了可贵的土地。”

1998 年 11 月 10 日，就在这块土地上，总投资 9 909 万美元的四川丰田汽车有限公司正式成立。其三大股东为四川旅行车制造厂、丰田汽车公司和丰田通商株式会社，持股比例分别为 50%、45%和 5%。

四川丰田既是日本与中国的第一个整车合资项目，也是四川省当时最大的汽车合资项目。

2000 年，第一辆国产柯斯达整车下线。

此时，四川丰田已具备从冲压、焊接、喷涂到组装四大生产工序，零部件的国产化率达到了 60%以上。投产不到一年，四川丰田已生产柯斯达客车 2 200 辆，销售达 2 000 多辆，几乎没有库存。

丰田柯斯达下线，创下了当年投产、当年盈利的丰田海外企业记录。2001 年，“成都造”柯斯达客车产量已超过 2 000 辆，实现产值 7.14 亿元，收入达 6.6 亿元，实现税利 1.63 亿元。

▷▷▷一汽重组

2002 年 7 月 18 日，成都市的相关领导带队登上了前往一汽集团考察的班机。一汽集团与成都汽车产业开始了真正实质性的接触，成都汽车产业整合序幕正式拉开。

7 月 19 日，时任一汽集团总经理竺延风、副总经理金毅与成都代表团进行了会谈。“会谈时间并不算长，但双方却谈得很深。”一位随团代表回忆，会谈中，成都方面直陈来意，提出希望通过与一汽集团的重组合作，将成都发展为一汽在西部地区的汽车基地，并提出在蓉生产柯斯达、越野车、轿车及中型卡车的建议。

有备而来，诚意彰显。一汽当即表示，此次合作将形成多方共赢的局面，一汽将以最积极的态度、最快的工作节奏，研究、规划、安排、部署与成都的合作事宜。竺延风称，他将亲自负责此次合作。

7 月 22 日，成都市成立了一汽集团与成都汽车工业战略重组协调领导小组，并同时成立了工作小组，负责对接一汽方工作小组的工作。

8 月 12 日，应成都市委、市政府邀请，由时任一汽集团副总经理金毅带队的一汽调研组一行 10 人抵达成都，双方进行深度会谈。

8 月 13 日，一汽调研组马不停蹄地对川旅厂及其合资公司进行了考察，并在当晚与成都方再度会谈。双方同意由一汽集团与成都工业投资公司出资共同组建一汽集团成都汽车有限公司，并就合作内容、资产剥离、工作进度等达成原则性共识。

8 月 21 日，葛红林再次率队赶赴长春，连夜与一汽进行会谈。

8 月 22 日，一个重大的协议签订了。一汽、成都市政府、成都工业投资公司、川旅厂签订相关合作协议。正是这个协议主导了以后重组整合的全过程。

此后，随着 8 月 29 日中国一汽与日本丰田汽车合作协议签字仪式和 9 月一汽集团与成都方面签约仪式的相继举行，成都一汽组建进入“倒计时”阶段。

西部广袤，市场庞大。一汽完成对成都汽车工业的整合，这无疑是在成都、四川乃至西部巨大的、尚待大力开发的汽车市场上，摆上了一粒举足轻重的“棋子”。对“华西”“柯斯达”客车进行的继续开发，使一汽的产品线延伸到了中型客车上，这将弥补一汽在产品种类上的不足。将卡车放于成都生产，可利用西部低廉的生产成本和良好的地域优势，进军西部汽车市场，进而调整我国汽车产业布局，一汽一举数得。

而站在一汽与成都汽车工业整合“舞台”背后的日本丰田，对这样的重组更是满意。一汽与川旅厂合作，川旅厂与日本丰田的合资项目——四川丰田自然也成为一汽与丰田的合资项目；再加上一汽全面与日本丰田展开战略合作，中国市场的合作战略在日本丰田眼中豁然开朗。天津主打轿车、成都主攻客车和越野车，日本丰田借用与一汽在天津和成都的汽车整合，使中国丰田汽车的生产布局成为一个整体，并更加合理。

▷▷▷打造超级跑车

2008 年 7 月 5 日，距离刚刚发生的“5·12”汶川大地震不足两个月。

在龙泉驿区，中国一汽集团和日本丰田汽车公司共同出资建立的四川一汽丰田汽车有限公司搬迁扩建项目如期开工建设。这个投资总额约为 36 亿元的产业化项目，将使柯斯达和普拉多的生产能力达到年产 3 万辆。

项目开工仪式当天，中国一汽集团和丰田汽车公司的高管双双来蓉。在“5·12”汶川大地震刚刚过去的关键时期，此次如期开工，给了外界很强的信号：这里的发展没有因为地震而打乱。

当时，成都一汽上马新车型的生产技术准备工作已经开始实施，很快就会推出“普拉多”越野车。据当时市场预测，该款汽车售价为人民币 40 余万元。

成都一汽丰田公司从 2000 年投产以来，先后完成了柯斯达和普拉多的多次换型升级，产品线不断丰富。2016 年年底，成都一汽丰田举行了“普拉多”车型累计产量超过 20 万辆以及公司整体下线产量超过 30 万辆的盛大庆祝仪式，全公司 1 000 多位员工和公司高层共同参加典礼。他们都发自内心地为自己十余年如一日、默默艰苦工作而取得了如此骄人的成绩感到十分自豪。

到 2018 年，成都一汽丰田公司已经成功研发出年产能力达到 5 000辆的“2018 年新款柯斯达”豪华客车和年产能力达到 4.5 万辆的“普拉多 3.5L 卓越型”，以及其他越野车型。成都一汽年产量也从最初的 2 000 辆发展到 6 万多辆，公司 2017 年年产值超过 75 亿元，并连续多年位列成都纳税百强企业的前 20 位。

未来，一汽集团和丰田集团这两大主要股东已经达成战略共识。主打越野车系和豪华客车的成都一汽丰田公司还打算在成都投入数亿元的资金，继续加快生产线的建设以及新研发产品的下线速度。销售负责人介绍道："依托西南地区多山路的有利条件，加上西部地区经济日渐繁荣，消费水平不断升级。越来越多的都市职员假期内不再满足于都市闲逛，而是选择去征服高山雪域，越野车市场消费潜力非常巨大。"

成都一汽的员工也自豪地介绍道："放眼如今的川藏线，十辆越野车九辆普拉多，还有一辆是'霸道'。"**从零起步，这个"单打冠军"，一个动力十足的引擎，引领着成都的汽车工业发展势如破竹，谱写着辉煌的篇章。**

捷达：牵手成都一汽，老车变新车

在2012年9月开幕的成都车展上，一汽-大众旗下代号为“捷达NF”的全新捷达轿车正式登场，这是一款在一汽-大众生产了21年的老车型有史以来最大幅度的改款。

一汽-大众落子成都的第一个品牌即是捷达。2017年后，捷达这款中国车市的“不老传说”在成都实现了升级换代。而一汽-大众也在成都演绎着一次又一次的裂变与突破。

捷达在成都的故事，或者说一汽-大众在成都的故事，见证了成都汽车产业逐步清晰的发展脉络，以及产业链圆梦的过程，成为成都汽车产业发展史上的重要里程碑。

▷▷▷“一个半工艺” 起家

捷达在成都的发展故事，不得不从2002年10月开始说起。

2002年10月，中国第一汽车集团在四川成立了“成都一汽汽车有限责任公司”（成都一汽）。

熟悉一汽在成都的发展历史的人说，当时成都一汽实际上就是承接了原四川旅行车制造厂。成都一汽成立后，其主导产品仍旧是华西牌客车（原四川旅行车制造厂风靡一时的主导产品）。

“这个车技术含量很低。”有知情者透露道。

2002—2006年，成都一汽的发展定位并不清晰。据知情者回忆，成都市当年极力引进一汽，主要是看重了一汽对于聚集产业链的标志性效应。

在成都一汽成立后，成都市继续努力游说一汽集团，争取将更

“高端”的整车项目引进成都生产。终于，在2006年下半年，成都市通过一汽集团说服了一汽-大众将捷达拿到成都一汽进行生产。

据称，当时，成都一汽没有轿车生产的资质，产地合格证上不能印成都两个字，因此只能将捷达放到成都进行委托式生产。成都市方面和成都一汽之所以积极引进捷达，主要是出于对三个方面的考虑：一是通过生产捷达来培训成都一汽的员工队伍；二是通过生产捷达给外界树立成都要做并能做大众车的信心；三是通过生产捷达，在成都一汽公司内部建立与一汽大众接轨的管理体系。

“这一切都是决策者为了成都汽车工业的未来所做出的十分正确且缜密的准备过程。虽然过程漫长而曲折，但是现在看来，确实是为未来的产业发展铺好了路。”业内人士说。

2006年11月，成都一汽正式搬入成都经济技术开发区。由于是委托生产，生产捷达所需的四个工序，成都一汽只能进行其中的“一个半”，即总装的完整工艺和涂装的半个工艺，这是一种非常不成熟的状态。而在这之前的冲压、焊装两个工艺都要在长春完成。尽管如此，但是这一个半工艺对于企业自身的发展，对于成都的汽车产业的腾飞，意义重大。

▷▷▷缓解产能压力

2007年7月19日，成都汽车产业发展史上的一个里程碑——捷达轿车成都生产基地启动仪式正式举行。那一刻，国内单一品牌销量冠军车型——捷达成都生产项目终于在业界的种种猜测中揭开了神秘的面纱。

一汽-大众官方当时的新闻说：“这表明了中国第一汽车集团与其合作伙伴德国大众集团大力支持中国西部开发的决心，在满足市场日益增长的需求方面取得了突破性的进展。”

这则新闻在解释选址成都的原因时说：“当时，由中国第一汽车集团与德国大众集团合资合作在长春一汽-大众汽车有限公司生产的捷达，一直以来深受广大中国消费者的喜爱。由于近年来捷达一直保持年销售量超过20万辆的良好销售势头，给计划年产能为15万辆的捷达产能释放带来了压力。而成都汽车制造基地与一汽-大众同步生产捷达轿车，将有效缓解一汽-大众捷达生产线的负荷，为进一步满足消费者对这一车型日益增长的需求提供保障。”

熟悉成都汽车产业发展的人士普遍认为：一汽-大众当时的迅猛发展势头，给成都一汽承接捷达品牌创造了机遇；并且成都一汽作为一汽旗下公司，其发展需要放在集团西部战略的大局下来考虑。

这天，在捷达轿车成都生产启动仪式上，时任一汽集团公司总经理竺延风和德国大众汽车集团总裁文德恩表示：“在合资生产整车、动力总成和关键零部件的基础上，德国大众汽车集团和中国第一汽车集团将积极响应中国政府的西部大开发战略，大力支持帮助成都捷达的生产。同时，还将全面提高对西部地区客户的服务水平。”

当时成都市的主要领导也在仪式上肯定了一汽及德国大众集团公司对成都市以及整个四川省经济发展所做的贡献，并对由此产生的就业机会及产业结构调整给予了高度赞扬。同时表示当地政府要大力支持成都一汽的建设和发展，为其提供政策上的支持。

截至2007年7月19日，成都汽车制造基地经过多年的准备，其生产技术已经完全符合大众汽车全球生产标准，并且质量保证体系由一汽-大众统一控制，在成都生产的捷达的质量完全达到了一汽-大众的质量要求。

参加当天启动仪式的相关人士回忆说：“当时还有一个关键的场景不为大众所知：大众汽车集团总裁文德恩在访蓉期间与四川省和成都市领导进行了十分深入的会谈。可以说这次会谈初步奠定了德国大众在成都发展的基础。”

▷▷▷汽车产业链圆梦

成都追求汽车产业大发展的脚步从未停顿。

在凭着“一个半工艺”开始生产捷达的同时，一汽集团也希望成都一汽考虑一些其他的车型。但据知情者回忆，当时成都市的领导多次与一汽集团进行沟通，说：“我们想要一门心思做捷达。”

“成都专注于做捷达，实际上是看重了‘大众’的品牌。”知情者说。

几番沟通下来，成都市的诚意最终打动了一汽集团。

2009 年 3 月，一汽集团高层下了一个很大的决心：把一汽集团拥有的成都一汽的全资股份，拿到天津产权交易所去进行股权转让，定向由一汽-大众摘牌，买下成都一汽的全部股份。

据知情者回忆，在摘牌后的 2009 年 5 月 8 日，一汽-大众成都分公司成立暨一汽-大众成都 35 万辆轿车生产项目建设在成都经济技术开发区举行。从那时起，一汽-大众成都分公司开始拥有齐全的“冲焊涂总”四大工艺，正式由“一个半工艺”进入发展的新阶段。

据知情人士透露，实际上成都一汽的发展好坏，与一汽集团在西南的发展战略息息相关。“把成都一汽交给一汽-大众，实际上是一汽集团在统筹了西南发展战略的大背景下做出的决定。”至此，成都汽车产业以乘用车为发展方向的脉络逐渐清晰：一步步由客车修理厂到客车制造厂到华西牌中型客车到四川一汽丰田到一汽-大众捷达……

熟悉成都汽车产业的人士说，35 万辆只是当时的一个规划，到底能做多大，当时的地方政府心里还是没底的。

从 2009 年 5 月 8 日起，一汽-大众开始创造奇迹：只用了不到一年半的时间，就在成都经济技术开发区一马平川的空地上，建成了完全符合德国大众理念和标准的现代化厂房。一年半的时间，不仅厂房修建好了，设备安装调试也全部到位。2010 年下半年，一汽-大众成都分公司开始试生产。2011 年 10 月 31 日，一汽-大众成都分公司宣告全面建成投产。

“厂房修得很快，设备也安得很快，一汽-大众上得也快。”一汽-大众成都分公司的相关人士说道。

“现在平均每一台车耗时 64 秒。我们理想的状态是 60 秒出一台车，一天出 1 200 台。现在日产量是 1 000 台整车。”

捷达的成都造、一汽-大众的落户、大众更多车型的引入，的确为成都发展汽车产业奠定了基础。成都市政府在一汽-大众成都分公司 5 千米范围内建了两个园区：零部件园区和物流园区，都为一汽-大众成都分公司做配套。而目前，已经有近百家相关企业入驻，真正意义上实现了用整车带动零部件企业发展的路径。如此，成都汽车产业链圆梦。

十多年来，一汽-大众成都分公司终于拥有了一条完整的汽车产业链。

2021 年 10 月 21 日，一汽-大众数字化研发中心在成都揭幕，正式开启了一汽-大众与成都面向未来、合作共创，推进汽车产业转型升级，助力成都数字化经济发展的崭新篇章。

沃尔沃："嫁入"中国，在蓉新生

2011年2月25日，沃尔沃汽车公司宣布了未来5年在中国的发展战略，透露了这一全球知名汽车品牌的新动向：在中国建立成都、大庆两个生产基地和上海总部基地，并在2015年达到20万辆车的销量和占有中国豪华车市场20%的份额。其中，在成都建立的首个生产基地于2013年落成投产，年产量达10万辆。

沃尔沃汽车全球总裁兼首席执行官斯蒂芬·雅各布宣布："沃尔沃汽车董事会和全球管理层已确定在成都建立中国首个制造工厂，覆盖中国西部市场，并批准建立大庆中国北部基地，同时决定加快上海总部和中国技术中心的建设。"

根据这项"五年战略"，成都将成为沃尔沃中国首个制造工厂，成都新厂于2013年落成并投入生产，并达到每年10万辆的生产能力。与此同时，沃尔沃还宣布了在大庆建厂的计划。

沃尔沃的动作频繁，在建设制造工程的同时还计划着拓展经销商网络。2013—2015年，其经销商门店数量将从106家增加到202家。上海作为沃尔沃的中国总部，工作重点将是对高档轿车、电动车和新能源汽车进行设计、研究和开发；在成都的沃尔沃汽车西部基地将以覆盖中国西部市场为主，参与和支持中国西部大开发；在大庆的沃尔沃汽车北部基地将以覆盖中国北部市场为主，目的是参与和支持中国东北老工业基地振兴。

一名业内人士分析："成都和大庆两地的政府给予吉利沃尔沃项目的支持是最重要的原因，沃尔沃中国战略已经将目光转移到了更有消费潜力的新兴市场，并且有着明显的出口导向。"从成都工厂来看，沃尔沃产能不止覆盖中国西南地区，还可以进一步开拓以东盟国家为主的出口市场；同理，位于大庆的基地则可以对俄罗斯等亚洲东部国家和地区进行输出，如有可能，也能够直接面对韩国、蒙古甚至日本等东北亚国家。

▷▷▷工厂落地

2007 年 12 月 22 日，沃尔沃首个中国基地——吉利成都基地正式破土动工建设。此后，在吉利成都基地建设期间，吉利控股集团董事长李书福数次来到工地现场，这为今后沃尔沃落户成都埋下了伏笔。

而就在吉利成都基地开建之时，成都获得了吉利将收购沃尔沃的消息。彼时，吉利收购沃尔沃的计划刚启动，围绕着引进吉利沃尔沃项目，从南到北、从内陆到沿海，吉利考虑了好几个地方。各地也悄然掀起了“暗战”。各个城市纷纷给予吉利极为优惠的政策，包括优惠地价、输入巨资、动用人脉等。

机会出现在吉利 SUV 首款车下线当天。这天，是 2009 年 10 月 29 日。

当晚，吉利成都基地为首款 SUV 下线举行了小范围庆功宴。席间，李书福突然接到一个电话，地球的另一端，沃尔沃收购团队第一时间给他带来了好消息：吉利成为收购沃尔沃的首选并购方。

李书福当场就向所有人通报了喜讯。成都市相关领导当场向李书福发出落户邀请。人逢喜事精神爽，沉浸在喜悦中的李书福毫不犹豫地就做出回应：“如果收购成功，吉利沃尔沃首选成都!”两个多月后，双方签订了正式协议。

沃尔沃汽车集团中国区董事长沈晖曾评价：“成都拥有良好的投资环境和巨大的市场辐射力，而大众等其他汽车厂商在成都的投资更增加了沃尔沃入蓉的信心。”

▷▷▷成都制造，走向全球

成都随即正式成立了沃尔沃项目领导小组，领导小组夜以继日地完成了调研报告。报告认为，吉利收购沃尔沃真实、可信，建议支持吉利并购沃尔沃并在成都建设基地。同时，成都市政府最终决定，将吉利沃尔沃落户成都作为正式方案开始和对方谈判。

而此时，落地工作却出现了波折，即成都能否为吉利提供更多的资金支持。此前，吉利在国内的8个制造基地分属多个地方，多是以项目换资金的方式滚动发展起来。此番收购沃尔沃的资金需求庞大，其中有相当部分需要地方政府解囊。按照吉利多年的运作模式，即通过设立制造基地，同时获得地方在税收、土地、资金等方面的一揽子支持。

但成都做不到这一点。成都市有关部门的领导在向李书福表示"成都将全力支持沃尔沃成都项目"的同时，也坦言"成都这几年虽然发展很快，但是没有那么宽裕"。

谈判在极为保密的情况下展开，设想了多种方案。

最后，方案敲定：由成都工业投资集团出面，为沃尔沃做担保，由银行向吉利提供30亿元低息贷款，用于收购沃尔沃的项目公司。

据当时的成都市经济开发区副主任介绍，吉利成都基地的投资额达54亿元，项目包括一个整车厂、一个发动机厂和一个变速器厂，以及与业务发展相匹配的沃尔沃（西部）研究中心、沃尔沃中国西部零部件采购中心和沃尔沃西部销售中心，该基地将引进沃尔沃全球最高水平的生产和质量控制体系。

在此之前，成功收购沃尔沃的吉利已在成都累计投资了47亿元，建设了吉利高原生产基地、吉利总部及研发基地、吉利超市综合体。吉利首款SUV"全球鹰"在2009年10月28日生产下线。

2017年沃尔沃在全球的销量比2016年增长了7%，达到571 577

辆；在中国区的销量同比增长了 25.8%，达到 114 410 辆。沃尔沃超越雷克萨斯，成为中国豪华汽车品牌第二梯队的第二名。作为在华销售的主力车型产地，沃尔沃成都工厂的重要性不言而喻。

2017 年 10 月，沃尔沃旗下的高性能品牌“Polestar”高性能电动车项目开工仪式在成都天府新区新兴产业园举行。吉利控股集团常务副总裁兼沃尔沃全球董事李东辉在致辞中表示：“即将开工的 Polestar 高性能电动车项目是 Polestar 全球的生产制造中心，将以智能制造为基础，引进国际一流的制造工艺和生产设备，打造现代化、数字化、智能化的先进工厂，生产基于欧洲先进技术的高性能电动车，并出口到全球市场。该工厂也将是中国最环保的汽车工厂之一，其目标是获得全球著名的绿色建筑评估体系 LEED 金级认证。”2019 年 8 月 27 日这一天，Polestar1 已在成都生产基地正式投入量产。

Polestar1 在成都建设生产制造中心投产，说明了成都汽车制造产业以及配套设施已经具备生产基于欧洲先进技术的高性能整车的能力，完成了从“成都制造—面向全国”到“成都制造—面向全球”的转变。

聚焦新能源，打造西部“汽车之都”

2019 年 9 月，成都车展推高了暮夏的热度。130 多个汽车参展品牌和 1 600 余辆展车，吸引了超过 75 万人次参会，创历史新高。

但是相对于当时的中国汽车市场而言，这个夏天却略显“清凉”。销售下行，少有厂商能够幸免。2019 年 1—7 月，我国乘用车市场一共销售了1 143.9 万辆，同比下滑 8.8%①。

▷▷▷拐点已至

近年的销售数据，映衬着成都汽车产业背后的庞大链条。在 10 余年前，成都的汽车产业还是一穷二白。但在 2013 年，成都实现了整车（整机）产量 73.2 万辆，增长 95.1%。这一发展速度让当时的一汽客车（成都）公司的管理人员十分惊讶：成都只用了 3 年时间就让汽车整车产量达到了70 万辆，而达到这一数字天津用了 10 年，长春用了 50 年。2014 年 4 月 15 日，一汽-大众西南基地累计生产总产量达到了 100 万辆。一汽-大众的该基地从奠基到实现 100 万辆的产量仅仅用了 5 年时间，而一汽-大众的第一个 100 万辆却用了 12 年。

除了量之外，当下汽车产业发展的重点更在于品质。传统汽车产业已经走到了转型升级的十字路口，受新一轮科技革命（特别是新能源和无人驾驶）的影响，中国汽车产业的爆发也与深刻的产业变革交织在一起。

2017 年，全国新能源汽车产量达 79.4 万辆。这一年，成都市在

① 数据来源于乘用车市场信息联席会。

支持新能源汽车产业方面出台了多项举措，比如，《成都市新能源汽车三年推广应用实施方案（2017—2019 年）》《成都市新能源汽车充电基础设施三年建设实施方案（2017—2019 年）》《成都市支持新能源汽车推广应用的若干政策》等。在政策倾斜下，成都市 2017 年新能源汽车实现产量 8 000 余辆，实现产值 67 亿元。

2019 年，成都市再次给予新能源汽车产业多项政策帮助，比如，《成都市氢能产业发展规划（2019—2023 年）》《成都市新能源汽车充电基础设施建设实施方案（2019—2020 年）》《成都市新能源汽车推广应用实施方案（2019—2020 年）》《成都市支持氢能暨新能源汽车产业发展及推广应用若干政策》在多方利好政策的帮扶下，成都市规划到 2022 年，力争新能源整车产能达到 100 万辆、年产量达到 50 万辆，新能源汽车产业主营业务收入突破 1 000 亿元，把成都市建设成为国家西部重要的新能源汽车生产基地。

2020 年我国新能源汽车产量达 136. 6 万辆，较 2019 年增长 10%。成都市致力于将新能源汽车产业作为一大支柱产业，成都市经信局汽车产业处公开表示，成都市新能源汽车整车产能达到 15 万辆。

▷▷▷新能源汽车变革

这场变革首先来自汽车产业内部。

在 10 年前，没有一家中国汽车企业有胆量喊出“超越大众、丰田”的口号。但是在今天，这一口号有可能变为现实。燃油车的衰落为此创造了机遇。作为汽车核心技术之一的内燃机已经沿用 100 余年，但是随着全球能源紧张、环境污染和驾驶安全等的挑战日益加大，这一技术正逐渐被人们抛弃。人类亟须研发出比燃油车更加清洁且性能优良的交通工具。新能源汽车成了未来的发展方向。

实际上，早在 1881 年，法国人就发明了第一辆可充电的电动汽车。这是一款三轮车，使用了两个西门子马达，车重是 160 千克，时速为每小时 12 千米。1882 年，英国的威廉 · 艾尔顿（William Ayrton）发明了性能更优的由铅酸电池驱动的电动汽车，据记载大概是装了 1.5 度电的电池，最远可有 40 千米的续航里程。但是后来电动汽车在与内燃机汽车的竞争中败下阵来，卡尔 · 本茨于 1885 年发明的燃油汽车成为日后百余年间汽车的鼻祖。而近 10 年，随着电池（特别是锂电池）、电机等技术的迅猛发展，以及充电桩等基础设施的兴建，新能源汽车开始走进寻常百姓家。不论是以特斯拉、蔚来汽车、小鹏汽车等为代表的造车新势力，还是宝马、保时捷、一汽、比亚迪等传统车企，都纷纷开始转型新能源。

就像在移动互联网领域，中国实现了变道超车一样。如今国内的车企和国外巨头处于同一起跑线上，实现超越指日可待。截至 2017 年年底，我国新能源汽车累计销量达到 180 万辆，占全球累计销量的 50%。新能源科技公司宁德时代已经成为全球最大的动力电池供应商，比亚迪更是把新能源巴士卖到了世界各地。

如果我们仔细分析一下这一波产业浪潮就会发现，全球汽车产业正朝着电动化、智能化、网联化和共享化方向发展。这四个特点并非相互孤立，而是环环相扣的，共同构成了完整的逻辑链条。

汽车电动化让智能化的无人驾驶和车联网更容易实现，这一点对出行领域的运营商吸引力巨大。若能实现汽车的智能化，则必定可以提升网约车的运营效率，同时在保证乘客安全的情况下，通过收集海量的乘客出行数据，实现城市智慧交通的建设。

试想一下，汽车将不再是只销售硬件的“一锤子”买卖，其商业模式将变为“产品+服务+解决方案”。智能手机的诞生，不仅改变了人们的通信方式，而且改变了人们的生活方式，直接形成了万亿级硬件和软件市场，苹果、华为、小米等一系列世界级公司相继成立。而新能源汽车将在未来成为人们连接世界的另一大端口，其产业链和价值链远比手机复杂、庞大。我们可以畅想一下未来的出行场景，乘客在App上预订出行，一辆汽车自动驶来，把乘客送达指定地点后，它又自动去接下一位乘客。整个城市的交通网通过大数据和车联网进行自动规划，除了可实现零排放之外，交通拥堵也将成为过去式。

正因为如此，新能源汽车取代内燃车只是时间问题。世界各国甚至制定了停售燃油车的时间表。挪威、荷兰的计划是在2025年，德国、印度拟议的停售节点为2030年，英国、法国均为2040年。2017年9月，中国工信部也开始启动制定停止生产和销售传统能源汽车的时间表。

▷▷▷打造新能源汽车之都

这场汽车产业的变革之风也吹到了巴蜀之地。包容性极强的成都人对于新生事物有着非常大的热情，新能源汽车的出现引起了他们的关注。虽然成都尚未出现本土的新能源汽车品牌，但是成都对引进相关产业的重大项目却不遗余力。成都采取的思路是“引龙头、带配套、促转型”。所谓“引龙头”便是引进新能源、无人驾驶整车和关键核心零部件项目，通过这些核心项目带动供应链的上下游服务和制造商入驻成都。核心目标是形成完整的新能源汽车研发和制造生产链，建立全国最具核心竞争力的新能源汽车基地。

仅在2017年，成都及其周边县市就签约引进（新能源）整车重大项目9个，总投资720亿元；签约引进关键零部件配套项目4个，总投资350亿元。其中既包括一汽-大众、吉利、重庆汇洋、五龙昆仑等知名车企，也包括吉利大学、北京大学西部研究院等产业和科研园区。

2018年10月，国务院发展研究中心产业经济研究部、中国汽车工程学会和大众汽车集团（中国）联合发布了《2018年中国汽车产业发展报告》，报告以全球汽车产业电动化新浪潮为切入点，聚焦

“后补贴时代”中国新能源汽车发展的新思路与新举措，并提出将推动新能源汽车产业的发展上升为国家战略。2019 年上半年中国新能源乘用车市场份额过半，增速超过海外。中国新能源汽车产业已经建立一定的先发优势和规模优势。

作为国家内陆的“桥头堡”，“一带一路”和长江经济带战略的重要交汇点，成都将乘着这股东风，积极转型升级，成为西部名副其实的“汽车之都”。

2020 年 3 月，新能源汽车充电桩被纳入“新基建”七大领域。

2021 年，成都新能源汽车推广数量再创历史新高，1—9 月推广超过 6 万辆，其中，9 月上牌量达 1.4 万辆。成都市经信局的相关负责人表示：“到 2025 年，成都力争基本实现公共领域车辆电动化，新增车辆新能源化例达到 20%以上，全市新能源汽车化重达到 10%以上。”

第三章
医疗之光

成都医药产业经历了两轮快速发展：第一轮是依靠西部中药材资源而兴的中医药企业快速发展；第二轮则是科伦、康弘等药企转型，其中科伦药业成为传统药的龙头企业。而现在创新药的发展带来了第三次历史机遇。

发展脉络总览

▷▷▷下一个十年的发展之旅

本章所言的医疗产业，是支撑、引领成都下一个10年产业周期的高新技术与战略性新兴医疗产业。

从全球范围来看，随着全球技术变革不断加快，新一轮全球经济结构调整不断深化。世界主要发达国家纷纷把发展战略性新兴产业作为新的突破方向和增长引擎。德国提出了“工业4.0计划”，美国启动了“工业互联网计划”。而我国也提出了“中国制造2025”战略，将机器人、新能源汽车、生物医药等10大领域列为必争之地。

成都深知，城市的产业发展不能过度依赖资源密集型和劳动密集型的传统产业；要在世界范围内参与竞争，只能发挥高新产业的技术优势，利用好创新技术的人才资源。在21世纪初期，成都就在国内打响了“高科技成都”品牌，让这座城市具备了瞄准未来、进军高端产业的基础。在科技化、信息化高度发展的当下，成都不沿边、不靠海的区位劣势也在逐步弱化。抓住产业的未来，孕育产业的创新基因，成都下一个10年的创新发展之旅，已在路上。

“中国的新未来”是2013年《财富》杂志在成都举行全球论坛的主题。这次论坛涉及中国国内经济的发展演变、中国西部地区的迅速增长，以及中国在全球视野中所扮演的新兴角色。

为“未来”破题，在成都发声。这样的巧合，在成都高新产业的相关数据中或许可瞧出端倪。

2010年，全球新能源、新材料、信息技术、生物、节能环保、新能源汽车六大战略性新兴产业的总产值超过 4.4 万亿美元，占全球生产总值的比例超过 7.1%；之后几年，也维持着 8%～10% 的增长速度，远高于世界经济平均增长水平。

▷▷▷生物材料产业的崛起

成都也顺势而为。在天府新区内，一个立足于“影响西部下一个 10 年”的投资项目——新川创新科技园在 2012 年 5 月 8 日正式开工建设。这个“打造中心新范例”的园区，其新川之“新”，是指瞄准信息技术、生物医药、环保、数字新媒体、金融、互联网等前瞻产业，提前布局产业形态，甚至依循产业诉求打造“产城一体”的新兴城市形态。

新川创新科技园只是成都新兴产业的一个缩影。2012 年，成都市高新技术企业已达 1 094 家，位居中西部城市第一，高新技术产业产值达到 2 915.29 亿元，连续多年年均增幅超过 20%。同期，成都市专利申请量和授权量分别达到 37 466 件和 21 228 件，均位居全国副省级城市第四、中西部城市第一。

截至 2017 年年底，成都高新区仅生物医药类企业总数就已达 1 541家之多，生产规模上亿元的企业总数达 52 家，全年共引进生物医药重点项目61 个，总投资超过 620 亿元。2019 年，成都高新区生物产业规模进一步提升，区内聚集生物医药企业超过 2 900 家，产业增加值年均增长超过 20%，产业规模突破 500 亿元。在 2020 中国生物医药产业园区竞争力评价及分析报告中，成都高新技术产业开发区较上年提高三位，排名第三。天府国际生物城 36 万平方米孵化园交付使用，并吸引千名人才入园。

这些数据证明了这座城市具备瞄准未来产业的创新力与爆发力。在国内重点城市的科技竞争力排名上，成都位居第六，这也恰能佐证成都在高新产业的布局方面绝非仅是一句口号。

以生物材料产业为例，经过10余年的摸索，成都已然从原本默默无闻的城市，一跃成为世界级的生物产业聚集之城。2012年6月1日，第九次世界生物材料大会在成都启幕。这个全球生物材料领域层次最高、规模最大的综合性盛会，被誉为世界生物材料领域的“奥运会”。而此次在成都举行，也是其首度选址中国。

申办之路，历时8年，可谓周折。2004年5月20日，由中国生物材料学术领域的领军人物、时任中国生物材料委员会主席师昌绪院士，以及成都市领导率领的中国代表团，在悉尼第七次世界生物材料大会国际生物材料科学与工程学会联合会国际委员会会议上，经过激烈竞争，才成功拿下第九次世界生物材料大会的主办权，并通过了在中国成都举办的提议。

“申办这种世界级别的国际性学术会议，既有难度，也有竞争，但很值得。”在一次非正式的交流中，大会名誉主席、时任成都市市长葛红林表达了对成都产业的期许。“这次大会让国际生物材料界记住了成都。坦率地讲，就目前而言，在这个产业领域，它并不是全球最具竞争力的城市，但坚持申请这样的国际盛会，足见成都想要在这个领域取得突破的魄力和决心。”开幕当日，来蓉赴会的国际生物材料学会联合会主席尼古拉·佩帕斯最后致辞：“这是有史以来最成功、最精彩的一次世界生物材料大会。”

这场学术交流与思想碰撞的国际盛会，无疑是成都生物材料产业发展的助推器。假以时日，这个孕育着希望的新兴产业，将与崛起的电子信息产业一样，成为成都直面全球竞争的一面旗帜。

接下来，本书将通过一些企业故事，一窥成都生物医疗产业的前景。以点概面，用这些已经发生、正在发生的故事，来解析成都在战略性新兴产业上的思与行、谋与动。

锦江电子：上演“蛇吞象”跨国收购

美国加州卡迪马医疗器械公司（Cardima），总部位于美国硅谷，是一家曾在纳斯达克上市、拥有全球顶尖医疗器械的企业。Cardima手握能够代表世界先进水平和自主专利的产品，同时也是全球高端心血管介入耗材的先进制造商。

然而，2011年年底，一个震撼全球医疗器械界的事件在美国上演：Cardima被中国一家位于成都的企业成功收购，堪称“蛇吞象”！这家名不见经传的民营企业名为锦江电子，位于成都武侯工业园一隅，在市内高新科技企业排名中甚至难觅其名。该收购是迄今为止，我国医疗器械行业对国外专业技术含量最高、品种规格最多的企业的成功并购案例。

在外界看来，锦江电子借着这一仗可谓扬眉吐气，但背后却是道不尽的波折和苦楚。

故事始于2011年春节前夕。

“当时，我们从国外朋友那里得到一个信息，Cardima医疗器械公司在2010年年底申请了破产。”四川锦江电子科技有限公司总经理助理邓学英回忆道。当时，公司决策层对这个信息非常重视，那段时间，几乎每场董事会都在讨论收购的可行性和细节流程。

这么好的企业为什么突然要申请破产保护？为了弄清事情的来龙去脉，锦江电子总经理李楚雅在2月低调前往美国进行实地调研。在考察过程中，李楚雅了解到，Cardima近年来倾力研发的一款产品，在美国食品药品监督管理局申请过程中遇到了诸如“人体数据收集不全”等问题，导致后续资金运转失控。由于决策失误，公司一度陷入

“弹尽粮绝”的绝境。

此次调研之后，锦江电子高层一致决定要不惜一切代价拿下Cardima，因为两家企业的技术互补性极强：锦江电子成立20多年以来似乎不声不响，实则是国内最早涉足心血管治疗设备的公司，生产心脏射频消融仪等高端医疗设备；而Cardima则为该类设备提供高品质的介入耗材。除此之外，收购Cardima也意味着锦江电子进一步完善自身产业链，在同行业竞争中也将如虎添翼。

严重心律失常是引发心脏性猝死的最主要原因，而射频消融手术是心律失常非药物治疗的重要手段之一。在医疗过程中，三维心脏电生理标测系统、射频消融导管和体表参考电极须配套使用。

作为心血管疾病非药物治疗的重要手段之一，电生理介入治疗在我国拥有可观的市场前景。虽然一台心血管介入设备能用很多年，但是耗材需求量很大，且呈逐年上升趋势。此外，耗材和设备配套销售模式正在成为一种趋势。以上种种原因，让锦江电子下了极大决心，筹集了所有资金，力争促成这次跨国收购项目。

▷▷▷收购风波

虽然距Cardima收购事件已时隔多年，但是李楚雅回忆起当时的场景依然颇为感慨：一家成都民企，不占据任何优势，在距离中国万里之外的异国他乡“背水一战”。锦江电子在这场“战役”中面临着激烈的竞争，与来自美国、俄罗斯等国家的业界领军企业共同角逐。“这场景足以拍成好莱坞大片。”李楚雅自嘲道，“当时，我们共有3个竞争对手，一家是Cardima二轮融资时的注资公司，其余两家分别来自其他两个国家。最大的压力是来自Cardima二轮融资时注资的公司，对方本土作战，而我们却时刻面临着未知的挑战。”

果不其然，并购案在还未上法庭之时，锦江电子就遇到了阻碍。

“法庭要求必须由在美国本土注册的银行出具可兑换的、不可撤销的信用证，当时我们没有。”对于锦江电子而言，没有太多准备就卷入这场群雄逐鹿的厮杀角逐，一时间有些水土不服。

经过多番交涉与努力，最终，中国交通银行纽约分行为锦江电子出具了信用证。然而，障碍远不止这一个。

2011 年 2 月 18 日，李楚雅清楚地记得这个时间。

当天，美国破产法庭加州奥克兰分院开庭。刚刚获得入场券的锦江电子，临门再遇难题：曾为 Cardima 二轮融资时注资的公司向法庭表示，他们可以在成交后 5 天内付款，但锦江电子并不能达到这样的条件。最终，经过几轮回购的协商，法庭同意，锦江电子可延期一月付款，但前提是必须额外支付 Cardima 公司一个月的运营经费。

中国有句古语：“好事多磨。”然而，对于当时只身在美国，人生地不熟的锦江电子而言，“多磨”之后，并不见得有好事。一道道意料之外的收购门槛接踵而至。这家科技企业虽然在创新之路上摸爬滚打，练就了扎实的技术，但是应对异国收购却并无经验。

经过多轮激烈的交锋，锦江电子最终中标。然而，正当大家看到曙光之时，一个消息差点打垮李楚雅：休庭期间，美方律师助理打来一个电话，在 Cardima10 余笔关联债务中，其中一笔高达 540 万美元。

此前，锦江电子曾仔细了解过 Cardima 公司的债务情况。“这个数字，距离我们的心理预期，可以说是相去甚远。”

“我从来没有过那么沉重的签字。”李楚雅回忆道。锦江电子的签字充满矛盾：签下去，此番收购的成本之巨将让锦江电子捉襟见肘；如果不签，根据美国法律，锦江电子极有可能因“藐视法庭罪”而吃官司。

所幸的是，在当晚经过全面审查，传来了更确切的消息：“实际上这是 Cardima 与这家公司的合同总金额，而非关联债务金额。”时隔一年半，总经理助理邓学英说到此事，仍心有余悸。

▷▷▷引进，只是一个开始

锦江电子收购 Cardima 之后，按照预定计划对其进行了精细拆分，把生产部分搬回国内，而研发中心和销售公司则尽可能保留在美国。如此一来，锦江电子既可以降低生产成本，也有利于设备的配套整合，生产出更具市场竞争力的产品。

不久之后，Cardima 的生产线设备就已全部拆解并陆续运回成都。为了迎接这套设备，公司对厂房进行了改造。

作为一家以生产心脏射频消融仪等高科技医疗仪器为主的企业，锦江电子此番收购有助于延伸其生产链，生产与现有治疗设备相配套的高端介入耗材。虽然收购整个项目花费了巨额资金，比预算高出许多，但是公司董事们却一致认为，这些付出是值得的。

斥资近亿元，锦江电子完成了迄今为止，国内医疗器械行业对国外专业技术含量最高、品种规格最多的企业的收购。如此背水一战，究竟意欲何为？

“至少说，在全球先进高端心血管介入耗材制造领域，中国有底气拒绝国外的垄断，不再让外资或合资企业‘独领风骚’。”李楚雅回应道，言辞间饱含着一种历经艰辛之后的坚定。此次收购还能使国内患者获得国外先进的技术和产品，也能大大降低其购买医疗器械的支出。

通过这次艰辛的收购，锦江电子不仅在电生理耗材等领域能与国际大公司抗衡，大幅降低广大患者的医疗费用，还获得了国际一流医疗器械精加工技术。锦江电子将拉动成都乃至中国的医疗器械制造产业蓬勃发展。

然而，对于锦江电子而言，跨国收购并不是终点。“引进只是一个开始。”李楚雅说道。

锦江电子目前拥有心脏三维标测系统、HL 系列心脏射频消融仪以及 VATION 射频消融系统等产品。其中，自主研发的 3Ding 心脏三维标测系统于 2013 年获得了 CFDA 批准的产品注册证，是首款国产心脏三维标测系统，填补了国产心脏三维标测系统的空白。

▷▷▷产业突围

医疗器械产业因增长快、市场空间广阔和国际贸易活跃的特点成为医药行业中的核心产业。世界医疗器械产业总产值每年以平均 15%的速度增长，国际贸易额年均增幅达 25%，远高于各国经济增长的速度。我国作为全球医疗器械十大新兴市场之一，近年来，医疗器械产业工业总产值年均增幅保持在 12%～17%的水平，利润总额年均增长率高达 40%以上。

全球医疗器械产业一直持续着暗战。医疗器械产业是以高技术为基础的朝阳产业，产品附加值高，增长前景广阔，发展潜力巨大。由此，该产业成为世界各主要国家和地区竞相发展的重点新兴产业。

以治疗与康复、微创与无创为特征的医疗技术及相关产品将成为医疗器械重点研究的领域和方向。各种专用产品不断出现，向治疗便利化、精细化方向发展，而“锦江电子”的未来发展方向正好瞄准了这个目标。在 2010 年之前，我国医疗器械产业集中分布在长三角地区、珠三角地区和环渤海地区，这三地的国内市场占有率在 85%以上，具有明显的集群优势。而位于中国内陆的成都，则以后起之势，实现了医疗器械产业领域的突围。

2015 年 3 月 11 日，四川锦江电子自主研发的多道生理记录系统和心脏射频消融仪获得了 CE 认证，这既是锦江电子在海内外市场崭露头角的重要里程碑，也是锦江电子朝着国际市场迈出的坚实一步。

目前，美国、欧盟和日本仍占据电生理市场的前三，而亚太地区则成为增长速度最快的市场。目前，全球电生理市场的领导者是强生旗下的消融业务公司Biosense Webster，被雅培收购的圣犹达紧随其后，此外还有波士顿科学、巴德、美敦力等国际电生理巨头。

电生理治疗进入中国的时间只有短短20多年，行业产业链仍然处于起步阶段。然而经过一段时间的发展和积累，市场的年增长率达到20%以上，堪称奇迹。在成都的地图上，医疗器械产业链的分布非常明晰：从成都高新区、双流区、武侯区，到青羊区、成华区、金牛区，产业方向主要集中在无菌医疗器械（医用高分子消耗材料）、设备类医疗器械、体外诊断试剂产业、生物医学材料产业四大领域，针对医疗器械发展的高端化，形成了辐射全国、具有核心竞争优势的医疗器械产业集群。

在国内电生理治疗行业，凭借着对电生理领域的专注，锦江电子不断学习和创新，始终坚持“以科技呵护生命”的公司理念。多道生理记录系统和心脏射频消融仪在国内上市20余年来，获得了业界的一致认可和好评。

2021年7月8日上午，全国首例PFA（心脏脉冲电场消融系统）注册临床试验成功实施。这台手术不仅让一名48岁病人的阵发性房颤得到治愈，并且意味着——打破心脏电生理领域高端医疗器械进口垄断现象，让锦江电子研制出的拥有中国自主知识产权的心脏脉冲消融系统，做到了！这成为心脏电生理领域中国企业打破进口垄断的重要一步。

奥泰医疗：专注核磁共振，抢占行业蓝海

2009年1月，成都奥泰医疗研发出中国第一个大孔径超导磁体系统。自该系统在2010年开始投产后，奥泰在一年多的时间里，就把自家产品装进了国内外近30家知名医院，如301医院、304医院、华西医院、四川省人民医院等。“成都制造”的高端医疗设备，远销美国、俄罗斯和中东地区。

▷▷▷“成都制造”　崭露锋芒

2011年8月19日，医疗行业一年一度的盛会China—HOSPEC（中国国际医用仪器设备展暨技术交流会）如期在北京开幕。国内外的行业巨头悉数到场，纷纷拿出各自最新的产品招揽客户。

邹学明带着奥泰的拳头产品Centauri1.5T超导磁共振医学成像（MRI）系统出现在展会上。挂在墙上的几张成像底片吸引了两名来自山东某县级医院的医师的目光。他们走近仔细端详，底片右下角的一行小字显示，这是来自湖南一家三级甲等医院的影像资料，而影像中清晰地显示出病人脑部的病变。

两名医师环顾展位，寻找厂商的名字。他们没有看到诸如GE、西门子或飞利浦等熟悉的巨头品牌，取而代之的是一个陌生的标志“ALLTECH”（奥泰）。

“以前没听说过有国产的磁共振仪器啊？你们是个新的厂商吧？你们来自成都？”年纪稍大的一名医师向工作人员询问道。

“如果和欧美的几大巨头相比，我们的确是后来者。不过，我们的产品是中国第一个自主研发生产的大孔径超导磁体系统。”奥泰的

工作人员介绍道。这其实是奥泰医疗第三次参展。2009年，奥泰就推出了Centauri1.5T的样机，2010年开始投产，到2011年，该产品已经装机近30台。

当两名医生听说奥泰的产品价格比国际知名品牌便宜30%后，对这个产品赞不绝口。

来自中国台湾医学影像领域的郑医师坦言："在产品性能，包括成像的精确度和速度方面，奥泰的产品和国外成熟的品牌之间还有差距，大概相差10%。但完全能够满足临床诊断的需求，而两者的价格却相差30%~40%，因此奥泰的产品很有竞争力。"

▷▷▷麻省理工博士回国创业

在邹学明看来，磁共振成像国产化带来的不仅仅是经济收益。

他说："这是百年不遇的技术，科技就应为人类带来实际的好处，提高生命的质量。"

1986年，邹学明在美国取得硕士学位之后，敏锐地看到了这个行业的前景，便申请进入麻省理工的美国国家磁实验室，攻读博士学位。1990年，他成为该校第一位攻读核磁共振医学物理学的中国博士。

邹学明博士毕业之后，进入一家知名的磁共振设备公司，在美国克里夫兰开始了他的职业生涯。这座城市拥有多家美国顶尖的医疗机构，后来成为奥泰医疗的研发基地。

邹学明工作3年后，他带领线圈业务部门成立了一家独立的公司USA Instrument（美国仪器）。他个人从一名以技术见长的职业经理人，变成了一名既要钻研技术又要照顾市场的创业者。在美国工作期间，他共获得33项磁共振技术方面的欧美专利，并连续两年获得美国安永最佳企业家奖。

华人邹学明和他创办的美国仪器公司一时成为美国企业界的明星。

在2002年年底，美国仪器被通用电气以4 000万美元的价格收购，邹学明随之进入通用电气，担任该公司负责医疗业务的副总裁。2003年年底，邹学明被派回中国工作，负责通用电气的磁共振业务。和20年前出国时的忐忑不安相比，此时归来的邹学明则是满怀信心。

20年来的专注和努力，换来的是深厚的资源积累和丰富的行业经验。邹学明立下一个愿望：把最尖端的磁共振整机设备引进中国。他希望设备从研发到生产，再到运营，都打上“中国制造”的标签，在退休前实现“国产梦”。

然而，邹学明回国后渐渐发现，在跨国公司的平台上，难以实现自己的愿望。“原本我是打算在通用电气干到退休的，”邹学明说道，“但如果退休前无法实现‘国产梦’，那么我的资源和经验就浪费了，多可惜。”2004年，邹学明毅然从通用电气辞职，经过了一年的“竞业解冻”，邹学明开始组建公司，再次创业。

奥泰医疗当时在国内选址成立公司，重点考察的是北京、上海等地。成都高新区的相关领导听闻后，组成了一支7人的团队专程奔赴北京，力邀奥泰前往成都创业。奥泰则组建了包含11名国际专家在内的评估团，制定了一整套评估体系，对多个考察地进行评分，最终成都位居第一。

“成都在激励政策、人文环境等方面都很有竞争力，高新区具备高效的工作机制。”邹学明表示。他还了解到，在成都附近的德阳、绵阳拥有生产航天工业部件的基础。在成都考察了20天之后，综合各种条件，奥泰团队在第21天做出决定：落户蓉城。

为了匹配最佳的人力资源，邹学明先后引进了30余名在国际磁共振科技及工业领域享有盛誉的技术专家和管理专家，形成了一支国际一流的创业团队。其中，光是该公司的首席技术官、来自荷兰的汉斯博士，就拥有包括在超导磁体、低温技术、加速器及医学磁共振系统等技术领域的13项美国专利。

2009 年 1 月，奥泰成功研发出国内第一个大孔径超导磁体系统；同年6 月17 日，海纳亚洲创投基金、启明创投共同投资奥泰医疗系统有限公司。据悉，该公司目前已获得来自建银国际、江苏高科技投资集团和成都高新创投等机构的投资，投资总额近 5 亿元。

奥泰公司在 2010 年实现产值 1 亿元，为国家节约外汇资金1 770 万美元，创造外汇收入 195 万美元，上缴利税 1 265 万元。

▷▷▷创新科技， 走出国门

奥泰再接再厉，于 2013 年切入宠物医疗市场，研制出了宠物专用的超导磁共振设备，成功占领了这一细分市场。

宠物专用并不是缩小体积那么简单。在研发过程中，奥泰研发团队攻克了鸟笼阵列线圈、无屏蔽房设计、V 形专用脊柱线圈技术等一系列技术难题。其中 V 形的病床板设计、专门用于动物麻醉设备的屏蔽波导管、前后门带有内嵌屏蔽的动物观察窗口等工程设计方案体现了宠物磁共振设备的专用性特征，具有先进的技术水平。

这样的产品在国内市场虽然还不走俏，但是在发达国家的客户中十分受欢迎。

2013 年，在奥泰研发出宠物专用超导磁共振设备的同时，1.5T 医用超导磁共振成像系统在立陶宛实现装机。据装机现场的工作人员回忆，当奥泰 1.5T 超导磁共振整机从立陶宛仓库进场到医院时，不少当地群众被吸引前来围观。

除了欧洲外，奥泰在亚洲其他国家和地区也有所收获。

动物与人是不同的，但是大多数厂家都希望人类使用的磁共振设备也能为动物所用，兽医行业对同类产品的需求量很大。奥泰研制的宠物专用超导磁共振主要面向欧美、北美市场。截至 2015 年年底，该产品已经批量出口至英国等世界发达国家，主要用于名贵珍稀动物的影像检查和科研之用。

2015 年，奥泰成功完成了在乌兹别克斯坦乌尔根奇的装机。乌尔根奇的供电十分不稳定，平均一天停电 2~3 次，这对超导磁共振设备而言无疑是可怕的灾难：液氦加速挥发、无法测试扫描等问题，影响的不仅是设备的寿命，更是医院的效益。

与以往不同的是，为了确保此次装机的顺利进行，以及客户未来使用的稳定度，此次发货除了超导磁共振设备，还连同发出了多重智能保护 UPS 不间断电源和为客户量身定制的高品质发电机，可根据现场供电情况全程自动切换，以规避断电带来的问题。此外，奥泰超导磁共振设备还具有 72 小时断电保护专利技术。如此多重保障为医院解决了后顾之忧。

走出国门的路还在继续。2016 年，71 厘米大孔径超导磁共振设备开机仪式在美国举行。该设备可多方位、大视野成像，全面满足不同类型的病人检测需求，包括欧美肥胖症人群（设备最大承重可达 250 千克）、幽闭恐惧症患者、孕妇、脊柱受伤者、佝偻病患者等特殊检查人群。该设备在仪式上受到了现场专家的一致好评。

奥泰打破了垄断，成了具有高科技创新和制造能力的企业之一。

2020 年 4 月，在成都新经济、新场景、新产品发布会上，奥泰发布了最新上市的超导磁共振产品。奥泰的相关负责人表示，奥泰正在积极开发更多可应用于超导磁共振的人工智能相关软件，争取在更好地提升临床使用体验的同时，也为企业增添新的增长点。

科伦药业：征战二十余载，夺取大输液市场高地

从成立之日起，连续16年，科伦集团一直都是全球规模最大的输液专业制造商和中国医药行业的领军型企业。

科伦集团董事长刘革新认为，科伦的发展轨迹，和成都民营经济壮大发展的路径是一致的。成都众多优秀企业上市融资，充分利用资本市场带来发展红利，进一步起到了驱动辐射作用，逐渐形成了良性循环。“相对于沿海雄厚的工业基础和优越的区位优势，无处不在的危机感和紧迫感或许是成都及大多数在成都成功的民营企业‘赢得这10年’的另一个重要原因。”

在谈到“成都如何赢得这10年”时，刘革新分享了一个他曾向科伦员工多次讲述的故事：一群相同的蜜蜂，由于际遇不同，一部分去了欧洲，一部分去了非洲。数年之后，他们的能力已迥然不同。在遭遇袭击的时候，非洲蜂只需要23秒就能快速做出反应，而欧洲蜂却需要43秒。面对敌人，欧洲蜂只能追击30米，最多搏斗3分钟，只求保命；而非洲蜂则能追击200米，苦战90分钟，定要置对手于死地。他总结道，恶劣的环境造就了善战的非洲蜂。

▷▷▷创造“五当”奇迹

从知识分子科技立身的理想，到现代儒商产业报国的践行，刘革新笑言自己经过了四次“华丽的转身”。回望他年轻时的轨迹，总有一条脉络能与后来的科伦联系在一起，无论是在国企时对生产技术流程和质量管控体系的掌握，还是在合资企业时对先进管理经验的梳理，最终都在科伦开花结果。如今看来，颇有一脉相承的味道。

从0到1总是最艰难的。在科伦创立之初，刘革新面临的第一仗就是存亡之战。

1995年年底，中国的医药产业投资领域终于向民间资本开放。看到这样的趋势，刘革新毅然辞去某中美合资制药企业总经理的高薪职务，来到新都一个破败的胶囊厂，创办了四川科伦大药厂。

“绝地求生，分秒必争!”刘革新决定效仿爱迪生早年改造电报传录机时的做法，实行“60小时监禁工作制”。他立下破釜沉舟的誓言：在四川科伦大药厂正式通过验收发证以前，决不离厂回家。

在此后的100多天里，刘革新把自己“监禁”在工厂里，废寝忘食，与志同道合的创业伙伴一起夜以继日地工作。4个月后，他成了一个蓬头垢面、满脸胡子的“老工人”。

一天，昔日的部下来看他，拉着他的手问道：“大爷，请问刘总在哪里?”耳边响起的却是一个熟悉的声音：“好好看看我是谁?”老部下望着刘革新形销骨立的样子，不禁失声痛哭。然而也就是在那一刻，许多人下定决心跟随科伦。后来，他们中的大多数成为科伦的中流砥柱。

自助者天助之，科伦成为四川省首家GMP① 达标的输液企业，并创造了当年策划、当年投资、当年建设、当年生产、当年盈利的“五当”奇迹。

科伦波澜壮阔的创业故事便由此翻开。

▷▷▷强打硬仗，挺进第一方阵

2000年上半年，中国输液行业面临着空前绝后的变革。由于GMP的强制执行，国内一大批未达到GMP要求的输液生产企业和医院制剂室，将全部在规定的时限内停产关闭。一时间供应链骤然绷紧，市场

---

① GMP是一套适用于制约、食品等行业的强制性标准。中文含义是“生产质量管理规范”。

出现巨大的需求，所有符合条件的企业加班加点进行生产，但仍无法完全满足市场需要。

彼时，国内输液生产企业不用做任何调研，就能够感受到市场的“饥渴”程度，但不少企业仍在办公室里循规蹈矩地搞论证、做方案。正当竞争对手们还在为一些细枝末节的问题争论不休时，科伦已经开始先发制人了。

2000 年，科伦在投资数亿扩建新都基地的同时，在 3 个月内一口气兼并了省内外 3 家输液生产企业。为了提高效率，所有参与的工作人员都在汽车上作息。整个团队驱车 1 600 多千米，连续奋战 10 多个小时，不吃饭、不喝水，甚至不上厕所。在如此高强度的运转中，团队士气开始低落。

关键时刻，刘革新说了几句话，至今令许多伙伴记忆犹新：“第一，这是稍纵即逝的商机，我们只有在速度上快于对手才能赢得胜利；第二，在所有人当中我年岁最大、资格最老、职位最高，你们与我享受同等待遇并没有什么不公平；第三，回家的路就在后面，吃不了这个苦的可以立刻返回！”说完，刘革新驱车飞驰而去。他从反光镜中看到，所有的车一辆辆跟了上来，没有一个人掉队。

电影中的情节，就这样在现实的大荧幕上演绎着。3 个月的产业扩张，科伦三发三中，年产 8 000 万瓶的产能跃升到 2 亿多瓶，昂首进入中国输液行业的第一方阵。

“所有的资源都不匹配。”刘革新坦言。上述“闪电行动”在高压运作下，也为科伦带来了前所未有的挑战：管理力量被稀释、资金链绷得很紧。

“对于那一年所有的并购行为，我都称之为先开枪、后瞄准。”刘革新回忆道。当时这么做不是没有风险，但机会更诱人。市场上全部是“现款现货”，工厂一旦注入资金就立马会有市场、有利润。“在这种情况下如果再开会去讨论可行性，就会错过机会。”非常时期只能采取非常对策：在资金上通过促销迅速回笼资金，为并购提供条件；而管理人员则被要求“强行起飞，空中加油”。

经过这一场硬仗，一支优秀的核心管理团队在科伦凝聚成型。当年这个团队的平均年龄只有 32 岁。

▷▷▷资本布局，做整合先锋

输液行业的内在发展逻辑是适度集中。顺应国家产业发展趋势，科伦以灵敏的商业嗅觉和果断的行动魄力，成为积极的行业整合者。

1997 年，科伦开始兼并整合。仅在 2003—2009 年，科伦就并购了 13 家输液企业。通过并购，全国生产基地和营销网络相辅相成，有效地降低了各项成本，科伦后续新产品也正是通过这个网络源源上市、水到渠成。并购时，在 13 家企业中，年盈利在 100 万元以上的只有 2 家，其他都处于亏损或微利状况。到 2009 年年底，这 13 家公司的销售收入已达 14.62 亿元，占科伦总收入的 45%；净利润达 1.62 亿元，占公司总利润的 37.26%。

并购的机会始终存在。2000 年国家强制推行 GMP，创造了一次行业整合的历史性机遇。在 2003 年“非典”以后，密闭式输液的市场需求旺盛，为行业升级提供了空前的动力。2010 年，在基本药物连续降价的情况下，“只要通过 GMP 就能赚钱”的行业神话已然破灭。新版 GMP 的推行加剧了输液行业的新一轮整合。

“胜兵先胜而后求战，败兵先战而后求胜。”熟读《孙子兵法》的刘革新，也把这句兵家之道用到了企业并购上。科伦的并购成功在于其选择了肯定会胜利的因素。“我们只是量力而行，提前筛除了根本做不到的事情。”刘革新说道。企业在面临取舍时，需要有很强的自控能力，更需要冷静对待自己，宁愿把自己的实力看得低一点。如此，方能取舍有道。

刘革新认为，实现本地化管理是企业成功扩张的基础。“很多创始人都选择了和科伦一起成长。”比如昆明南疆制药厂，以及科伦上市后收购的浙江国镜。

2012年6月2日，科伦在新疆投资建设的伊犁川宁生物技术有限公司的万吨抗生素中间体项目试车成功，首批硫氰酸红霉素产品正式下线。站在川宁公司的车间里，刘革新看着国内外最先进的生产设备在当前最严格的环保治理标准下有序地运转，感慨良多。他回忆起1999年四川科伦大药厂扩建选址时的情形，一切仍历历在目。

当时有人不赞成把新厂定在成都新都卫星城工业开发区，理由是这里的大公司太多了：可口可乐、统一、豪特……对那时的科伦来说，这些全是“巨无霸”。

当看到邻居们的库房比科伦的生产车间还大时，大家难免感到不自信。刘革新却对他们说：“倘若大家感到羞愧，就更有必要把车间建在这里，建在无敌品牌可口可乐公司旁边，好好学习。每天上班经过这里，我们要自问‘有多大差距’，下班经过这里，再次自问‘还有多大差距’。”

“还有多大差距?”科伦人整整拷问了自己两年，一直问到科伦在新都利税水平排名第一时，所有的人才理解了刘革新当时的用意。

▷▷▷树立行业标杆

前瞻性的布局、灵敏的商业嗅觉和果断的行动魄力，使科伦成为行业的领军者。如今，在高端制造和新型药品包装材料两个国家重点扶持的领域中，科伦已具备领先的研发优势和持续的盈利能力。企业以33亿瓶（袋）的年产销规模，设置了难以逾越的行业壁垒，成为与跨国公司进行市场对话的主导力量。

在生产方面，科伦在全国14个省份已设立了32家子（分）公司，这些企业全部成为当地的骨干企业和纳税大户。合理的产业布局有效地消除了运输半径对输液生产企业物流的刚性制约。与此同时，通过生产效率的持续提升、生产设备的改进、生产工艺流程的优化和生产技术的积累，科伦产品已经具备明显的成本效益优势，毛利率始终处于同行业的较高水平。

在销售方面，科伦遍布全国的57个销售片区向5 800余家各级经销商销售产品。科伦的销售网络有效覆盖了包括四个直辖市在内的全国所有省区，间接管理4 000多名销售人员。企业与2 150家二级以上医院长期保持稳定的业务关系，并与各级经销商共同维护25 000家二级以下的医疗终端机构。完善的营销网络确保了产品的营销效率，并为持续扩大产品市场的覆盖率和提升企业的品牌知名度和美誉度奠定了坚实的基础。

2012年，在中国民营企业500强排名中，科伦药业位列第175名。2016年，企业上升至第115名。

2014年，四川省科技厅在成都组织召开了科伦药业“奥硝唑氯化钠注射液制造关键技术研究与产业化”的科技成果鉴定会。

2017年，四川科伦医药贸易有限公司被中国医药商业协会评定为“2017年度中国药品流通行业批发企业主营业务收入排序前20位”，这是科伦自2008年以来连续10年获此殊荣。同年，在中国上市公司市值500强中，科伦位列第456位。

2018年，科伦集团已拥有四川科伦、科伦药物研究院（分别位于成都、苏州、天津、美国）、哈萨克斯坦科伦等海内外共100余家子、分公司，年销售收入超过400亿元，位居中国民营制造业500强中第90位，综合实力进入中国医药工业前3名。

科伦药业这家输液行业的龙头，历经二十五年的发展，从大输液领域横向拓展至抗生素全产业链、仿制药与创新药领域，已成为目前国内产业链最为完善的大型医药集团之一。

新基因格：挖掘人类基因密码

人类拥有 2 万到 3 万个基因，生老病死的密码就蕴藏在其中。基因测序技术好似解码器，可解开一个个生命谜团。除了常见的亲子鉴定，20 年后你可能会得什么病，为什么用某种药会过敏，甚至一张 400 年前背面粘了唾沫的邮票究竟属于谁，都可以通过基因测序找到答案。

“如果说创业成功也有基因的话，密码就在于‘在一厘米的宽度中，挖出一千米的深度’。”新基因格公司创始人亓宇说道。从基础研究到亲子鉴定，再到健康管理，他和他的团队正在沿着这条道路走下去。

“没有一定的实力，怎么能做亲子鉴定、基因测序的业务呢？”新基因格的创始人兼总经理亓宇说道。新基因格是西南地区第一家拥有司法鉴定资质的民间基因测序机构，但他们的目标却不止这些。

▷▷▷夹缝中找市场

“刚接到公安局通知，出了车祸，有死伤，让我去一下。”小余向老板亓宇打了个招呼，就匆匆走出办公室。作为新基因格生物科技的一名客服人员，小余的工作是协助相关部门对意外事故中的尸体进行身份识别。

在新基因格，像小余这样的客服人员还有四五位——都是清一色的年轻、温柔的女生。

亓宇道出了选拔客服的奥秘：客服人员经常接触的人，要么是事故伤亡者的亲属，要么是心情紧张前来做亲子鉴定的顾客。客服人员亲和、淡定的笑容，往往能缓解客户的情绪、增加信任感。

细节之处见成败。“民营企业做 DNA 身份识别的，我们大概是西南第一家，服务不好怎么生存？”亓宇说道。据他介绍，目前在成都只有三家机构能做 DNA 身份识别，一是某大型医院，二是某高校法医系，再有就是新基因格。

一家创业公司如何在权威机构的缝隙中找到自己的市场位置？甚至成为权威机构的合作伙伴？

故事源于“5·12”汶川大地震。

2008 年 5 月，亓宇刚刚为公司找了个新办公地点，正准备装修。在汶川大地震发生之后，亓宇和他的团队陷入了茫然：公司成立了一年多，前期的投入和时间全部用于研发，现在技术、设备刚刚齐备，正准备大展拳脚，突如其来的天灾却让公司前途未卜。

然而，他们很快就想到，手中的技术可以在灾难中发挥作用，企业可以通过 DNA 检测鉴定，帮助遇难者家属“寻亲”。目前大家面临的问题是：从哪儿开始？怎么开始？是否需要取得相关部门的许可？

情急之下，亓宇带领团队找到了成都市第三人民医院。

“我们是来帮忙的。”亓宇向工作人员说明来意。很快，他们被派到一家殡仪馆，协助工作人员进行遗体辨认。没想到，这次协助一直持续到 2008 年年底。新基因格协助完成了成都市区所有寻亲的遇难者家属样本的检测工作，其中包括 35 例高难度的 DNA 比对案例。

这次自告奋勇争取到的合作机会，使新基因格渐渐被相关部门所认识。在市场方面，企业通过开展 DNA 寻亲的公益项目，渐渐有了知名度。

▷▷▷海归博士跨行创业

“归去来兮，吾归何处？万里家在岷峨……北美洲的锦梁园留不住我们，创业还选择家乡的这片热土。”在新基因格公司的墙上，贴着这样一首“归去来兮辞”。寥寥数言，不仅包含了亓宇的人生轨迹，还流露出创业者的意气风发。亓宇看着自己回国之初写下的“创业宣言”，感慨良多。

1997 年，亓宇从北京大学电子工程专业毕业，1998 年拿到奖学金赴美攻读博士。妻子万华靖一路陪伴，也在美国拿到了博士学位，并获得了一份年薪 20 多万美元的工作。在美国的那些年，两个可爱的儿子相继降生。

毕业前后的那段时间，是亓宇最痛苦的日子。在美国求学的 8 年，他深深体会到，在这个庞大的模块化的体系里，个体只是一颗颗螺丝钉。但回国创业，则意味着要放弃夫妇俩在美国打拼了近十年换来的安定生活。

纠结多时，亓宇最终还是决定遵从自己最真实的内心，回国创业。让亓宇高兴的是，妻子也支持他的决定。

创业选择已定，但要从什么领域入手呢？妻子万华靖攻读的是分子生物医学，在她的影响下，亓宇对生物医药领域也逐渐产生了兴趣。不过，促使他决定进入该领域的是另一位朋友。2004 年在辛辛那提，亓宇认识了一位华裔李姓博士，这位博士开了一家名为 DDC 的公司，专门从事亲子鉴定的独立实验业务。这家公司从小发展到大，后来被华尔街某财团看中，以数亿美元进行了收购。

“这就是‘在一厘米的宽度中，挖出一千米的深度’。”李博士的故事对亓宇触动很大。2006 年，亓宇利用回国探亲的机会进行了实地考察。他当时发现，虽然国内的司法机构和一些高校具备做基因测序的条件，但是服务民间的机构却寥寥无几，而且检测费用偏高、顾客等待时间较长。而在美国，75% 的 DNA 测序都是由独立实验室完成的。

“生物医药项目往往需要投入巨资，而且回报周期长，但做 DNA 测序项目，对资金和技术的要求都相对简单。先以此为切入点，在市场上站稳脚跟后再说。”亓宇的想法得到了妻子万华靖的支持。

2006 年，亓宇带着两个孩子回到成都。妻子万华靖则留在美国继续进行研究工作，3 年后也回到家乡。

亓宇的归国，在家里引发了一场“地震”。亓母呵斥儿子“不正经工作，学别人做什么生意”，甚至半开玩笑地威胁，如果非要创业，就要和他断绝关系。然而，当亓宇真正开始“动”起来的时候，父母还是拿出了大半生的积蓄，交到儿子手中。

2006 年年底，亓宇卖掉了家里的一套房子，投入了全部家当 300 万元，加上来自朋友的投资，凑足了一千万元启动资金。在注册成立了公司后，亓宇便开始引入设备、招兵买马。

当时，沿海地区聚集了不少生物医药领域的知名公司，深圳的一家公司就曾向亓宇发出过邀请。这时，有朋友推荐亓宇去找成都高新区技术创新服务中心，或许能获得一些支持和建议。当亓宇得知该中心的主任李岗是美国马里兰大学的生物学博士后，他更坚定了留在成都创业的信心。在他看来，马里兰大学在生命科学方面代表了国际顶尖水平，“至少可以保证我们是在同一个‘语系’里”，亓宇笑言道。

2010 年，创业 4 年后，亓宇的公司收入达 600 万元，实现了盈亏平衡。2011 年，该公司收入增至千万元，亓宇当初对市场的猜测正在逐步应验。

▷▷▷捍卫生命尊严

在新基因格创始人办公室的书架上，放着一本余华的《活着》，这是亓宇最喜欢的长篇小说之一。他说读这本书，可以清晰了解那个时代人民最普遍的生活态度。然而随着时代的发展、社会的进步，我们对“活着”的态度也在不断发生改变。现代人已经不能满足于单纯地“活着”了。

人不是机器，各项身体机能会随着时间慢慢老化。对一定年纪的老人来说，他们最怕的就是病痛的折磨。

如何让人类有尊严地活着，既是新基因格未来面临的最大挑战，也是研发团队的奋斗方向。“未来，我们人类对‘活着’的态度，不会再是像富贵（小说《活着》主人公）那样活着就行了。我们追求的是，让人有质量、有尊严地活着。”亓宇说道。他表示，尊严的最低标准就是自己能把自己料理好，即吃饭不用喂，上厕所不用扶；而生活质量的最低标准就是能走、能跳、能看、能学习、能思考。

朝着这个目标，新基因格正在全力研发基因测序技术。基因测序的范围很广，主要包括无创产前基因检测、辅助生殖、单基因病、新生儿筛查、肿瘤个体化治疗、遗传性肿瘤筛查、心血管病筛查、血液病筛查等项目，特别是针对癌症、肿瘤的筛查。根据统计，在我国每3个人中，就有一个死于癌症。未来几十年，我国又刚好处于老龄化的高峰期。这种可以提前10年、20年预测出癌症并提前规避风险的基因测序技术，未来将有着广阔的前景。

随着检测成本持续下降，基因检测的中国市场将越来越大，或达到千亿级别。而凭借着成都生物材料基地的优势，新基因格专注于研发核心技术，专注于人类切身利益，未来必定大有可为。

蓝光英诺：掀起医疗健康革命

2015年10月24日，国际著名投资人、量子基金创始人吉姆·罗杰斯飞赴成都。他此次前来是为了见证医疗健康领域的重大突破——全球首台3D生物血管打印机成功问世。

众所周知，人体自身带有干细胞，这是一种具备自我复制能力的多潜能细胞。但是随着年龄增长，人体的干细胞会逐渐失去活力，人体器官也会随之逐渐停止运转。如何补充干细胞，维持人体器官的正常运转，成为学界尚未攻破的难题。而采用3D生物打印技术实现技术突破，在理论上成为一种可能。

这一次，最先让设想成为现实的，是成都。

▷▷▷全球首台3D生物血管打印机问世

蓝光英诺，一家位于成都的生物科技公司，将原计划为3年的研发周期缩短了一半，提前实现了技术上的重大突破，完成了3D生物血管打印机的研制。

这款3D生物血管打印机仅用两分钟，便能打印出10厘米长的血管，甚至包括血管独有的中空结构、多层不同种类细胞。在发布会上，生物血管打印机的特性也被一一展示：全球首个3D生物空间旋转平台、可视化互动打印操作系统、双喷头打印技术、喷头及环境控制系统以及血管打印流程。

为此，罗杰斯专门赶赴成都参观、调研，在目睹这一成果后，十分震惊。当首席科学家康裕建介绍到3D血管打印、3D生物打印机研发、微环境理论、干细胞培养、生物砖技术等环节时，罗杰斯不时打断，反复询问。最后他评价这款“成都制造”的“打印机”，“对组织工程、再生医学和医疗科研都将产生革命性的影响”。

发布会上展览的数个小时，背后是科研团队10余年的艰苦研究。这一世界领先的技术，产生于一个从2007年就开始的故事。

▷▷▷企业家和科学家联手创业

2007年，在美国从事再生医学研究的康裕建教授发现，被公认为不可治的心衰是可以治疗的。这一发现是康裕建教授在小鼠身上试验得出的结果，但离得出人类病例结果还有相当大的距离。为了能够尽早实现在人类身体上的临床应用，康裕建要选用更接近人类的猴子做动物模型。而放眼全世界，中国四川是恒河猴资源最丰富的地区之一。同时，在成都还有华西医院等顶级医学研究中心作为支撑。要想进行再生医学的继续研究，这里无疑是最佳选择。

2009年，康裕建回到国内，开始进一步研究再生医学。

就在康裕建教授埋首科研的时候，另一位重要人物，蓝光发展的董事长杨铿正在全国寻找医疗健康行业的投资标的。作为川内房地产行业巨头，杨铿明白，随着人口老龄化社会的提前到来，医疗健康是下一个具有战略意义的经济增长点。

一次机缘巧合，杨铿结识了康裕建，两人进行了深度交流。杨铿对康裕建十余年专注于研究再生医学和干细胞领域的经历非常佩服。曾经在国企科研岗位工作多年的杨铿，对技术有着天然的敏感性，特别是在听到3D生物打印的颠覆性创新和广阔的世界前景之后，他十分动心。

为此，他专门买了几本关于3D打印的书籍来“恶补”专业知识，甚至远赴剑桥大学、牛津大学等世界名校，以及国际顶级医学研究机构进行考察和学习。他发现，即使在国际范围内，3D打印技术依然处于起步阶段。3D生物打印技术，未来将为医疗健康领域带来广阔前景。他意识到摆在自己面前的是能够实现多年理想的绝佳机会。

康裕建在研究中发现，要想研发器官再造技术，需要两个关键性工具：一是云计算大数据平台，二是3D生物打印机。这显然已经不是再生医学和干细胞研究领域的事情了，这需要跨学科合作，更需要借助资本和市场的力量。

一位科学家，一位企业家，在共同理想的牵引下，一拍即合。2014年9月，蓝光英诺正式成立，蓝光集团先期投资5 000万元，7个月后又追加投资1.65亿元。

为了充分发挥科学家和企业家的双重优势，**蓝光英诺开创了"技术+资本""科学家+企业家"的"双+"合作模式。通过赋予科学家股权，设立合伙人机制，为科学家提供了创业平台。**正是在这样的模式下，康裕建教授出任蓝光英诺首席科学家和首席执行官。在2009—2014年，康裕建培养出了一支向再生医学发起冲锋的科研团队，这支科研团队成为蓝光英诺发展的肱骨力量。

▷▷▷成功打印人类血管

2015年10月，在蓝光英诺成立一年之后，由康裕建团队研发的世界首款具备全球保护发明专利的3D生物血管打印机问世。该发明可以打印出血管独有的中空结构和多层不同种类的细胞。它使用了含人体干细胞和生长因子等的"生物墨汁"，结合其他材料层层打印。打印出的产品经培育处理，就形成了具有生理功能的组织结构。

打印机核心技术——生物砖（biosynsphere），是一种新型的、准确的、具有仿生功能的干细胞培养体系。因为直接取自同一个体的人体干细胞，所以修复、替换个体本身病变组织的异体排斥性不复存在。同时其结构和功能性匹配更佳，术后恢复等环节将变得更容易被患者接受。

同年，蓝光英诺还构建了首个具有全球独立自主知识产权的干细胞 3D 生物打印技术体系。康裕建教授创造了“维持干细胞干性，保持干细胞原生态”的“DEVELOR”技术理念，即在体外对干细胞不做任何基因修饰的情况下，将干细胞放入机体内，利用机体自身的组织损伤修复信号对干细胞进行定向诱导，实现机体再生。

2016 年 5 月，蓝光英诺正式开始进行 3D 生物打印血管的动物实验。蓝光团队的科研人员利用取自恒河猴自体的脂肪间充质干细胞制备 3D 生物打印墨汁，进行了从 1～104 天的功能观察，并通过自主研发的 3D 打印设备，打印出了一段内径为 4 毫米、长度为 2～4 厘米的、具有生物活性的人工血管，并用它置换了恒河猴的一段主动脉。

“这段血管最后变得和自然的血管一样。”随后团队完成了对 30 只恒河猴进行的 3D 生物打印血管体内植入试验，试验动物术后存活率为 100%，各项生物指标均未发现异常。

该项成果的核心突破是实现“内皮化”。内皮化是指自身血管内膜的最表层细胞向人工血管的管腔表面生长，形成一层内皮细胞的膜状组织。“自体血管与人工血管的主要区别是有无内皮细胞衬里，适度血管内皮化，有利于血液流动的动力学改变。”据康裕建介绍，这也是目前的人造血管在人体内容易出现堵塞、凝血等各种问题的关键影响因素。

2016 年 12 月 11 日，康裕建向全世界公布了这一实验成果，当即惊艳了行业和学界。2017 年蓝光英诺又在猪身上进行实验，结果也成功了。有中国工程院院士认为，这项成果通过打印出一根血管，提供了一种供应血管细胞和各种活性物质的手段，“打印血管有用，打印肝脏有用，打印肾脏也有用”。这部来自成都的神奇打印机，正在将人体器官再造和体内移植变为现实。

▷▷▷欲建产业创新链

据世界卫生组织发布的相关数据显示：从 2000 年到 2050 年，全世界60岁以上人口的占比将翻倍，从11%增长至22%。预计在同一时期内，60岁及60岁以上老人的绝对数量将从6.05亿增长到20亿。这意味着我们周围每100人中就有22名老人。衰老与疾病是我们不得不面对的问题。

手握对抗疾病利器的蓝光英诺，未来并不打算直接生产产品，而是想做一家“输出技术、输出标准、输出模式、输出管理”的公司。杨铿提出了多种可操作的商业模式，比如，可以与符合相关资质、条件的医院展开合作，采取分成模式进行3D打印血管的生产销售；或者由英诺输出设备、技术等，由医院从事3D打印血管的操作，公司收取相关专利费、技术费等。

无论采用哪种商业模式，技术创新仍然是生物科技企业的第一生命线。

蓝光英诺积极进行科研合作与跨国合作。在成功发布世界首创的3D生物血管打印机的同时，蓝光英诺还和英国邓迪大学签署了合作协议。后者表示，未来将在3D生物血管打印领域与蓝光英诺展开深度合作。2017年2月，蓝光英诺与美国田纳西大学强强联手，就“3D生物打印人才联合培养”“3D生物打印人工血管临床试验”等项目展开了全方位的战略合作。

未来，蓝光英诺希望借助其独创的医疗影像云平台、生物墨汁、生物打印机和打印后处理系统四大核心技术体系，建立3D生物打印创新链，与世界范围内各大医疗机构、科研院所共同对3D生物打印技术的发展和应用进行拓展，并由此产生满足个性化健康需求的产业链，推动大健康产业规模化发展。

科技之城

科技创新成为城市发展的重要引领支撑。落实国家战略，推动科技之城聚人成城；赋能创新群体，推动科技创新能级跃升；激发市场主体，推动创新活力竞相迸发；升级要素保障，推动人才生态进阶提质。

第四章

科技名园

成都，从历史深处走来，凝练出魅力独特的城市特质，乘着中华民族伟大复兴之势快速崛起。国家先后赋予成都全面创新改革试验区、内陆自由贸易试验区、国家自主创新示范区、国家级天府新区等多重战略机遇，成就了成都快速崛起的势与场，成都已逐渐成为一座科技赋能的“新经济”之城。

发展脉络总览

▷▷▷成都的内在品格

一路走来，回看成都发展的轨迹，不难发现，对于一个城市而言，真正强大的不光是它所创造出的业绩和地区生产总值，还包括这个城市的内在品格。这种品格就是：对多元文化的包容、对芸芸众生的博爱以及对自身缺陷的正视……

对多元文化的包容，让成都成为“一座来了就不想走的城市，一座来了就离不开的城市”。这样的包容，让人才得以在成都聚集。

对芸芸众生的博爱，让大量的中小型企业和创业者，选择了成都这样一个有着“创业城”之称的摇篮。

对自身短板的正视，让大量的强企、外企进驻成都，拉动了成都的工业建设。成都市政府在招商引资的过程中，以“服务型政府”作为自身最明显的标签。这一标签，正是进驻四川企业的定心丸，让各大企业达成了驻川的共识。

这三点，使成都在短期内快速形成了以世界级企业为拉动力，带动配套企业形成了庞大的、完整的产业链蓝图。在短短几年之内，成都的产业就形成了规模，之后其持续性发展的动力在何处呢？我认为推动成都持续发展的这种力量，就是成都对新时代下新鲜事物的追逐，这种追逐催生出了成都在各领域不断创新、积极进取的能力。这种能力，结合政策、环境、人才等因素，演变成了成都独有的以创新力引领、以大企业带动、以新兴产业为后盾的可持续发展力。而成都互联网公司的发展，便是创新经济最活跃的因子之一。

▷▷▷向“北上广” 要人才

2012年初夏，助推移动互联网产业的中长期计划《成都高新区管委会关于加快推进移动互联网产业发展的意见》（以下简称《意见》）在酝酿半年之后，首次对外发布。这也是成都市发布的第一份关于助推移动互联网发展的计划。《意见》提出，成都高新区将设立10亿元专项资金，力争在5年内打造2 000亿元产业集群，聚集10万人才，培育上千家移动互联网企业。

在发布《意见》的3个月后，2012年9月24日，成都高新区再次召开新闻发布会，宣布《成都高新区加快移动互联网产业发展的若干政策》（以下简称《政策》）已获得通过，《政策》从公布之日起实行，有效期为5年。这是国内首个由地区政府发布的针对移动互联网产业发展的政策。《政策》中的十条具体措施，从资金、人才和服务等方面入手，旨在鼓励移动互联网产业领域的创新创业和资源聚集，在引进外地优秀企业、项目、人才的同时，激励本地企业的创新发展。

例如，《政策》中第二条明确了在行业内具有代表性、平台性，其业务呈多区域、国际化发展趋势的省外公司，其总部从异地整体迁入成都高新区的，可获得以下优惠：按最高40元/平方米/月的标准给予3年房租补贴；原有技术和管理人员一次性随迁的，按每人2万元的标准给予一次性补贴；企业成立后，前5年对成都高新区经济做出贡献的，分别给予重点产业项目培育资金支持。

针对本地的移动互联网企业，《政策》中第五条明确了对增长快速的企业给予重点产业项目扶持资金支持，对达到一定规模以上的企业给予50万~200万元的企业经营管理层奖励。在营造创业环境、发展产业链方面，《政策》中也做出了多个规定。例如，鼓励企业和机构建设智能终端应用测试平台、内容存储分发云服务平台、专业性实验室等公共技术平台，为中小企业开发者提供便利优惠的技术服务；经评估认可的平台，将可获得最高100万元的补贴。

此外，《政策》还为行业交流活动提供了保障：国内外相关行业机构和知名企业在成都高新区开展专业化、国际化、品牌化活动，经成都高新区认可后可获得一定比例的活动经费支持；支持建立移动互联网产业协会，并通过给予研究经费、活动经费支持鼓励其开展国内外产业研究、组织行业活动。《政策》发布后，立即在网络上引发了强烈关注和热议，移动互联网创业者们认为此番举措是成都高新区“重拳出击”“求贤若渴”，是“在向‘北上广’要人才”。

这样的扶持力度不可谓不大。业内人士指出，出台移动互联网产业专项政策，在国内属于首次。该政策的实施，使移动互联网创业团队可以实现“低成本”甚至“零成本”创业，这不仅会推动成都本地移动互联网产业的发展，亦将影响全国移动互联网乃至IT产业格局。

“**在‘北上广’的创业者正在抱怨创业成本令人难以承受的时候，成都正在上升成为移动互联网创业的明星城市。**”这是2012年7月《商业价值》杂志给予成都移动互联网创业的评价，从侧面也预示了成都移动互联网产业蓬勃发展的未来。

▷▷▷移动互联网企业的沃土

不论是“极米科技”的钟波、“医联”的王仕锐，还是“Camera360”的徐灏，这些扎根成都的创业者和他们的明星产品都证明了移动互联网产业在成都的快速发展并不是一个偶然现象。

相较于全球电子信息产业由东向西、由沿海向内陆挺进的梯度转移模式，这一次，成都不是要做后来者和追随者，而是要拔得头筹，成为新一轮产业崛起的拓疆者与引航者。成都以反梯度模式，先决先行，冲在全国移动互联网的前沿。

在天府新区、高新片区、大源组团，成都高新区划定了5平方千米作为移动互联网产业的发展核心区，以定向服务移动互联网企业。

“在大源组团，我们所剩的土地资源已经很少，这是最后的规模产业用地。我们把它留给了移动互联网，孕育未来产业，这几乎是全区共识。”时任成都高新区规划建设局副局长介绍道。简单数语，让人印象深刻。

成都在发展移动互联网产业上，积累了相当雄厚的实力。作为国务院确定的中国西南地区的通信枢纽，成都是继北京、上海、深圳之后的第四大通信技术及设备研发中心，其通信产业发展状况、通信服务能力在中西部地区均居领先地位，同时在发展移动互联网产业方面具有产业、人才、科技、研发、应用、市场、专业服务、基础设施等综合优势。

在通信设备制造领域，成都是西部地区重要的通信技术研发、设备制造和信息服务基地，已经形成了高端原材料、芯片封装、元器件制造、模块及子系统制造集成、系统设备生产的完整产业链。

在应用软件及增值服务方面，成都不仅有国腾、迈普、芯通等一大批本土企业，还聚集了阿尔卡特、爱立信、摩托罗拉、诺基亚、NEC、中兴、华为等国内外通信龙头企业的研发中心。这些企业在软件开发、增值服务、信息安全、网络游戏等领域在全国形成了较强的竞争力。

在运营平台方面，成都聚集了天翼空间、移动音乐基地、电信西部信息中心、亚马逊成都运营中心、阿里软件西部运营中心、成都云计算中心、万国成都数据中心等大型平台，已成功面向全国提供信息运营服务。

赛迪顾问有限公司副总裁赫建营博士认为，成都发展移动互联网产业拥有良好的基础，“硬件与软件双轮驱动，拥有业内领先的知名企业，具有较强的比较优势”。

目前，成都移动互联网作为一种新兴产业已经蔚然成风。

▷▷▷成都新经济蓬勃发展

面对快速扩张的移动互联网市场，五花八门的应用产品应运而生。移动互联网与互联网相比的最大特点是："随时随地"和充分个性化，而其核心优势是移动性。随着移动互联网进入"应用为王"的时代，更多具有社交特点，能够满足用户生活和工作需求的移动应用将形成趋势。

恒图科技的段江在成都实现着移动互联网之梦。段江，23 岁进入英国诺丁汉大学计算机系从事图像技术研究工作；26 岁，进入施乐公司欧洲实验室，并以第一发明人的身份获得了多项国际专利；27 岁，进入美国西北大学开展博士后研究，参与了多项美国自然科学基金项目；28 岁，回国，成为西南财经大学博士生导师。目前，他还是西南财经大学中国区块链研究中心主任。

2009 年段江决定创业，把研究成果商业化。他和朋友筹集了 30 万元人民币，创办了成都恒图科技有限责任公司，专注于 HDR 技术和图像增强等数字图形图像技术。一个数字图像处理技术的专家，似乎就在不经意间成了一位移动互联网领域的创业精英。他希望未来能把自己的数字图像处理技术应用到医疗卫生、航空航天等领域。

如今，成都新经济蓬勃发展，涌现出了医联、数联铭品、咕咚、优客逸家、百词斩、傲势科技等独角兽企业，以及 23 魔方、尚作农业、麦子学院等未来独角兽企业。这些企业涵盖了大数据、大健康、物流、新零售、人工智能等领域，为成都经济带来了无穷活力。

天府软件园：科技名园

2021年4月21日，李克强总理来到了成都天府软件园。就在这一天，作为成都“新经济高地”，汇聚了大量优质的科创企业和优质项目，堪称“双创梦之队”的天府软件园也再一次走进了国人视野。

天府软件园在一片远离闹市区的土地上诞生，曾经无路无楼的土地到今天变成了人才汇集的创新基地，富有现代感的园区风格彰显着年轻的活力，和成都老城区的传统风格形成了鲜明对比，打破了人们对成都“慢”的固有印象，园区新经济活力区标志、银杏长廊等特色地标建筑也成为成都旅游新的打卡地。

经过16年的发展，天府软件园已位列国内软件园第一梯队，区域品牌价值高达415.62亿元。在“中国骨干软件园区第3名”“中国领军产业园区”“国家数字服务出口基地”等一系列荣誉背后，铺开的是园区“产业聚集、产业培育、产业融合”的发展之路。

▷▷▷产业聚集之路

发展初期，抓住产业巨头英特尔落户成都的机遇，园区以“招大引强”为重点，凭借成都在人才积累、产业基础、运营成本等方面的优势，吸引了包括诺基亚、IBM、阿尔卡特、SAP、华为、赛门铁克、NEC、腾讯、育碧等众多国内外巨头在园区开设研发中心，为园区后续发展奠定了厚实的基础。

2009年，在全球金融危机的余波之下，国际知名企业基于成本考量开始关注中国二、三线城市，园区迅速抓住时机，锁定服务外包、后台中心等方向，先后提出了“成都，非常适合外包”“从成都呼叫世界”“Right Place，Right People”等宣传口号，在全球相关产业核心聚集地展开强大的线上线下宣传，迅速吸引了包括马士基、丹马士、亚马逊、澳新银行、西门子、维音等国际巨头纷纷将其服务外包中心、共享服务中心、后台处理中心落户园区。

产业江湖瞬息万变。2011 年开始，移动互联网产业悄然兴起，天府软件园通过调研第一时间嗅到了新的行业增长点，开始在移动互联网产业领域加大培育扩大布局。很快，园区内的一些优质移动互联网创业项目开始崭露头角，Tap4fun 凭借手游帝国三部曲在欧美市场脱颖而出，Camera360 成为全球手机摄影领域的领军品牌…… 2012 年 9 月，成都高新区出台全国首个移动互联网的专项支持政策，天府软件园借势而上，腾讯、盛大、完美、触控、2K 等一众手游大厂纷纷落户，全国的优秀创业项目纷至沓来，在短短的两年时间里，园区聚集数百家大大小小的移动互联网企业和创业团队，天府软件园也成为了成都“手游之都”的主战场。

2015 年，顺应国家“互联网+”战略，园区抓准时机，精准发力“互联网+”领域，很快“互联网+”成为园区产业新热点。许多国内“互联网+”行业的领先企业也在这一时期开始崭露头角，如“互联网+物流”的货车帮、“互联网+体育”的咕咚运动、“互联网+医疗”的医联、“互联网+测试”平台 TestBird 等，这期间，软件园内还涌现了当时国内最大的美妆社区“抹茶美妆”、中国首家婚礼在线预订平台“找我网”“互联网+私人影院”的极米私人影吧……天府软件园产业方向也进一步迈向多元化。

2017 年开始，以“云大物联智”即云计算、大数据、物联网、移动互联、人工智能为代表的前沿技术和以新经济为代表的新产业模式浪潮涌动。这一年成都率先提出大力发展新经济，天府软件园也开始了对新产业方向的布局，并提出了“聚焦前沿科技、聚焦国家战略、聚焦企业转型”的产业思路。近几年，在重点发展先进技术和新经济产业基础上，又以运营的姊妹园区AI创新中心和瞪羚谷·数字文创园（原名天府长岛）为战略新据点，分别打造5G+AI以及数字文创产业高地。很快就聚集了快手直播电商总部、网易成都数字产业基地 、鼎桥5G行业终端与应用创新中心、海光集电C86架构国产化服务器CPU芯片科创中心、中移动（成都）产业研究院、百度智能驾驶、新华三、绿盟、腾讯新文创总部、爱奇艺潮流文化坊、阿里巴巴西南总部基地等新技术、新经济方面的优质企业。2020年以来，园区又以国家战略为引领开始在“信创”及“卡脖子”关键技术领域发力，从而开始了以天府软件园为核，专业领域园区为翼，相互融合的一核多园的发展之路。

天府软件园的产业聚集之路，是一条发现和抓住产业机遇、顺应产业趋势、响应国家战略的发展之路。每一次新的产业方向都依赖于原有产业的基础与积淀，都是对原有产业的丰富与突破。在这种有序迭代和产业丰富中，天府软件园逐渐聚集形成了涵盖多领域产业、包容多层级企业的多元化“热带雨林式”园区生态，为进一步促进产业培育和推进产业融合形成了良好的土壤。

▷▷▷产业培育之路

在紧抓产业生态聚集的同时，园区以处于不同发展阶段下企业的不同需求为抓手，打造了涵盖人才、政务、金融、品牌、公共技术、海外拓展、产业社交在内的多元服务体系。通过建立“创业苗圃→孵化器→加速器→产业园”的梯级产业培育模式，促进企业成长，重点针对创业孵化类企业细化搭建了覆盖资金、圈子、市场、创业辅导、创业合伙人的“5C”培育计划，加速企业孵化。就这样，天府软件园打造出了独具特色的产业服务和培育体系。

人才是产业发展的关键。园区每年通过天府人才行动“城市行”“校园行”和“寻找创业合伙人”计划，在北京、上海、深圳、广州等国内一线城市帮助企业招聘各层级人才；并在北美、欧洲等地区开展“海外行”计划，建立海外工作站，吸引高端海外人才回国工作和创业。通过这类计划，园区平均每年能帮助企业吸引超过5 000人。

市场和品牌是企业发展的刚需。园区通过开放“园区第一市场”资源，帮助企业和创业团队在园区推广产品，获取首批客户及用户反馈；通过建立园区企业间的合作交流平台，促成企业间业务合作、渠道共享；园区利用资源为创业企业开展定制化的品牌宣传、媒体推广、产品发布服务。

圈子和渠道是创业企业需要的稀缺资源。园区定期组织各类沟通交流及垂直沙龙活动，建立园区企业高管和有关专家的“创业导师库”，帮助创业者构建与园区企业CEO、创始人、HR、技术专家、投资机构、媒体等高层次人士紧密互动的高端人脉圈以及创业人脉圈，建立与园区世界500强企业、行业知名企业、创业明星企业、其他创业团队、投资机构的交流合作平台；园区定期举办开放日集中宣传展示园区在孵项目，促进创业项目与社会各界间的交流合作。

资金和技术对创业企业至关重要。园区针对创业企业建立政府政策宣讲发布平台、扶持资金申报服务平台，搭建投资人合作圈、定期开展创业项目推介、评审活动并建立常态化投融资对接机制；针对创业团队全面开放华为云开发、手游测试平台服务、移动应用安全测试平台等公共技术平台服务，并联合大企业为创业者提供软件技术开发咨询服务。

天府软件园突出企业全生命周期服务，在产业培育之路上，走出了一条与园区产业生态协同发展的创新孵化之路。一批批优秀的创业团队在这里茁壮成长，极米、医联（Medlinker）、咕咚、拟合未来、tap4fun、Camera360、百词斩、TestBird、狮之吼（LionMobi）、鲁大师、美幻科技、理想境界、麦麦养老、精位、晓多、博恩思等创业企业逐渐成长为各自领域的佼佼者。在成都首批公布的31家潜在独角兽中有13家在园区——抓住了产业培育，也就抓住了园区内生发展之道，使园区发展具备了造血功能和源头活水。

▷▷▷产业融合之路

做好产业聚集、产业服务与培育是园区良好发展的必要条件，而实现园区的“产业融合”是园区高质量发展的重要形式。近几年来，天府软件园又提出了“做平台、做连接”的核心运营理念，以及从园区管理者、服务者升级为资源整合者、产业创新催化者转变的发展思路，以资源链接、资源整合为抓手助力园区企业协同发展的产业融合之路。

天府软件园以打造园区资源对接平台为手段，以实现园区资源的有效共享与连接为导向，以推进企业与园区产业发展为目标，为不同层次的企业提供了不同的解决方案，促进了园区内各类产业要素相互碰撞。

为加强不同企业之间的连接，园区通过举行CEO联席会、CTO联席会、“企业大串门”、产业论坛沙龙等多种形式的活动，把同一产业链上下游的企业、同一产业类型的企业、有业务合作可能的企业连接起来，增进行业信息共享、业务需求交流，催化企业产生“化学反应”，促进园内企业形成资源共享与业务合作。此外，园区还非常重视企业人才之间的软性连接，筹办足球赛、篮球赛、电竞大赛等活动吸引区内大量企业员工参加，使得来自不同公司，不同行业的人才得到了宝贵的交流机会。

为支持大企业与创业企业之间的连接，园区通过“天府软件园创业导师库”将园区内企业CEO、成功创业者以及技术牛人集结起来，开展沙龙或培训等活动向创业者分享经验和技术；与SAP、长虹、华为、亚马逊等多家大企业合作建立针对创业小企业的服务平台，为创业企业提供技术支持、业务咨询以及产品渠道等资源。从这样的连接中，大、小企业能各取所需，一方面创业企业能够得到发展资源，另一方面大企业能够接触到创新元素，完善自身的业务生态。

为加强企业与园区之间的连接，天府软件园积极鼓励企业参与园区的运营服务和生态建设，通过多种形式让企业发挥园区主体的作用。企业与园区共建各类公共技术平台，牵头开展各类公益、技术、文体类园区活动，与政府和园区共同组成业界共治理事会给园区运营提建议，参与园区智慧化建设。企业不再只是园区的租客和服务对象，而是已经成为园区建设的参与者。

此外，园区还积极搭建企业与高校之间、企业与政府之间、园区内企业与各类外部产业资源之间的连接，这样的连接还会不断扩展。

园区的核心资源是由园区企业为主体构建的产业生态资源，园区的核心竞争力应建立在整合利用这些资源的能力上。天府软件园正遵循这一逻辑，推进产业融合，努力实现新的高质量发展。

天府软件园抓住了产业变迁的脉搏，乘势而上，打造出良好的产业聚集和产业生态，走出了一条产业聚集、产业培育、产业融合的园区发展之路，为我们探索产业园区的发展之道提供了很好的样本。

天府软件园发展的16年是中国经济快速崛起的16年，也是产业不断更新发展、新技术不断涌现的16年。它的成长伴随着高新区的建设，见证了改革进程中成都的飞速发展，为成都经济发展注入了强劲活力。天府软件园已成为成都创新创业者的最优目的地，也成为成都新时代发展的靓丽名片。

极米科技：家用智能投影开创者

2012年，中国液晶电视机的市场规模大约为4 000万台，虽然整个市场的体量很大，但是发展缓慢。

这一年，一位爱“折腾”的技术男钟波辞去了年薪百万元的工作，回到成都，思考着未来电视机的出路，于是他带着团队，开始了家用智能投影的研发工作。虽然在当时，人们可能对“家用智能投影”这个词还很陌生，但是刚刚回到成都创业的钟波，坚信自己找到了“颠覆传统电视行业”的路子。

▷▷▷“没有屏幕的投影” 创意初现

故事可以追溯到2011年以前，彼时的钟波已在知名电视芯片公司MStar工作了近10年。从刚刚加入公司时的十几个人，到成长为全球电视机芯片行业第一名，钟波与MStar一起经历了从CRT电视到液晶电视，再到多媒体电视、互联网电视的发展过程。作为一名技术研发人员，钟波不禁在思考，未来的电视机应该是何种形态？

他曾设想未来的电视机，或许根本没有实体屏幕。“屏幕无处不在，可大可小”。不过真正让他灵光一现的，是iPhone5概念视频中的一个场景。画面中，用户拿起手机，滑动手指，前方先是出现了虚拟键盘；用户输入内容，接着就会出现一个巨大的投影屏幕。这正中钟波下怀：“未来的显示设备应该是没有屏幕的，可大可小，随处可投。”

“将投影仪智能化，用户可以在线观影，且不需要插入U盘或者连接其他设备，同时还可以集合音响等其他功能。”沿着这条思路，钟波在脑海中渐渐勾勒出了家用智能投影的雏形。

这一想法，在当时简直是异想天开。研发一款概念型的产品，能不能成功是一个未知数。钟波离开具有科技和供应链优势的深圳，回成都创业，看上去似乎并不是明智的决定。

但是钟波还是坚定了回成都的想法："成都虽然在供应链资源上比不过深圳，但是远离风暴，团队可以潜心做研究。"他把之前赚的几百万元全部投了进去，在成都郊区租了一套三层的清水房，一楼做硬件测试，二楼做程序开发，三楼睡觉。钟波把这段经历称为"硅谷式的车库创业"。当时洗手间连马桶都没有，只有一个洞，钟波和他的团队睡架子床，仿佛回到了学生时代。他们约定，在产品没有面世前，每人每月只拿 3 500 元的工资。

▷▷▷用锤子砸掉合格产品　极致思维成就爆品

为了能开发出满足用户需求的产品，极米团队在公司正式成立前一年半的时间里，就建立了用户论坛，通过和用户交流来确定产品的大致形态。极米 CEO 肖适回忆，当时的极米只能一边研发，一边和用户讨论，完全是"摸着石头过河"。极米科技于 2013 年 11 月正式成立，第二年研发出了第一台 Z3。团队前期投入了大量时间做研发，这个过程并不容易。在做 Z3 时，极米设计了 4 款造型，让用户选择。团队的工程师动手组装了第一批共 70 多台工程机，寄给用户测试。

极米的用户思维，还体现在对产品的极致追求上。**极米曾经研发了一款产品，开模生产上千台。但是，钟波认为这虽是一款合格的产品，但不是极致的产品，坚持要用锤子砸掉。在这款产品上倾注了太多心血的员工请求买回家作为纪念，被钟波拒绝了。**而在生产另一款产品 Z4Air 时，钟波为了追求极致轻薄的效果，废掉了最初的模具，坚持重新设计，仅仅是为了再减少产品 1 毫米的厚度。

钟波坦言："极米之所以能走到今天，正是因为团队对产品的专注。我们是做技术出身，既不懂品牌，也不懂销售，我们的优势就是研发。”

当极米率先进入智能投影领域后，不少跟随者也看到了这块市场的发展前景，一时间，更多“玩家”加入，市场竞争变得激烈起来。正如钟波说的那样，自己不擅长营销，只能继续带领团队回到最擅长的研发上，不断创新和构思，尽快推出下一代更具竞争力的产品。2015 年极米 Z4X 发布，团队在兼顾亮度和散热的同时，还打破了外观设计的传统思维，产品的优势给品牌带来了很大帮助，销售渠道也一步步地打开了。极米 Z4X 上线京东众筹后，获得热卖，成为京东众筹史上第一个收获千万元的家庭娱乐产品。

极米公司的产能虽然每年都在翻番，但是依然不能满足不断增加的订单。为了解决这一问题，极米科技开始挨个拜访一线供应商，为此花费了不少心血。为了能与给奔驰、宝马供货的哈曼卡顿建立合作关系，钟波每天跑到对方公司，询问对方领导的日程，终于换来了 10 分钟的交流机会。极米团队前前后后花了半年的时间，才完成对供应链的梳理和优化。

在 2012 年回成都创业之时，钟波备受质疑。质疑一方面来自尚不明确的产品形态，另一方面则来自对供应链的担忧。钟波选择回成都，不仅是因为看中了成都的潜力，还因为他想为改善成都的创业环境做出努力。目前极米科技已经积累了许多优质的供应商资源，钟波希望能通过极米科技将这些资源聚集在成都落户建厂，进而形成生产硬件公司的有利局面。这样“新的创业者，便可以不用走我们的老路”。

▷▷▷打造完整产业链

2018 年 5 月 15 日，极米召开春季新品发布会，除了发布 H2、H2 Slim 外，还发布了激光电视皓 · LUNE。这款激光电视的整体设计如皓月般流畅，摆在家里就像是一个艺术品。它采用投射比为 0.25∶1 的超短聚焦设计，只需离墙 16.5 厘米就能投放 80 英寸[①]的画面，离墙 27.7 厘米可投射 100 英寸的画面，最大可投射 150 英寸的巨幕。其拥有出色的画面亮度表现，不管是白天还是黑夜，只需一面白墙，就可以获得影院级的高清视野。

极米并不将自己局限在硬件公司的定位上。钟波及其团队想要打造的还包括基于终端的内容平台。目前，极米已拥有超过百万的终端，在终端平台上已经聚集了电影、音乐、演唱会、游戏、教育和购物等内容。通过内容收益反哺硬件板块，再加上不断优化的供应链，极米的产品得以做到同等价位品质更优，同等品质价格不贵。

2018 年 3 月，极米宣布获得 D 轮融资，由百度、经纬中国、四川文化产业股权投资基金、赛领资本等机构联合投资。极米科技的估值也达到了 30 亿元。百度之所以斥巨资入局，也正是看到了该领域能为用户提供更丰富的多媒体内容和网络功能，并容纳更多形态。

同时，极米联合百度成立了 AI 无屏实验室，以增强产品的交互体验。2014 年极米还在成都成立了第一个光学实验室，目前该实验室已获得多项专利。这些专利技术不仅将应用于家用智能投影的研发和迭代，还将应用于更多未来的支柱产业。比如，智能汽车需要摄像头去捕捉道路和障碍物，未来 AI 的趋势会是全息投影，而要实现这些，其中很重要的一项就是基础光学。

2019 年 8 月，极米科技推出了三款智能投影新产品：极光 RS Pro、H3 和 Z8X。同时，极米还发布了基于投影技术的成像特点所研发的 X-VUE 画质引擎和迭代进化的 GMUI 3.6。此次新品发布被业界称为“智能投影”创新革命的又一次质变。国际数据公司 IDC 发布的《IDC 2020 年第四季度中国投影机市场跟踪报告》显示，2020 年极米

---

① 1 英寸=2.54 厘米。

科技出货量达 75.7 万台，市场份额占比达 18%，稳居中国投影机市场第一的宝座。

2020 年 9 月 29 日，上交所科创板上市委 2020 年第 85 次审议会议召开，极米科技首发上市申请获得通过。

极米科技是成都市 2020 年新增第 12 家上市、过会企业，也是成都市 2020 年新增的第 6 家科创板过会企业。

2021 年 3 月 3 日，成都极米科技股份有限公司（证券代码“688696”）在科创板上市。当日开盘，公司股价报 511.11 元/股，较发行价 133.73 元/股上涨 282.20 %，公司总市值达到 255.56 亿元。然而，极米科技并不满足于此，它的目标是在 3~5 年内从“中国第一”变成“世界第一”。极米科技正在一步一步接近这个目标。其业务已拓展到北美、欧洲等重点市场，并与美国、英国、澳大利亚、马来西亚、新加坡、印度和日本等国的顶级分销商达成了合作意向。这款来自成都的家用智能投影，正在让全世界的消费者尽享大屏娱乐生活。2021 年 10 月，极米科技体验设计中心被评为第五批国家级工业设计中心。未来，极米将在成都打造一个基础的光学产业，成为一个“硬件+内容平台+基础光学产业”为核心业务的新经济公司。

拟合未来：人工智能融入健身运动

拟合未来，是一家将人工智能与健身运动结合起来的科技型公司，致力于为用户量身打造健康的生活方式，并以此推动“健康中国”的发展，它被认为是中国科技健身领域的开创者和引领者，是一只智能健身赛道的“独角兽”企业。2019 年 12 月 23 日，李克强总理在成都调研高新技术产业发展时，对还处于最终研发阶段的 FITURE 魔镜十分感兴趣，并亲自体验了该产品。拟合未来深耕智能健身领域，在成都市委市政府的大力支持下，持续加强技术研发，其产品和服务得到了消费者和投资者的频频点赞。

▷▷▷智能健身——一个产业的新赛道

拟合未来 CEO 兼联合创始人唐天广是健身运动的忠实爱好者。但他发现以健身房为代表的传统健身行业，用户健身的频率并不高。据相关资料显示，中国健身房用户每月人均去健身房锻炼的次数小于 1 次。

为了让每个人都能在健身中收获快乐，拟合未来团队决定做一款革命性的智能化健身产品——为用户带来更有创意、更具个性的全方位健身服务。他们希望把产品打造成为用户随时随地的专属“运动教练”和运动伙伴。FITURE 魔镜就在这样的想法之下诞生了。

通过组织旗下明星教练与技术团队，拟合未来开设了一批又一批优质的线上健身课程，本着加强人与人之间交流的理念，开发了“母亲节特别健身课堂”“夫妻协力课程”等多人合作健身课程，让家庭成员相互陪伴，每天花半个小时到一个小时做做运动，在完成健身课程的同时增进感情，促进了家庭成员之间的交流沟通，改善了家庭的氛围。

果然，这块软硬件兼顾的神奇魔镜成功地让用户自愿“动起来”，改变了用户的健身习惯。从目前的数据来看，FITURE 魔镜用户平均一个月完成训练 14.6 次，是国内传统健身房用户月打卡次数的近 30 倍。

“我们希望提供有陪伴感的健身体验，帮助用户持续通过运动健身增强体质、获得快乐，将健身作为一个生活习惯长久地坚持下去。”拟合未来联合创始人兼总裁张远声说。

▷▷▷自愿降薪的顶配创业团队

在拟合未来成立之初的人才引进中有这样一个奇怪的现象，许多高管、行业精英不是为了高薪，甚至自愿降薪加入他们的团队。这些来自五湖四海的“行业大佬”们为了一个共同的目标——让更多人养成健身的习惯，聚集在一起。创始团队中 CEO 唐天广和总裁张远声都来自原西部最大的独角兽企业“货车帮”的初创团队；联合创始人兼 COO 唐宇瀚，毕业于哈佛计算机系，曾担任百度定制化广告组工程师及智加科技全球战略负责人；另外一名联合创始人兼 CTO 付强，是清华大学计算机硕士，曾担任谷歌、亚马逊、雅虎等公司技术管理岗位，并曾任腾讯广告平台部 T4 总监。除此之外，拟合未来的高管大多有在大疆、特斯拉、苹果、微软等大企业就职的经历，拥有丰富的无人驾驶研发经验和 AI 技术积累。因为在成都有过一次成功的创业经历，拟合未来也顺理成章地诞生在了成都。2019 年 3 月，他们把货车帮原来的办公地址作为第二次创业的新起点，并扩大了范围建立了公司的雏形，最初起步时只有 5 人。张远声表示，第二次创业之所以再次选择了成都高新区，是因为高新区有大批的软件技术人员，这里整体的创业环境也很好，所以把总部和产业基地都放在成都高新区。

近年来，大运会、世运会等世界级体育大赛先后落户成都，成都的体育产业发展也迎来新的生机，“传统体育+科创元素”已成为成都建设赛事名城的重要基石。作为成都本地的健身领域新锐企业，拟合未来理所当然地与成都共享了改革开放后的时代红利，得到了成都市在政策扶持和资源配套上的强有力支持。

2019 年 8 月，拟合未来获得红杉资本中国基金 600 万美元的首轮融资，2020 年 9 月完成 A 轮 6 500 万美元融资，同年 12 月完成逾 2 000万美元 A+轮融资，2021 年 4 月，他们完成了 B 轮 3 亿美元融资。短短两年时间，拟合未来就成为成都的新锐独角兽企业，团队规模已经超过 1 200 人，办公地点也从成都扩张到了北京、深圳和上海。

▷▷▷“硬件+内容+服务+AI”

2020 年 10 月 28 日，FITURE 魔镜正式官宣上市。它的外观十分炫丽，如同一件科技艺术品：采用真空溅镀工艺，打造出完美的镜面透光折射率，让用户在屏幕前既能看到教练，又能看到自己；采用铝合金折弯工艺以及阳极氧化表面处理，打造出一体化金属机身。通过搭载的 43 寸 4K 高清屏幕、立体音箱系统及同时，为运动过程带来更沉浸的影音体验，左右声道双扬声器，让使用者在家锻炼仿佛置身运动场。双麦阵列收声模块，让运动过程中随时随地交流沟通成为可能。这款设计感十足的魔镜厚度仅 48 毫米，可挂墙或落地摆放，几乎不挤占家庭空间。

FITURE 魔镜有最专业丰富的健身内容。通过汇集一批顶尖的明星教练，公司组成了 FITURE FORCE 全明星教练团队，为用户制作丰富的录播及直播健身课程，为了精益求精完成内容制作，公司专门招募了伯克利音乐学院、瑞典皇家音乐学院等知名音乐学院的 10 名音乐家、制作人为课程定制配乐。FITURE 已经发布了首个独家概念课程 FITURE FASTBURN，为用户带来全新高效的燃脂体验；依托运动大数据和健身领域的专业知识图谱，在自制交互课程中给予用户精准、及时的运动数据分析和结果反馈。目前，FITURE 与 PURE YOGA、GASTER 街舞、太极禅、金芭蕾、和睦家等合作的联名课程均已上线。拟合未来希望以交互式内容健身体验的方式解决专业指导和家庭健身之间的矛盾，从而为用户带来家庭科技健身场景下人机交互的全新体验。

FITURE 魔镜的服务不断更新，所谓“三分练七分吃”，用户能享受国际认证的专业营养师提供的专属健康管理服务，将热量管理和营养摄入与健身训练相结合用户能更好地管理自己的身材。在 FITURE 运动社区 FITURE Hood，用户可以结识健身好友，共同打卡，互相监督，分享健身成果，还可以与好友一起参与挑战，争夺排行榜，让健身充满竞技的乐趣。

FITURE 魔镜拥有自己的 AI 算法。借助定制的 FITURE Fourier 边缘计算平台、内置高性能摄像头模组、自主研发的姿态识别算法以及“ FITURE Motion Engine”运动分析引擎，能在用户运动过程中进行姿态实时捕捉和运动分析能力，基于计算机视觉与深度学习、人工智能姿态识别和设备传感器打造，通过 AI 交互体系可以进行智能动作纠正，确保训练动作的规范，让健身更加有效。

考虑到要让用户体验成为更突出的竞争优势，FITURE 魔镜对精细度、高质量、个性化等方面提出了更严格的要求，靠着团队的工匠精神，FITURE 魔镜在同类产品市场上的领先地位得到了进一步的巩固。

拟合未来的“野心”不仅仅是制造一个嵌入人工智能的健身设备，而是利用“硬件+内容+服务+AI”新商业模式，像苹果那样创造新品类，用最炫酷的产品给用户带来极致的体验。这款独创商业的模式就是拟合未来的制胜法宝。通过“硬件+内容+服务+AI”的组合，拟合未来缩短了从家到健身房的距离，增加了普通健身爱好者接触高端健身课程的机会，激发了上班族下班后的运动热情。在工作节奏逐渐加快的今天，对于拥有健身需求的广大受众来说，FITURE 魔镜无疑是平衡时间、健康、工作与生活的最好选择，如果利用 FITURE 魔镜在家健身，不仅免除了往返健身房的路程，还不需要用户为健身场地的运营费用买单。

▷▷▷场景致胜

早在 2018 年，美国 Mirror 便成为首个推出智能健身镜的企业，之后 Peloton、Equinox、SoulCycle 等企业纷纷推出家庭产品线，在国内，myShape、Keep 也先后推出了健身设备。但以上提及的产品更多是单机版的设备，而且大多停留在 1.0 到 3.0 时代，而作为后起之秀的 FITURE 魔镜通过加入人工智能，后发先至已经提前进入了 4.0 时代。与其他竞品相比，无论是课程更新还是设备设置，FITURE 魔镜都能够满足更多的使用场景。如果要和时下最火热的 VR 相比，FITURE 魔镜无须穿戴设备，没有视野盲区，能在保障安全的同时让人们享受更加自由的运动过程。随着科技的进步和技术手段的成熟，国内国际的智能健身赛道上必将涌入大量的企业和类似产品和 FITURE 魔镜展开竞争，但唐天广十分自信，他表示竞品的出现能促进 FITURE 魔镜的进步，而且良性的竞争会使得这个行业越来越好，也能取长补短更好地为产品用户服务，“我们欢迎更多的竞争对手。”唐天广信心满满。

拟合未来的发展将致力于“本土+国际化”，唐天广认为，为社会培养更多的终身健身者是拟合未来规划的远景目标和肩负的社会责任。这就意味着未来的 FITURE 魔镜会巩固自己的品牌优势，他们将解锁更多的应用场景、开发更多的配件、形成完整的产品矩阵，建设更全面的健身网络。FITURE 团队始终认为魔镜的开发之路与健身的过程的异曲同工之处在于——最大的竞争对手只有自己，而最好的成功手段只有坚持和努力，打不倒你的只能让你变得更强。

TestBird[1]：App质量守护者，赋能移动互联

相信很多游戏行业的从业者，对总部坐落于成都市高新区天府软件园的TestBird并不会感到陌生。作为成都本土孵化的互联网科技企业，TestBird立足西部、放眼全球，以移动广告、移动测试等产品为基石，横跨手游、电商、广告、营销等行业，覆盖港澳台、东南亚、日韩、欧美等地区，已然成为移动互联网测试服务的领跑者。

把时间拨回到八年前，当三位业内精英一起回到蓉城大地时，又有谁能想到在成都天府软件园会诞生出一家定义行业标准的伟大公司。从最开始的核心三人团队到如今的“移动互联测试专家”，TestBird在成都书写了一段波澜壮阔的创业故事。

短短几年，他们凭借强大的技术实力，获得了业界的权威认可；继往开来，他们还将在移动互联领域创造更多的传奇。

▷▷▷出身“华为”的“三人行”

说起TestBird的成立，不得不提创始人李伟的工作经历。作为一名电子科技大学计算机系毕业的学生，李伟毕业后一直从事着软件开发的工作。后来，李伟加入了华为技术有限公司，担任无线GSM产品研发总裁一职。在这里，他遇到了自己将要追求一生的事业和未来创业路上最重要的两个伙伴。

华为作为中国通信领域的龙头企业，对产品质量和服务的要求非常高，如果出现设备故障导致电话打不通、网络连不上等情况，会导

① 成都中云天下科技有限公司的简称。

致极为严重的后果，华为内部开发与测试部门的人员比例高达3：1，所有设备正式上线前都会做全面测试，可见其对软硬件测试的用心良苦。在华为任职的14年里，有7年时间李伟都在做着与测试相关的业务，这占了他在华为的一半工作生涯。作为测试主管，李伟对测试业务做了十分深入的研究，他发现测试服务在各行业中大同小异，要做好无外乎两点：第一是要对测试工具、测试业务有专业的理解；第二是要了解被测产品的信息，这些信息包括被测产品的功能、使用流程和用户使用产品的方法等，只有做好上述两点才能提供高效的测试服务。也正是因为这段宝贵的经历，让李伟在创业时毫不犹豫地选择了测试行业。

自主创业的念头一经确定，李伟就向两位在华为共事多年的兄弟发出了邀请。一位是毕业于中国科学技术大学，时任华为无线研发工具平台规划部长的邓飞，他在华为的十几年间，一直做着测试工具开发工作，对测试产品有着极其丰富的经验。另一位是毕业于中国计量大学的华为用户服务负责人卫少峰，他则特别擅长项目管理、产品运营、客户满意度管理，并且有着丰富的海外项目管理和团队管理工作经验。李、邓、卫三人犹如桃园三结义一般，一拍即合，一个经验丰富、优势互补的创业团队组建完成。三兄弟收拾好行囊准备出发，不约而同地把目光锁定在了中国西部的一座城市——成都。

▷▷▷后起之秀如何变道超车

这些年来成都致力于发展本土的新型科技企业，这与李伟在移动互联网发展的浪潮中乘风破浪，致力做精、做细、做强的创业原则不谋而合，两者在时代发展的洪流中相遇。李伟和他的创业团队怀揣满腔的理想、带着宏大的抱负来到了天府软件园，他们势必要干一番大事业。入驻软件园后，TestBird获得从区级到省级的各类政策补贴扶持。搭乘了城市政策红利的快车TestBird在成都落了根，随后行业的春风更是让 TestBird 实现了快速成长和飞跃。

作为后起之秀，在业务范围上 TestBird 无法与行业前辈相比。“既然在广度上没有竞争对手强，就在深度上比竞争对手深。”这是李伟和 TestBird 一直践行的理念。他们发现，近年来我国游戏产业规模逐年攀升，手游行业更是呈爆发式增长，兼具经济实力强和市场空间广阔两大优点，并且成都的手游业一直有着良好的发展态势。如果 TestBird 能从手游领域起家，那么它就能在与竞争对手保持产品差异性的同时吸引更多的客户群体。

TestBird 团队立马对手游市场进行深入的调研，发现很多初创手游公司对产品口碑十分在意，并且拿到投资后，他们更愿意为测试付费。成都雨后春笋般冒出的手游企业给 TestBird 提供了“变道超车”的机会，TestBird 为初创手游公司提供测试服务的经营策略果然取得了阶段性成功。在有了一定的资金积累后，TestBird 开始研究自动化测试技术，并结合手游测试中取得的经验，很快就突破了初期的技术壁垒，形成了一套核心测试方案，其首创的鹰眼对象识别技术使其成为世界上第一家攻克手游自动化测试难题的企业。就这样 TestBird 在手游测试行业站稳了脚跟，取得了竞争优势。

▷▷▷行业变化迎机遇

游戏产品更新迭代越来越快，用户对游戏质量要求越来越高，如果游戏经常出现卡顿甚至 bug（计算机领域漏洞），必然导致用户必然大量流失。对手游企业而言，想要提高用户黏性，除了在游戏可玩性和耐玩性方面要精雕细琢，在游戏流畅性和稳定性的方面也要精益求精，因此他们就更愿意在游戏发布之前对游戏进行进一步测试与优化。就这样，市场对于测试服务的需求量开始急速攀升，而此时在测试服务的市场供给上成熟的企业极少，供不应求的趋势已然形成。TestBird 无须担忧手游企业是否愿意找第三方来提供测试服务，因为独立设置测试部门需要投入几百部手机，且构建一个测试平台往往需要几千万的资金以及两三年的开发时间，这样昂贵的财务成本和时间成本是绝大多数手游企业不想承担的，对他们而言，寻找 TestBird 这样专业的第三方测试服务公司，是最自然的选择。在当时，完美世界、中手游、英雄互娱、天象互动等知名手游企业都是他们的客户，可以说每 10 家手游企业中就有 7 家测试服务选择与 TestBird 合作。

TestBird 不但在国内测试市场上表现得生龙活虎，欧美互联网企业对 TestBird 的需求也日渐火热。李伟表示，中国与欧美测试市场有着本质的区别：欧洲与美国的企业对测试质量要求很高，高级测试工程师的薪酬要高于软件开发工程师 20%，由于人力成本过高，大多数的测试厂商只提供测试平台，基本不会提供测试服务。在中国则恰恰相反，目前来看，测试行业的人力成本还不是很高，成本差别导致的市场差别让 TestBird 通过提供一站式的测试服务，在国际竞争中占据了优势和主动。如今 TestBird 不但市场份额位列全国第一，还收到了越来越多世界 500 强企业的橄榄枝。

TestBird 没有满足于现状，而是继续着技术的研发，不断开拓创新。2017 年 9 月 5 日，华为在上海新国际博览中心召开了第二届全联接大会，TestBird 作为华为深度合作的企业在 VIP 展厅展示了自己的自动化测试技术，同时，TestBird 和华为在移动应用全体系测试解决方案达成深度合作意向并现场签约。作为全球领先的移动应用自动化测试解决方案提供商，TestBird 的测试产品及方案从一开始就立足云端，在全球首推“云手机”，通过全新的 rSight 远程桌面技术，将实验室里的 5 000 款主流真机开放给所有开发者，旨在打破移动互联网产品开发过程中的手机物理属性限制，让“没有手机”这个问题不再成为开发的障碍，大幅提升了开发效率。TestBird 的云测试包括兼容性测试、深度功能测试、压力测试、真人众测、中断测试以及弱网测试相结合的联动使用，全方位保证 App 的质量，为企业智能化测试转型开出了一剂良方。

在和华为合作的基础上，TestBird整合旗下已有资源，打通移动应用调研、研发、上线的一整套测试业务体系。通过全链条的测试服务，提升开发者的开发效率，并通过口碑逐渐将业务向全球范围延伸，让全球开发者受益。2018年11月，GTTF智库18国代表团到访TestBird，进一步证明了TestBird的影响力。凭借着自身强大的实力，公司与Intel、微软、Google、华为、腾讯、中手游以及全球众多的移动互联网生态企业建立了深度的合作关系，持续服务开发者已突破40万，测试过的移动应用超过100万款。

▷▷▷向物联网和金融等领域扩张

在手游测试端取得领先地位后，TestBird从2016年开始切入其他App领域。像长虹、1919等这类资金实力雄厚的企业，因为业务逐渐从PC端移至移动端，测试重心也从WEB端转到App端。这些公司由于缺少移动端App测试的经验，正好给TestBird一个切入的机会，承接了需要与手机做匹配的智能硬件测试工作。除了传统企业，TestBird也和墨迹天气、携程等大型互联网企业进行合作，帮助他们进行App的测试，使业务在纵向延伸的同时也达到了横向扩展的效果。

随着移动互联网的发展，银行、证券、保险等传统金融机构开始构建各自的移动互联网平台。然而，金融App的用户对软件的质量和体验度有着极高的要求，由于经常出现用户体验不佳的反馈，企业对软件的测试和整改迫在眉睫，这样的现状让TestBird有机会在金融行业崭露头角。前期，通过对证券系统App进行不同维度的测试，TestBird能快速为对方提供包含上百张截图、全日志记录、定位信息在内的测试报告，从终端测试数据、问题类型等多方面展示测试信息，并且提供不同版本、一键下载等功能。最为关键的是，TestBird可以做到极速完成，从确定测试到最终交付只需24小时。

随着对金融行业 App 的深入了解，TestBird 根据各类反馈进行汇总梳理，推出了新一代自动化测试平台——TROC。TROC 是一个 100% 的 Web 云端平台，大大降低了用户的安装部署门槛，不仅支持 iOS/Android/终端/平板等各种软硬件系统，并具备批量自动化回归能力。它能在 30 分钟生成第一份自动化脚本，支撑客户多样应用场景，有效应对移动终端碎片化，更能确保企业软硬件与数据安全。TROC 平台给金融业测试难题提供新鲜解决方案，获得行业肯定，交通银行、建设银行、光大银行、国泰君安证券、广发证券、招商证券等成为 TestBird 的合作用户。

▷▷▷定义标准领跑全球

自 TestBird 成立以来，通过对行业方向的精准判断和对市场需求的精准把握，快速在移动测试领域站稳了脚跟，一直处于行业领先地位，并定义了多项新的行业标准。

2014 年 8 月，公司自创鹰眼识别技术，建立了突破手游自动化测试难题的云测试平台，成为全球第一家拥有手游自动化测试平台的测试企业；2014 年 9 月，工信部向公司颁发了“国家手游测试中心”证书；2015 年 1 月，首发《中国手游兼容性测试白皮书》，定义行业标准；同年 7 月，发布 Tracking 平台，为手游提供行业质量分析；2016 年 6 月，在中韩科技部举办的中韩创新创业大赛上勇夺冠军；同年 7 月，发布《2016 年手游测试数据分析报告》，总结分析了 16 年来手游质量概况；2017 年 1 月，通过 CMMI 3 级认证，荣获金茶奖“2016 新锐移动游戏服务商”大奖和金鹏奖“原创游戏最佳第三方服务商”，正式进军移动广告领域；2017 年 10 月，发布《证券测试白皮书》，为行业提供移动端质量现状分析；2018 年 2 月，全新发布 TROC3. 5 自动化测试平台；2019 年 7 月，荣膺 Google 一级代理资质和 Facebook 二级代理资质；2021 年 1 月，公司所制定的《2020 年手游测试白皮书》正式发布。一系列行业标准的制定，使得 TestBird 成为全球领跑的移动测试方案供应商。

“闻道有先后，术业有专攻。”TestBird 从一开始就紧跟时代的步伐，通过自身优势找准了市场方向，主抓用户需求深耕于企业服务，并在成为行业领跑者的道路上不断推陈出新，使实现企业价值与推动行业发展结合得相得益彰。成立八载，创始人李伟一直倡导“按贡献决定回报”“成就客户”“合作共赢”“开放创新”“信守承诺”的企业文化，这无时无刻不在激励着这个团队，相信 TestBird 将在未来的时光里、在更广阔的空间中，去探索、去飞行、去成长，展翅翱翔于世界移动互联网的浪潮之巅。

美幻科技：与时间赛跑的地震预警“国家队”

2008 年 5 月 12 日，一场突如其来的灾难降临四川汶川。

汶川地震的发生，让当时正在奥地利科学院从事理论物理博士后研究工作的王暾痛心疾首。跟很多身在异乡的中国人、四川人一样，那一天他是在打电话和刷新闻中度过的。看到地震给家乡带来的灾难和创伤，作为科技工作者，王暾开始思考两个问题：“怎么没有警报呢？我能做点什么吗？”他在网上搜到了很多关于地震预报的信息，了解到地震预报目前还是世界性难题，但是墨西哥和日本已经有了地震预警技术，不过在国内地震预警还是一片空白。

地震预警不同于地震预报。地震预报是在地震发生前对可能发生、但尚未发生的地震发出准确预测预报。地震预警则是依托在震中附近布设的观测台网，在地震发生后，利用电波比地震波快及地震纵波比横波快的原理，在破坏性地震波到达前，提前几秒到几十秒向公众发出警报，能起到逃生、避险、安定人心的作用。

相关研究表明，如果能提前 3 秒预警，伤亡率可降低 14%；提前 10 秒和 60 秒预警，伤亡率可降低 39% 和 95%。若是在学校、办公区、居住区、高速铁路、核电站、大型水电站等重要设施中使用地震预警系统，在破坏性地震波到来之前做好应急准备并让大型设施停止工作，可最大限度避免重大事故的发生。

“中国需要地震预警，那我就回国做地震预警系统开发。”把之前思考的两个问题结合在一起，王暾给出了最响亮的回答。王暾原是美国康涅狄格大学物理学博士，此前从未接触过与地震有关的领域，受汶川地震所动，他随后决定投身地震预警系统的研究。

那时没人能想到，在震中万里之外的奥地利，一位青年科研工作者的报国初心萌芽，即将让中国的地震预警事业迎来腾飞。

汶川地震发生一个月后，王暾毅然回国，在成都高新区创办了成都市美幻科技有限公司和成都高新减灾研究所，并由减灾所牵头建设了地震预警四川省重点实验室，植根于成都市、四川省，面向全国、全球，专注于灾害预警技术研发、成果转化及应用。

▷▷▷艰难开局——海归博士的报国初心

2008 年 6 月，王暾拿着自己多年的积蓄和向同事借的 300 万元人民币回了国，在满目疮痍的汶川地震灾区、余震区艰难开局，正式扎入“地震预警”这一片未知深海。但从 0 到 1 有多难，没有亲身参与的人，真的很难体会。在地震预警这一片空白领域里，组建核心团队开展完全自主创新的研究，难度不可谓不大，而由于地震是小概率事件，民众平时较少关注，也并不十分理解他们到底在做什么，甚至在一开始去人才市场招聘的时候，有求职者把他们当成了骗子。

在创业之初，团队最困难的时候，账户上只剩下 1 块 4 毛钱，连给车加油的钱都没有。但弥足珍贵的是，王暾坚持走在这一道路上，“以我的知识结构和知识积累来看，我认为地震预警可以实现。日本在 2007 年曾开发出一套地震预警系统，凭什么我们就不行?！若当年汶川能用上地震预警系统，它能从死神手上夺回多少生命?！”

因为这份执着，王暾和他的团队从未放弃初心和理想。此后几年，他们不是在震区搜集余波资源就是在办公室与数据作伴，团队夜以继日地工作，始终如一地坚持，减灾所终于迎来了希望的曙光。2010 年，“ICL 地震预警”系统雏形终于面世。王暾给这套系统取名 ICL，全称为 Institute of Care-Life，意为“关爱生命研究所”。这意味着减灾所在传感器选型、监测仪器安装、预警核心算法、预警信息的发布和预警信息的应用等都形成了自主的解决方案。ICL 地震预警技术系统是基于加速度传感器研发的一套预警技术系统，该系统通过对地震波波形的实时监测、处理和综合分析，实现地震预警的有关参数计算和估算，生成地震预警警报，实现了震后秒级地震预警信息发布。

▷▷▷四川智造——中国首条地震预警发出

事物的发展，总是波浪式前进、螺旋式上升的，新事物发展更是如此。创新之路上，没有哪一步是容易的。创新之难，不仅在技术之难，还在观念之难。

“ICL地震预警”系统雏形面世之后，团队随之面临两个重要问题：一方面，产品虽然做出来了，但技术还有待验证，这套系统是不是真的能发出预警信息，怎样才能把监测台站传感器装到地震多发区进行技术测试？另一方面，怎么才能找到并说服用户，让他们使用这个谁也没见过、谁也没用过的产品？

尽管创业路上困难不断，但是在四川省委省政府、成都市委市政府、成都高新区党工委管委会的坚强领导下，在各级各地组织部门、统战部门、科技部门、应急部门的大力支持下，一个个技术难关被减灾所攻克，一个个全新领域的应用陆续实现。随着技术的日趋成熟，“四川智造”“成都智造”的地震预警系统开始被越来越多的人了解和熟悉。

就在2011年4月25日，汶川地震发生后第三年，公众第一次看到了中国地震预警的模样。当时正在北京开会的王暾突然瞥到手机屏幕自动亮起，一行文字跳动于上，显示汶川正发生2.7级左右地震，这是ICL系统首次向公众发出的地震预警信息。“我们的产品是有用的！地震预警真的能成功！我们已经成功了！”王暾欣喜若狂，他终于有了信心：我们可以靠自己的地震预警系统拯救更多生命！

中国首条地震预警信息成功发布后，有媒体写下这样的标题：“以生命名义祝福成都地震预警试验成功”。这是“四川智造”“成都智造”地震预警系统第一次跑赢地震波，让中国成为继墨西哥和日本之后，全球第三个具备地震预警能力的国家。减灾所的发展赢得了全社会和中央高层的关注。这一年，减灾所在全国首次招募志愿者，通过手机、计算机接收预警信息，为地震预警系统提供更多数据支持。

2012 年 5 月，汶川、北川、茂县开展了电视地震预警试点，标志着中国首批电视地震预警启用。随后，中国首批 5 所学校开始应用地震预警服务。

同样是 2012 年，由减灾所和大陆地震预警网首次延伸到我国东部，打破了地震预警系统只服务于西部地区的现状。

▷▷▷中国力量——引领全球地震预警的科技公司

除了在应用领域、空间范围方面创新多个“中国第一”外，减灾所研发的地震预警系统作为一项科技成果，也得到了主管部门的权威肯定。2012 年 9 月，“ICL 地震预警技术系统”通过省部级科技成果鉴定。评审专家认为该系统处于国内先进水平，部分技术具有国内领先和国际先进水平。值得注意的是，这是我国首个通过省部级科技成果鉴定的地震预警技术系统，这项科技成果的鉴定也是对 2008 年汶川里氏 8.0 级地震发生后，在汶川灾区经过大量余震检验的创新技术的一个阶段性总结。

伴随着全社会越来越多的关心，也伴随着特定行业和普通公众越来越多的了解和关注，减灾所的地震预警事业发展驶进了快车道，他们在地震预警领域迈出的每一步，代表着国家在地震预警领域的进步。

近年来，由减灾所和大陆地震预警网已经服务于“一带一路”沿线国家。2016 年 4 月，大陆地震预警网与尼泊尔地震预警网实现跨国互联互通。2019 年 8 月，减灾所与印度尼西亚国家地震局联合开建印尼地震预警系统。

目前全球有 6 个国家具有地震预警能力，其中 3 个由“四川智造”“成都智造”的地震预警系统支撑。减灾所所长王暾连续参加两届由联合国教科文组织、世界气象组织举办的“联合国多灾种预警会议”，并在2019年会议上作为中国唯一发言代表介绍中国多灾种预警进展情况，发出全球灾害预警领域的“中国声音”。减灾所的灾害预警成果也受到联合国教科文组织防灾部门的高度肯定。

除此之外，减灾所还向多灾种预警领域延伸，整合“天-空-地-地下”多种传感器数据，实现多灾种、全区域、全渠道的灾害预警服务，探索灾害预警技术方案、标准体系、管理机制，致力于面向我国乃至全球的灾害预警系统建设，服务更安全的人类命运共同体。

可以说，减灾所和美幻科技已经代表中国走出国门，成为中国帮助世界其他国家进行地震预警的一种“希望”力量。

▷▷▷成都范本——中央地方联合支持的“国家队”

减灾所能在短短几年时间内从无到有形成中国地震预警技术、地震预警网建设、各领域地震预警应用策略等一整套地震预警领域自主解决方案，除了依靠自身的坚持和钻研，还离不开扎根之地成都市的大力支持。成都历来重视政府与社会、民众之间的协同互动和共建共享。为了鼓励人才来蓉创新创业，成都提出“青年创新创业就业筑梦工程”，这为海外的工科、技术等各类人才提供了充足的“用武之地”。作为成都高新区引进的海外归国人才，王暾成立减灾所后，陆续获得了成都市高新区的项目资金和人才扶持资金。在相关科技部门的大力支持下，减灾所不断攻破技术难题，取得了硬核成果，使得我国地震预警技术处于全球领先水平，让成都在灾害预警方面，走在了全国、全球最前沿，并在国内率先实现了政府与社会力量和民众的共建共享，将“四川智造”“成都智造”的地震预警系统推向全国乃至世界。

成都市柔性的环境为“官民合作”提供了想象空间。2020年11月20日，在中国地震局召开的地震预警座谈会上，中国地震局与成都高新减灾所签署了地震预警合作谅解备忘录，双方将深入合作、协同创新，实现地震预警技术共享和互联互通，打通中国地震局的地震预警网与成都高新减灾所的大陆地震预警网，共同建设中国地震预警“一张网”，打通地震预警“最后一公里”，并联合开展新一代地震预警科技创新攻关，切实发挥中国地震预警网的整体减灾效益。这意味着，未来我国的地震灾害预警将由政府、科研部门、科技型企业等多方面形成合力，有效推动地震预警行业发展，实现政企“合作双赢”。

2020 年 12 月 30 日，中国地震局地震预警技术研究成都中心在成都高新减灾所揭牌。双方将以该中心成立为契机，实现技术共享，共同组建中国地震预警创新团队，共同开展新一代地震预警科技创新攻关，共同研发“更快更准”的地震预警科技及应用，共同提升我国地震预警服务水平、扩大地震预警覆盖面，共同推进地震预警成为基本公共服务，提升我国地震预警能力。同时成都高新减灾所、四川省减灾中心、电子科技大学、四川省广播电视科研所、成都市地震监测技术中心结合各自优势，在地震监测和预警技术方面共同开展科学研究，在重大科技项目攻关、成果推广示范等方面取得了很好的效果。通过“产学研政”相结合，五家单位共同搭建省重点实验室研发平台，进一步整合四川省相关领域科技资源，解决地震预警领域的关键技术问题，为地震预警系统的建设提供技术支撑，对减少地震造成人员伤亡和经济损失具有重要意义。

由此，一个联合国家机构及多个省级、市级地方政府，服务全国乃至全球的创新联合体构成了，一个真正代表国家实力的地震减灾“国家队”成立了。减灾所牵头成立了四川省政府授牌的“地震预警四川省重点实验室”、成都市科技局授牌的成都多灾种预警工程技术研究中心；与中国科学院力学所、国家预警信息发布中心联合共建“多灾种预警国家重点实验室”；与中国科学院山地灾害研究所、地质灾害防治与地质环境保护国家重点实验室、百度集团等合作滑坡预警、泥石流预警、崩塌预警技术的产品化、提升多灾种预警技术；与小米、VIVO、OPPO、华为、TCL等厂家合作，实现了对手机、电视的灾害预警功能的系统级接入；与四川广电、四川移动合作，打通了灾害预警信息传递渠道，电视地震预警延伸至四川21个市州以及部分其他省市；加上以“大喇叭”和其他专用终端形式服务的重点设施、学校、小区等，目前已打通的灾害预警信息传递渠道可秒级触达数亿用户。

▷▷▷2021，再出发

成立13年来，成都高新减灾所从地震预警起步，全面发力灾害预警，灾害预警关键核心技术处于世界先进水平。截至目前，减灾所已形成世界领先的地震预警成果，其系统平均响应时间、盲区半径、震级偏差等关键核心技术均优于日本，处于世界领先水平。依托在地震预警领域的技术领先优势，减灾所主导制定了系列地震预警技术标准，获得了10项发明专利。截至2021年6月底，已连续成功预警芦山7级、九寨沟7级、长宁6级等63次破坏性地震。

基于地震预警技术和团队能力的自然延伸，减灾所针对滑坡预警、泥石流预警、山洪预警、山火预警等打造多灾种预警技术团队和核心技术体系，与国内外科研机构合作，开展面向生产安全的灾害预警核心技术研发，从地震预警成功延伸到多灾种预警领域。

截至2021年6月底，减灾所的多灾种预警系统已预警了160余次自然灾害，包括破坏性地震、滑坡、泥石流、沉降、山洪、山火等。

时至今日，地震依然是难以预测的，但这并不意味着人类只能坐以待毙。在墨西哥和日本之后，我国也有了自己的地震预警系统，减灾所一战成名，令人振奋。王暾和他的团队不会停滞不前，美幻科技、成都高新减灾所和地震预警四川省重点实验室将不断开拓创新，不断精进技术，与时间赛跑，与地震赛跑，与死神赛跑，为全人类的安全贡献力量。

中科大旗：数字文旅的创新者

21 世纪以来，随着国内互联网技术的迅速崛起，旅游业迎来了新的发展机遇，特别是在数字技术推动下，“智慧文旅”成为大势所趋。这让置身文旅行业多年的周道华开始思考，如何把握当下数字技术发展趋势，并将其应用于文旅行业。

想不如做，2004 年，周道华在成都创办了中科大旗。经过十几年的发展，中科大旗已成长为一家集“咨询规划、技术研发、建设实施、运维运营”业务于一体的国家高新技术企业，并朝着世界智慧文旅领先供应商和服务商进军。

▷▷▷建设“三网一库”

2004 年前后很多省市开展了“金旅工程”。所谓“金旅工程”可概括为“三网一库”，即机关内部办公网、办公业务资源网、公共管理与服务网和电子政务信息资源库。其核心是将原国家旅游局（现为文化和旅游部）与国务院办公网相连，为国家旅游局提供一个与国务院办公网和各部门进行安全保密和内部文件交换网络，实现内部办公自动化，达到安全的互联和信息交换目的，为有关部门之间的业务协同提供了网络支持和数据来源，是旅游部门参与国家旅游业信息化建设的重要基石。中科大旗成立之初刚好赶上了四川省旅游局“三网一库”旅游信息化建设。

中科大旗创始人员大多都是技术岗位出身，出于服务行业的初衷，他们直面行业的需求，解决行业的痛点。而那时的他们或许还没意识到，此时的商业思路和运营理念就已经走到了行业的前端。

四川“三网一库”工程最初只做了省级层面的建设，中科大旗决定要搭建一个省、市、区县于一体的平台，推动全省形成“一张网”。那个时候，中科大旗给这个计划起了个名字叫“集群”，如果放到现在可能就该叫“云”了。

覆盖到区县以后，中科大旗发现这个“集群”有几个明显的好处。其一是“低成本”，当时给区县做服务，中科大旗的成本是市场成本的二十分之一。因为对中科大旗而言，需要做的工作无非就是开一个账号给区县，再对信息员进行培训，这就意味着中科大旗的平台可以快速覆盖。通过和四川省旅游厅的合作，中科大旗在市、区县培养了一批操作娴熟的信息人员。到 2006 年前后，中科大旗的平台“大旗”已经插满了各个区县。其二是“高质量”，原来“三网一库”的信息主要源自各个地方向省、市发的邮件和传真，来源渠道少、范围窄。中科大旗通过区县平台的搭建，潜移默化地革新了传统模式。区县信息员先把消息传到区县网站，市级信息员筛选其中高质量的消息转到市级网站，省级信息员再把优质消息转到省级网站。通过区县平台、市级平台、省级平台三级联动、三位一体的搭建，中科大旗完善了“三网一库”的建设，解决了行业消息发布和信息推广的集约化问题，保障了消息发布的来源，扩展了消息发布的渠道，拓宽了消息发布的范围。

中科大旗甚至在这个“集群”中加上了横向的项目消息交换，让区与区、市与市之间可以交换发布信息，这样消息发布的范围就更广了。通过“三网一库”的建设，中科大旗的服务范围涵盖了整个四川省。

中科大旗通过“三网一库”平台建设，在四川文旅行业扎下了深根。2007 年，中科大旗旗下的“四川省旅游信息服务平台”项目荣获四川省科技进步二等奖。“四川省电子政务服务集群平台”更是连续 5 年荣获“中国优秀政府门户平台”称号。

▷▷▷电子商务分销平台创奇迹

“7 天 7 夜！我印象很深刻，那个时候用了 7 天 7 夜，争分夺秒才通过建档案的方式把受困于灾区的旅行社、团队、旅游车辆找到。”周道华说，“那个时候我们没有别的办法，只有挨个打电话，可电话也打不通，要把消息传回去就更难了。”

汶川地震让周道华看到了当时旅游行业的脆弱，强烈的社会责任感让他深刻认识到行业新的需求。如何提升文旅业的管理水平？如何提高旅游业的应急处理能力？这两个问题在周道华的心里埋下了种子。但以当时的技术条件，周道华心中的这颗种子没法迅速开花结果。

2008 年年底，震后的景区恢复了营业状态，但营业额却一直无法恢复到震前的水平。一些景区管理者找到中科大旗，问能不能帮景区把票卖出去，把生意做起来。“三网一库”做的主要是景区宣传工作，灾后的行业景气重建，是中科大旗第一次参与文旅产业的销售环节。中科大旗先采用传统的方法，在报纸夹页里投放广告，但生意冷清的景区当时付不起广告费，超前的营销理念和对行业需求的敏锐嗅觉又一次让中科大旗走到了时代的前面。中科大旗直接从景区换到了同广告费等价的门票，再通过报纸的精准投放，把广告投放的范围精确到小区，自己卖起了门票。中科大旗从景区那里拿到的门票是打过折的，而售卖时还可以再打一次折，这样的价格优势使得景区门票的售卖过程十分顺利。

中科大旗从纸质媒体开始玩起了“O2O”，当时只当这是门生意，景区需要有游客提供活力，报社需要卖广告，中科大旗把两边撮合起来，用更低的价格卖门票，根本没有想到后来会变成一种商业模式。

2009 年，旅游业迎来了“报复式”反弹，从景区换来的那些门票很快就卖完了。通过中科大旗的催化，景区卖出了门票，报社拿到了广告费，消费者省了钱。

但使用纸质票会引发很多问题，比如私刻公章、私印门票，而传统纸媒的宣传力度也有上限，很快印制的传统门票就被电子票代替，而中科大旗也做起了自己的分销系统，整合了广告资源、票务资源和用户资源。

通过这个电子商务分销平台，只用了两年的时间，当时只有20多个员工的中科大旗就做到了1亿多元的销售额，这在当时算得上是一个小小的奇迹。

▷▷▷大力构建旅游数字化平台

2013年，四川省旅游局希望能通过数字化的手段提高行业的管理水平和应急能力。经过时间的沉淀，成功的浇灌，失败的冲刷，经验的施肥，2008年在周道华心中埋下的那颗种子，已经扎深了根，现在时机成熟，冒出了芽。中科大旗很快参与进去，开始主持构建“四川省旅游运行监管及安全应急管理联动指挥平台”。

还是从需求出发，从文旅行业的管理和游客的生命财产安全入手，中科大旗做了一个“小应用”，一方面整合了旅行社、导游、大巴和游客的信息，再通过GPS绑定大巴的信息，形成电子行程单，电子行程单不但能掌握旅客的具体位置，还能了解景点的实时人数。另一方面通过把旅游大巴的监控视频传输到平台端，管理人员可以看到大巴车内的实时影像。面对各种突发情况，真正做到“看得见、联得动、呼得应、调得动”。后来九寨沟的地震，通过这种方式，用不到半小时，平台就掌握了每一位旅客的具体信息。

这是中科大旗第三次走在了行业的前面。他们在建设旅游运行监管及安全应急管理联动指挥平台时，就已经开始运用如今的“大数据”思维来解决行业管理的问题，中科大旗就这样成为“大数据”领域的先行者。

2015年“旅游运行监管及安全应急管理联动指挥平台”项目获得成都市人民政府颁发的成都市科技进步三等奖；2016年中科大旗获得了主导为国家旅游局建设“国家旅游产业运行监测与应急指挥平台”项目的机会，并顺利地完成平台建设；2017年“基于大数据的旅游产业运行监测平台”项目获得四川省科技进步二等奖。同年，中科大旗参与了国家旅游局《国家智慧旅游建设技术标准指导规范》《国家涉旅数据共享交换标准指导规范》等顶层政策和标准的编制。

旅游运行监管及安全应急管理联动指挥平台的建设和前十年打定的基础给了中科大旗“走出去”的机会，为国家文旅行业做出了贡献，打响了大旗的名号。

“我建立这个平台，不求所有，但求所用。就是想通过这种方式提升行业的管理水平。”周道华表示，自己通过技术手段为社会做出了贡献，他很自豪。

▷▷▷人工智能赋能景点管理

随着景区管理能力上升，中科大旗通过应用人工智能和机器学习，把数字化管理运用到了景点管理之中。

像都江堰安澜索桥这样的景点，没有办法在四周设置监控摄像头，更不可能在两岸设置门禁点，但为了做到景点游客流量监控，都江堰景区找到了中科大旗。

实地考察以后，中科大旗发现这是一项有难度的技术工程，好在有泸定桥游客监控的经验，中科大旗决定在索桥两岸架设红外线等辅助装置，通过复杂的机器训练和机器学习，仅用了15天，就对索桥上实时人流量的监控做到了97%的准确率。

对中科大旗而言，能在15天的时间里解决安澜索桥流量监控难题，一方面得益于宝贵的技术处理经验，另一方面更是得益于企业的科研人才团队。近几年来，中科大旗积极运用成都的优势人才资源，不断与电子科技大学、四川大学等成都当地高校展开合作，通过产学研的联动在核心技术上取得了长足的突破。

“我觉得创业者就是一个‘三明治’模型，身前是我的客户，身后是我的员工，而我所有的决策行为所坚持的原则就只有一条：‘成就客户、幸福员工’，凡是可以为客户创造价值的我们要坚持去做；凡是可以为员工创造美好幸福生活的，我们要坚持去做。我认为这是任何一个创业者在创业过程中都应该坚守的原则，当然在这样的坚持下个人价值也就自然实现了，跟我当年‘做点伟大的事情’的创业初衷也算一脉相承了。”周道华如是说。

一直以来，成为一家“让人尊敬的文旅高科技企业”就是中科大旗的愿景，他们给自己赋予了让文旅产业“更智慧”的使命。这十几年来，通过文旅创新事业对社会做出了贡献，中科大旗已然成为一个让人肃然起敬的科技文旅企业。

在安澜索桥游客流量监控系统搭建完成几天之后，中科大旗收到了来自都江堰景区的感谢信。

▷▷▷致力于四川文旅产业的“新基建”

2020年，四川省委十一届八次全会明确提出，要在“十四五”时期基本建成文化强省、旅游强省、旅游数字大省。朝着这个目标，中科大旗从产业的高度思考解决问题的方法，而他们目前给出的答案，就是把文旅产业做成“新基建”。

周道华所理解的“新基建”就好像景区里的自来水龙头，景区把这个开关打开，服务就会像自来水一样涌出。中科大旗依托智慧文旅时代所形成的“四朵云”，围绕文旅产业政府端、企业端和公众端的共性需求，构建起了“文旅产业生态操作系统”（文旅产业“新基建”），依托云计算、大数据、物联网、移动互联网（5G）和人工智能等新一代计算机技术，以开放互联为指导思想、以面向文旅行业领域的关键共性技术能力建设为核心（即中台）、以文旅行业信息化应用为重点，培育文旅行业的应用开发生态和运营生态，形成了“云+中台+应用”的新型的、开放协同的、共生共赢的“智慧文旅产业生态共同体”。

又一次走到了产业的最前端，又一次踏入了产业的深水区，但这次面对的研发压力却比之前做应用时大得多。

“说是‘操作系统’可能有点大，或许几年以后这套系统会被赋予专业名词，但我们的目标就是做成这个样子。当客户需要什么，我们就能提供什么，我们把底层做好，然后做成开放的系统和合作伙伴一起完成。”周道华坦言。

如果平台能够建成，文旅行业的成本能迅速降低，而工作效率能得到大幅度提升，原来两三天才能完成的数据整合可能半个小时之内就能完成，这对整个文旅行业来说是一场新的革命。

瞄准了用户的需求，中科大旗，朝着四川乃至全国的文旅“新基建”，扬起了出发的大旗。

▷▷▷迈向时代新需求：数字之旅

通过多年行业积累和技术沉淀，中科大旗完成了“项目产品化、产品平台化、平台云化”系统软件产品发展之路，形成了基于 SaaS 模式的“三朵云”。

如今中科大旗已经成功为国家文化和旅游部、26 个省份、88 个市级文旅主管部门及上万家景区、酒店、博物馆、农家乐等文旅企业提供了优秀的、覆盖智慧文旅产业链各个节点的行业信息化解决方案和服务。

立志于成为智慧文旅产业生态链的建设者、创新者、引领者。这对中科大旗来说绝不是一句空话，数年如一日，从来不需要什么行业模式或者特定名词。在建设“三网一库”时，发现传统方法成本太高、信息太少，就从区县开始建立三位一体的“云平台”；震后帮助景区恢复景气时，因为景区需要游客又缺少资金，就从传统纸媒开始做起了“O2O”，又因为纸媒效率太低、纸质票问题太多，建立起电子分销平台；在搭建旅游运行监管及安全应急管理联动指挥平台时，为了提高管理水平，为旅游提供人性化的旅游信息服务，大旗自然而然就想到了整合数据信息，用“大数据”解决了问题；传统手段无法解决景点人流监控，那就创新手段，使用人工智能解决客户需求。如今，文旅产业产出效率亟待提高，但只要客户有需求，中科大旗就会出现。

曾经有人这样说过，当面临职业选择时，如果这个职业能让你赚很多钱，或者让你足够喜欢，或者你觉得自己能干出一番大事业，只要三点能满足两点时，你就应该选择这个职业。对普通人而言，能同时满足上述三点要求的职业，实在是可遇而不可求，但科技文旅行业之于中科大旗的董事长兼首席架构师周道华，确实是满足了这三个要求的完美职业。

“我特别喜欢软件园的这种氛围，就像一个学校一样，早上过来学习工作，中午一起去食堂打饭吃饭，回来再继续学习工作。我在读书的时候就想着以后要做软件，从那时起就特别喜欢周围的人跟我一样都在做软件的这种感觉。”幸福感和满足感随着这段话语，从周道华的内心弥漫了出来，“就是因为喜欢做软件，所以我能随时随地都在想着这个行业的需求是什么。”

进入新时代，中国文旅行业点多面广、覆盖性强、带动性强的特点进一步放大。

“数字+”“文旅+”成为诸多新业态的代表，越来越具有发展潜力，对中科大旗而言，数字文旅的道路还有很长，只有坚持始终如一，把握好用户需求、对症下药，找对问题、解决问题，才能继续扛起数字文旅产业的创新大旗。

麦麦养老：智慧养老的先行者

2020年，中国60岁及以上老年人口在已经达到了2.6亿，有数据预测到2050年我国老年人口数量将达到4.83亿。庞大的国内养老需求必须依靠全社会的力量来解决，这就要求建立健康有序的养老市场。2013年，国务院出台了《关于加快发展养老服务业的若干意见》标志着养老市场正式向社会资本开放。在此背景下，成都天府软件园咕咚运动的办公室里，几个从事硬件开发的技术人员看到了这片广阔的产业蓝海，在成都成立了麦麦养老，开启了他们智慧养老的创业之路。

▷▷▷从咕咚运动中独立出来，开启创业之路

2014年是中国养老产业正式开启之年，这一年麦麦养老团队完成构建并从咕咚运动中独立出来成立成都麦杰康科技有限公司，开始自主创业。公司专注智慧照护服务，借助智能可穿戴设备、移动互联网及物联网技术，为机构养老、社区养老及居家养老提供全面智慧照护解决方案。成立之初，这个团队连自己的办公地都没有，他们就借用咕咚运动的硬件办公区搞起自己的产品研究。

在成都高新区的支持下，麦麦养老通过“一企一策”的租金优惠，以较低的价格租赁到理想的办公场地，搬进了天府软件园B7栋的创业场孵化器。

刚从咕咚运动独立出来，麦麦养老团队一心扑在产品的开发和软硬件测试上。这群只懂技术的大男孩，并不熟悉企业经营，也不清楚如何寻找融资机会。就在他们为公司管理和融资事宜焦头烂额时，意

外发现，软件园创业场经常在园区组织投资人举办各类交流活动，他们马上积极投入活动、参与交流，从零开始学习如何路演，学习积累投资者的人脉，学习管理技巧。通过软件园提供的机会和自己不畏艰辛的努力，2015 年，麦麦养老拿到了北京同渡资本 1 000 万元的天使投资。

拿到投资之后，麦麦养老继续精进自己的软硬件设备，研发团队靠着在咕咚运动制作智能穿戴设备的经验，终于打造出了自己的第一批产品。

▷▷▷智慧养老的首次探索

老年人由于身体机能随着年龄增长逐步下降，进而导致步态失调、视力减退、恢复能力下降等问题，面临的意外风险也越来越高。其中，摔倒是老人最常发生的意外，可能会诱发严重后果，但如果救助及时、处理得当，伤害会大大减轻。那么在无法 24 小时陪伴照顾的情况下，如何在第一时间准确得到老人摔倒等意外状况发生的信息，并及时为老人提供点对点帮助就成了子女和专业养老机构在照顾老人时最亟待解决的问题。

麦麦养老的第一批产品中有一款带有摔倒检测功能的手环和一款辅助护工点对点帮扶老人的信号传输系统，就是专门为解决这些问题而研发的。监护手环会在老人摔倒的第一时间自动向距离最近的护工发出救助信号，团队对监护手环摔倒信号的识别准确度和信号传输的稳定性有着严格的要求。信号传输系统则是由老人身上的信号发送器、信号传输器、护工身上的信号接收器组成，当老人遇到突发状况时，只需按动胸牌，报警器就会启动，为了让老人在遇到困难时更加稳定、快速、精确地向护工传达信息，团队非常关注信号传输系统的传输距离和信号穿透力。

在研发实验室内，麦麦养老通过让实验者倒向地面来测试手环跌倒检测功能的准确率，结果非常喜人。测试人员走出实验室来到软件园办公场地中进行测试时，信号传输系统能穿透五层楼，甚至能发射到一千米之外，两款产品的开发似乎都进展得非常顺利。然而模拟终究是模拟，为了让产品在实践运用的场景里得到更好的验证，麦麦养老主动与成都市政府接洽，希望能把新研发的两款产品用在真实场景之中。成都市政府欣然为麦麦养老提供了软硬件应用的第一个场景——住有500多位老人的都江堰市社会综合福利院。

通过一段时间在真实场景内的数据收集，大家发现手环的误判率非常高。具体来说每个老人每天平均会有1.2次的误报。这是因为手环无法过滤老人打麻将时摔牌、用力拄拐杖等大动作行为。虽然手环能对老人跌倒的情况准确识别，但如果无法过滤老人的正常行为，对于养老院来说就会大大增加护工的无效工作量，降低护工对硬件的信任度，甚至损耗护工的工作积极性，最终导致老人真正跌倒或发生其他危险情况时无法及时应对。在技术壁垒彻底突破前，为了避免造成“狼来了”的乱象，麦麦养老决定只打开手环的记录功能，关闭手环的跌倒报警系统。

“我的奶奶在晚上去上厕所时，被门槛绊倒，第二天父亲发现她时，已经太晚了。”李光朋回想着，“所以我觉得，摔倒检测这件事，虽然很难，但值得我们花一辈子去研究。”

2021年，麦麦养老的手环项目终于迎来转机。通过与阿里巴巴合作，麦麦养老借助视频、红外线或激光雷达等工具，融合5G的边缘计算等方法，寻找能够精准识别老人跌倒的最终解决方案。另都江堰市社会综合福利院是按照抗震八级标准建造的，实验室环境里穿透力极强的信号传输系统在面对钢筋混凝土时，其穿透能力和传输距离受到极大的挑战。通过一年多的试验，麦麦养老用增加信号传输终端和增强信号传输能力的方法，基本解决了信号传输不够远的问题。据收集到的数据显示，通过这套智能设备，平均只需要90秒就能有护工赶到发出警报的老人身边。在一次次的实地实验中，麦麦养老迅速积累了经验，也正是这些经验帮助他们打造出了更好更丰富的产品。

2017年，带着基本完成的产品，在软件园的推荐之下，麦麦养老开启了自己的A轮融资，获得了招商局投资的3 000万元；在A+轮融资时，麦麦养老引进了成都高投和允治资本。

同年，麦麦养老入选全国新互联网公司300强（排名第200名），是国内唯一入围的智慧养老企业。

2017年，麦麦养老入选年度商业影响力医疗健康领域新锐企业TOP5。

▷▷▷智慧护理取得成功

虽然麦麦养老短时间内就在智慧养老行业取得了不俗的成绩，但他们的研发并没有停下，新产品居家安全照护“神经元”体系，通过在长者家中放置物联网传感设备对长者房间情况、活动状态、环境变化进行全方位24小时监测，发挥主动预警的功能。另外，通过智能床垫内的传感器，可以得到老人睡眠时的身体数据信息，他们将老人作息时间收集起来，运用机器学习计算，掌握老人作息规律，辨别出老人的异常行为，捕捉危险信号。如老人夜间离床时间太久或与平时起床时间对比过晚，传感器便会按等级识别为危险信号通知家属或护工，便于即时监护。同时，考虑到老年人认知能力减退、学习能力下降等情况，麦麦养老所有供给老人使用的产品设计都非常人性化，没有烦琐的操作流程，接受门槛极低，有电即可用，上手即能掌握。

在呼叫服务、主动预警和精细管理的基础上，麦麦养老又建立了健康评估、照护计划、电子健康档案、子女互动等一整套护理系统，以“智慧照护”为核心，将养老机构内参与到日常照护服务中的四个角色：长者、护理人员、管理人员和子女家属通过“健康云”联系起来，为每个角色提供相应的软、硬件设备，实现六大核心功能。由此帮助养老机构解决了三大问题：第一，及时发现意外情况，降低了运营风险；第二，通过科技辅助护理工作，提高了工作效率；第三，搭建对外沟通平台，做好了养老院的品牌建设。

2017 年产品成功出口芬兰、日本等养老发达国家，麦麦养老也成为国内第一家实现由国内向国外反向技术输出的智慧养老企业。2021 年，麦麦养老研发的这套“智慧照护”软硬件产品已掌握 39 项核心技术，获得国家 28 项知识产权，其中基于学习型算法的 9 项发明专利为国内外首创，软硬件产品通过欧盟 CE、RoHS 和 ISO9001、IEC60950 系列认证。

▷▷▷开创社区养老新模式

在 2017 年完成 A 轮融资后，麦麦养老在北京、上海、广州设立全资子公司，依托重点城市积极拓展全国养老市场。与万科、复星、德国安联、中信国安、中铁国际、光大汇晨、中民投、邻里家、花样年等 60 多家国内外知名养老企业达成战略合作关系。

2017 年以来，麦麦养老每年的市场增长率在 100%左右，即使在 2020 年养老行业整体下行时，麦麦养老的产品也做到了逆势增长，满足不同阶段养老企业需求、匹配养老行业多业务形态。

“我们经常自嘲，作为一家养老公司，我们能活 6 年，已经很了不起了，但作为一家互联网公司，做了 6 年，做成这样并不是很理想。”李光朋笑着说。业务覆盖北京、上海、广州、成都、天津、宁波、杭州、石家庄、贵阳等 30 多个城市，养老市场占有率全国第一，无论怎么看麦麦养老都做得相当不错了。

当前，我国养老产业的基础建设和行业规范还有待加强，据民政部统计，全国养老行业专业护理人员缺口达到 1 200 万以上，养老服务面临运营风险高、护理人员严重短缺、护理工作繁重、服务标准缺失、信息化建设薄弱、市场美誉度低等问题。2017 年国内有近 36 万家社区养老服务设施，总体来看，普遍存在着盈利方式匮乏、获客难度大、运营成本高、服务难以标准化等问题。

关于养老问题究竟该如何破局，国家、地方、行业都在不断探索。中国呈现的养老模式主要为“9073”模式，即90%的老人居家养老，7%的老人在社区养老，3%的老人在养老机构养老。麦麦养老坦言，之前只能在机构养老市场找到合适的商业模式，而面对剩下的97%的老人，虽然有些思路，但还需要继续摸索合适的、可靠的运作方式。

经过不断探索和试水，面对社区养老人群，2018年麦麦养老在借鉴互联网的S2C思路的基础上，整合资源S端通过B端为C端赋能，即社区养老S2B2C新模式：S端，强大的供应链平台；B端，社区养老门店；C端，社区老人。通过政府扶持、社会参与、市场运作，以社区为平台，整合社区内各种服务资源，为老人提供助餐、助洁、助浴、助医等服务。麦麦养老提供会员管理、消费管理、健康评估、长者子女微信端推送、集团化管理、门店推广六大核心功能，为社区养老门店增值赋能。通过建成供应链平台将社区门店与社区老人链接起来，打通社区养老到居家养老的“最后一公里”，使社区门店能够为居家长者提供深度服务，为社区养老商业化运作提供了新的解决方案。

“现在政策环境越来越好，政府对养老行业的关注度越来越高，大资本也都开始观望养老产业，我们麦麦养老也能看到越来越光明的未来了。”李光朗说。

人人为我，我为人人，虽然养老行业有着开阔的前景，但开拓者的艰辛只有他们自己才能清楚地知道。而支撑他们的除了那对光明未来的向往，更重要的是想让每一位老者都活出尊严的“使命感”和始终不变的“初心”。

硅宝科技：立足新材料，争做细分领域冠军

四川是中国有机硅材料工业的发源地。1965年三线建设时期，北京、上海、沈阳等地的几个研究院所，合并内迁四川腹地，组建了晨光化工研究院。该院主要从事有机硅、有机氟等材料的技术开发、应用研究和生产，当时这些材料主要用于军工产品。现在，晨光化工研究院依然是我国有机硅高分子新型合成材料的研制和生产的重要基地之一。

在这样的行业背景下，诞生了许多同领域的民营企业，硅宝公司就是其中的佼佼者。

硅宝公司的主营业务是生产有机硅密封胶和制胶专用设备两项，股东大都是有机硅密封胶行业的专家，因此对于他们来说，技术方面基本不存在问题，问题仅在于捉襟见肘的资金。没有融资渠道，创业初期只有股东们东拼西凑的50万元注册资金，连购买设备和原材料、支付房租和员工工资等的基本开支都难以应付。在如此困难的情况下，公司依然坚持技术创新，申请了多项发明专利和实用新型专利。

刚成立的硅宝公司还不具备大规模生产密封胶的能力，仅依靠股东们在沿海企业做技术服务、技术顾问时的积累才逐渐起步。公司董事会秘书郭斌说："刚成立的时候，我们主要是卖密封胶专用设备和密封胶生产技术，做得很成功。国内大型的密封胶生产企业基本上都采用我们的专用设备。我们的第一桶金就是这样赚来的。"

5亩（1亩≈0.666 7公顷，下同）地、8位创业者，是硅宝公司1998年成立之时的情景。这8位创业者见证了企业的成长。怀揣创业梦想的他们渡过了公司最艰难的时期，迎来了硅宝的第一缕曙光。如

今，硅宝公司依靠技术创新，拥有了有机硅密封胶的众多专利，成为参与制定密封胶行业标准的企业，奠定了硅宝公司在中国密封胶领域的地位，成为四川乃至中国新材料行业第一家创业板上市企业。

▷▷▷高新区助力硅宝扩张

2002—2003 年，硅宝公司迎来了发展史上的转折：2002 年，硅宝公司通过了“国家经贸委硅酮结构密封胶生产企业认定”；2003 年，硅宝公司被评为“成都市优秀高新技术企业”，其制胶专用设备被法国罗地亚公司选购。

硅酮结构胶主要用于建筑玻璃幕墙。大型及高层玻璃幕墙建筑对结构胶的质量要求非常高。如果结构胶质量不合格就会导致玻璃脱落，造成严重后果。因此，国家开始对此类产品的生产进行强制认证。2002 年，全国共有 8 家企业通过了生产认定，而西部地区只有硅宝一家。

2003 年，成都市要认证一批高新技术企业。对于硅宝这样一个小公司来讲，如果能被认定为高新技术企业，势必会让企业跨上一个新的发展台阶。郭斌说：“当时我们没有信心，因为公司很小，但是我们有很多专利，发展势头也非常好，所以政府就给了我们机会。”

在获得殊荣的同时，企业也走上了快速发展的道路。硅宝公司成立以来，坚持“技术不断创新，品质精益求精，服务及时有效”的经营方针，销售额逐年翻番。2003 年，硅宝公司的销售收入已达 2 000 多万元，工厂占地面积从最初的 5 亩地，扩建到了近 20 亩，并招聘了一批高校毕业生。

2006 年，原有的 3 000 吨产能已供不应求，即便机器 24 小时运转也不能满足市场需求，大批订单在排队等候。原材料、设备、产品也已经没有地方安置存放。2006 年年底，摆在硅宝股东面前的首要问题就是买地扩建，提高产能。然而，当时成都高新区已经没有土地可用。硅宝公司准备搬到其他工业园，并且已经缴纳了土地出让金。

成都高新区领导得知硅宝公司要搬走，对此非常重视，多次到硅宝考察，并召开会议专门商讨对策。最后，高新区领导决定将一家公司闲置的70亩土地协调给硅宝公司，并且通过中小企业担保公司帮助硅宝融资500万元。经过两年的建设，硅宝公司于2008年年底迁入新的生产基地，2009年硅宝公司产能已达万吨。郭斌说："当年，如果没有得到成都高新区在土地、资金、规划建设等各方面的支持，硅宝公司就不可能发展得这么快!"

▷▷▷标准为王

20世纪90年代初，有机硅密封胶开始进入中国建筑装饰行业。当时中国有机硅密封胶市场全部被欧美公司垄断。郭斌说："当时，国外公司出口到中国的产品，其质量都不是最好的，并且价格很高，但是我们又没有办法掌握这个市场，因为当时没有中国的标准来限制它们。"

在国家标准化管理委员会的召集下，硅宝公司的人员参与编制了国家标准《建筑用硅酮结构密封胶》(GB16776-2005)。"当时参与编制的共计16个人，其中密封胶专家7人中有3个就是硅宝公司的人员。"郭斌提及此事依然兴奋不已。之后，硅宝公司又参与了一系列国家标准或行业标准的制定，成为参与制定密封胶国家标准或行业标准的主要企业，奠定了硅宝在中国有机硅密封胶领域的领先地位。

如今，中国市场上的大部分有机硅建筑密封胶产品和密封胶生产专用设备都是国产的，硅宝公司无疑是其中的龙头企业。其产品不仅畅销国内，还远销欧美和中东。郭斌满怀信心地说："我们的产品能出口到国外，说明它完全符合国际标准。"

参与北京奥运会工程是硅宝公司发展历程中一个重要的里程碑。该工程中有很多标志性建筑，如国家体育馆"鸟巢"等。这些建筑对密封胶的性能要求很高，需要具备防火、耐候等性能。国内只有硅宝公司的产品拥有多项专利，符合奥运工程的严格要求。为了能够拿下这张“贵价门票”，硅宝公司和美国某跨国公司展开了激烈的竞争。双方的产品质量不相上下，最终，硅宝公司的产品凭借着高性价比、本土化，以及更加周到的服务等优势，在竞争中胜出。

“我们和美国某跨国公司竞争获胜后，很多媒体说我们给中国企业争了光，但是，如果没有过硬的技术和高质量的产品，我们连竞争资格都没有。”郭斌认为。

▷▷▷川内第一家创业板上市企业

2008 年 2 月 18 日，是郭斌最为难忘的日子。这一天，时任高新区管委会副主任对硅宝公司的领导说：“国家要启动创业板，根据你们公司的科技含量、人员结构、增长势头，我认为上创业板非常合适，你们要积极准备。”

国家要启动创业板，但是相关事项还不清晰，企业也没有太强的意识。郭斌说：“当时，硅宝公司的各项经济指标虽然能够上中小板，但是几乎没什么希望。硅宝能够这么快上市完全得益于高新区领导的正确指导、建议和鼓励。”

在相关政府部门的支持下，2008 年 9 月，硅宝公司启动了创业板上市准备工作，开始与各中介机构接触。

成都高新区筛选了十几家重点企业作为创业板上市公司培养对象，并且专门成立了金融办来负责此事。硅宝科技在推进上市方面，对各项准备工作都踏实、稳健、有序进行，最后从这十几家企业中脱颖而出，成为第一批上报上市资料的企业。

2009 年 10 月 30 日，硅宝公司在创业板正式挂牌上市，成为四川乃至中国新材料行业第一家创业板上市企业。

在创业板的成功上市，对硅宝科技来讲具有里程碑式的意义。硅宝借此契机，将进一步推动公司全面提升，提高公司的综合实力，增强中国有机硅密封胶与国外品牌之间的竞争力，树立起中国有机硅密封胶在国际市场上的形象和品牌。

成都硅宝科技股份公司成功登陆资本市场，也掀开跨越发展的新篇章。

▷▷▷不断创新

2018 年既是国家改革开放 40 周年，也是硅宝科技成立 20 周年。20 年时间里，硅宝科技从一家以生产制胶专用设备为主的创业公司，发展为业界名声显赫的领军企业。

已成为业界标杆的硅宝科技，可以说是硕果累累，但它并不满足于此。硅宝科技公司董事长王有治在接受新华社的采访时说道："硅宝科技立足以有机硅材料为主的高分子新材料行业，重点拓展产品在建筑、汽车、新能源、轨道交通、工业防腐、锂电池等领域的应用，朝着有机硅材料国际知名品牌的目标不懈努力。"

就拿炙手可热的电子电器行业来说，电子产品已经成为人们日常生活中不可或缺的事物，而印制电路板是电子产品的重要组成部分，其稳定性更是判断电子产品好坏的关键。硅宝科技加大开发投入，开发出了"有机硅电子披覆胶"，此产品具有无溶剂、黏度低、粘接性能好、与加成型产品接触不中毒，以及"三防"（防潮、防霉、防盐雾）等性能优良的特点，大幅度提升了印制电路板的稳定性。2018 年 12 月，硅宝科技"有机硅电子披覆胶"顺利通过了行业专家的权威鉴定，被认为技术创新性极强，性能已达到国际先进水平，填补了国内同行业的空白。目前，该产品已经广泛应用到电子通信、新能源汽车电池、太阳能光伏组件、充电桩等领域。

随着全球新能源汽车产业呈现爆发式增长，动力电池前景广阔。硅宝科技看到了这一趋势，在新能源汽车领域牛刀小试。企业潜心钻研锂电及相关电子电器领域所需的各类密封材料，斩获了“2018 中国锂电行业年度竞争力”大奖，既助力了国内锂电行业的健康稳步发展，又标志着企业向新能源材料行业扩展迈出了重要一步。从过去到现在，硅宝科技高瞻远瞩，放弃短期盈利，重视长远利益，在稳中求进中成功扩张版图。

2019 年，硅宝科技获批建设了四川省有机硅橡胶制备技术工程研究中心，并被评为工业企业知识产权运用试点企业。同年，硅宝科技新增了“汽车车灯用反应型聚氨酯热熔胶”“高比容量锂离子电池硅/碳复合负极材料”两项新产品新技术鉴定成果，均被鉴定为国际先进水平。另外，由硅宝科技牵头承担的“十三五”国家重点研发计划“新型功能性复合弹性体制备技术”项目，顺利通过了国家科技部组织的中期检查。硅宝科技认为，实施该项目无疑将提升我国橡胶产业的技术创新能力，促进产业转型升级，将推动有机硅行业在新领域的发展，为我国基础材料提升和产业化提供强有力的支撑。

创新之城

产业是先导，城市是载体。成都，在立体构建产业链条、奋力发展新经济的同时，也依托自身丰富的自然资源，建设起美丽宜居的公园城市。在成都，梦想可以被照亮，多元文化可以被包容，工作和生活可以相互平衡、融为一体。这是一座蕴藏无限机遇与活力的城市，一座真正来了就不想走的城市！

第五章
传统之变

以红旗连锁为例，它从国营红旗商场转型升级为“连锁+互联网+金融”的社区便民综合服务平台，成为城市智慧治理的有效组成部分。理念之变、技术之变、服务之变融入红旗连锁蜕变的全过程。如今的红旗连锁可以看作是传统企业转型升级的一个样板。

发展脉络总览

休闲只是成都的表象，发展才是成都的内核。熊猫、竹林、麻将、茶馆、美食，慢生活一度是成都的城市名片，但如今，成都常住人口超过1 600万，服务人口超过2 200万，直逼北上广深；2020年，成都经济总量超1.77万亿元，在全国、中西部和副省级城市中分别位居第7、第2和第3位，成都的快发展实在是让人印象深刻。

平地一声雷，摩天大楼从菜地中拔地而起！成都的变化可能真的就有这么快，这些年来成都的崛起不仅体现在经济繁荣和名声大噪上，更体现在打破城市空间制约的“成渝双城经济圈”“成德眉资同城化”战略布局上，从向西延伸做区域中心城市到依托中欧铁路深入欧洲腹地，向南延伸扩散到东盟各国，成都已经构建了7条国际铁路通道和5条海铁联运通道，连接境外59个城市和境内20个城市，更体现在人城融合、贴近自然的“公园城市”愿景上。成都已经跳出了西部思维，站在世界高度看成都，它已经成为全世界重要的经济中心、科技中心、金融中心、文创中心、对外交往中心和国际综合交通通信枢纽，成都之变体现在方方面面。

而成都的企业也继承了成都的城市基因，在蓉城大地上谱写着锐意改革奋发进取的新篇章。对于公司和企业来说，打江山难，守江山更难，在这个信息化的新时代，科技的发展日新月异，挑战和困境层出不穷。没有任何人可以总结出一条必胜的企业发展路径，但即使行业和发展程度不尽相同，我们却还是可以从那些成功的企业身上看到类似的闪光点。

中国建材集团引领了行业，不断推进供给侧结构性改革，实现了水泥业务的做优做强，为其快速成长奠定了基础。中国建材集团与中国中材集团重组后，确立了水泥、新材料、工程技术三足并进的战略思路，并进一步加快自主研发和科技创新步伐。成都中建材依托中国建材集团在世界建筑材料行业的领先技术与市场优势，致力于碲化镉弱光发电玻璃的研发与产业化，突破了技术瓶颈，具备了行业领先的技术技能，在国家战略的引领下，公司完成了光电材料上下游产业链整合，未来成都中建材将以碲化镉发电玻璃为核心，助力碳中和、碳达峰，成为绿色经济的新发展点。

2003 年，国家烟草专卖局改由国家发改委管理，伴随着烟草行业风起云涌的改革浪潮，川渝中烟被撤销，11 月 8 日，全国最年轻的烟草工业公司——四川中烟工业有限责任公司在成都挂牌成立，全国烟草行业的第一个跨省（区）重组工业企业-川渝中烟工业公司在成都宣告成立。此时，烟草行业寒意逼近，全国卷烟生产和利润双双下滑，新组建的四川中烟下定决心，打造企业有核心竞争力的高端品牌系列，研发和营销团队走访上千家卷烟零售店和数万烟草消费者，从消费者的需求出发，重科研、创品类、建平台、抓人才、革新管理，严把品类门槛构建从高到低、层次鲜明的产品组合构架，逐渐把核心技术掌握在自己手中，掌握了竞争的主动权，让宽窄品牌拥有了稳固的市场地位。

1991 年，国家处于对经济活动的探索阶段，零售行业较为混乱。曹世如面临的，是充满伪劣产品的市场、剧烈波动的物价和拖欠贷款的零售终端。1996 年，曹世如说服红旗商场开了第一家社区超市，在随后的 5 年里，红旗超市又在成都开了 30 多家分店。2000 年，红旗超市正式改制。通过全面推行电脑化管理、开设加盟店、寻找合作伙伴三步走改革，红旗连锁走上正轨，2012 年 9 月 5 日，红旗连锁登陆深圳证券交易所，成为 A 股市场中首家便利连锁超市上市公司。如今，红旗连锁已发展成为“云平台大数据+商品+社区服务+金融”的

“互联网+”现代科技连锁店。

无论是曾经的水泥巨头中国建材集团，还是“最年轻”的烟草工业公司四川中烟公司，或者是深耕社区的红旗连锁，它们都善于抓住时代机遇，把握时代脉搏，它们永远都能走在时代的前沿，在同行业的竞争者反应过来之前就率先改革中国建材集团看到了碲化镉玻璃的优势，四川中烟抓住了高端烟草市场，红旗连锁看到了社区超市的广阔前途；它们都雷厉风行有坚定的意志和必胜的决心，这些公司都拥有能力排众议的领导人和领导班子，他们能顺利而迅速的展开改革的计划；成都的成功最根本上是格局的广阔，而对成都的这些转型成功的企业来说，最重要的也是他们广阔的格局，它们都具有无比强大的社会责任感，成都中建材助力双碳工作推动绿色发展，四川中烟以中国特色社会主义思想为指引，诉说着国企的历史变迁。

在人类的历史中，机遇往往与挑战并存，而越大的挑战也往往能把人类带到更高的前所未有的高度。2020 年的世界经济受到了新冠疫情的重创，除了中国，其他国家经济持续下行，复苏前景充满不确定性。在疫情下，中国是唯一一个研发投入正增长的国家，全球中心东移的趋势已经慢慢显现。这场疫情也给不少行业带来发展机遇，比如新冠疫苗刺激了生物医药行业，数字化和人工智能技术也得到了史无前例的重视和投入，环境卫生问题被更广泛而严肃的放上桌面。漫漫前路荆棘丛生，深邃黑夜不见五指，只有相信科学，努力抓住时代机遇，勇敢求索，不断尝试改革，才能在愈发激烈的商业竞争中占据不败之地。

本章，将以成都企业的改革为切入点，深度分析成都中建材、四川中烟和红旗连锁的改革创新故事，以探寻成都企业的传统之变。

成都中建材："碲化镉"的崛起之路

绿色经济，是成都市新经济的六大业态之一，其中新材料是绿色经济的主要产业方向。2020年1月2日，成都市人民政府办公厅发布《关于促进成都新型材料产业高质量发展的实施意见》，提出要聚焦产业需求高、企业基础强、研发创新优、资源禀赋好的新型材料细分领域，培育构建先进材料产业生态圈，到2022年建设成为国内知名的新型材料研发制造基地。

在成都的宏伟蓝图中，离不开一家高科技新材料公司——成都中建材光电材料有限公司的参与，它充分利用成都丰厚的产业土壤，从生根到发芽，从枝条到新叶，从花蕾到果实，取得了一系列令世界瞩目的成绩——其研发的碲化镉薄膜电池成套技术引用开发科学技术成果获得美国爱迪生发明专利大奖，已经达到国际领先水平。2019年，被中华人民共和国工业和信息化部授予国家级绿色工厂和年度中国材料与家居行业科学技术奖（技术创新类）一等奖；荣获第21届中国国际工业博览会新材料奖；2020年技术成果被国家发改委列入绿色技术推广目录，技术成果进入陆军"四新"成果推广应用目录；2021年，在国家"十三五"科技创新成就展上，中建材自主研发生产的8.5代TFT-LCD玻璃基板、碲化镉发电玻璃与中国空间站、C919国产大飞机、"九章"量子计算机、"奋斗者"号全海深载人潜水器等重大科技成果，同台亮相，向公众展现玻璃新材料领域的创新成就。这不得不说是一个西部奇迹、一个成都奇迹。

▷▷▷“双碳目标” 下的绿色新材料

2020 年 9 月 30 日，习近平总书记在联合国生物多样性峰会上发表重要讲话，宣布中国将秉持人类命运共同体理念，愿承担与中国发展水平相称的国际责任，提高国家自主贡献力度，采取更加有力的政策和措施，二氧化碳排放力争于 2030 年前达到峰值，努力争取 2060 年前实现碳中和。

全球正处于从高碳向低碳甚至净零碳转型的重要时期，在世界范围内，围绕碳达峰、碳中和新的一轮技术和产业的竞赛已然开启。碳中和在推动绿色经济复苏的同时，将促进能源、制造、科技、消费等众多行业的价值链重构。

“绿水青山就是金山银山”，这是实现中国经济高质量可持续发展的社会共识。作为一个负责任大国，中国在应对气候变化时不断提高自己的目标，为解决全球气候问题做出积极贡献。我国是世界上最大的建筑材料生产国和消费国，用新型材料代替传统材料，将太阳能与建筑材料相结合，通过绿色材料构筑绿色建筑，对践行“双碳目标”起着非常重要的作用。

石器时代到青铜时代，从铁器时代到钢铁时代，人类赖以生存和发展的基础材料随着人类的进化史一次次升级变革。在建筑领域，早期建材往往采用砂石、木料等现成的原材料，现代建材则通过工业技术手段将原材料加工成钢材、混凝土等更为坚固耐用的合成材料，未来建材将结合科技创新技术，在节能、防火、轻质、复合发电等方面实现创能，通过绿色材料引领支撑绿色建筑，实现低碳减排。低碳经济的潮流已经到来，成都市出台《意见》进行布局，社会对新材料的需求、企业对新材料的研发投入也将越来越强烈，通过太阳能发电的新建材也越来越得到青睐。

在成都，早在 2009 年，一家从事前沿、环保、低碳的高新技术企业——成都中建材光电材料有限公司就已经诞生，这家公司主要从事碲化镉发电玻璃的研发与产业化，高纯稀散金属材料的生产与销售以及光伏系统的设计、安装和运营。

▷▷▷信念与艰辛 公司的创业之路

潘锦功（成都中建材光电材料有限公司总经理），1996 年前往美国深造攻读博士，2007 年，在美国新泽西理工大学，他一手创建了碲化镉薄膜太阳能研究中心，率先开展碲化镉的深入研究。在取得研究成果和专利后，一家美国能源公司为这项专利的使用权开出了2 000万美元的天价。然而，在满眼势力和金钱的美国人眼里十拿九稳的交易，却遭到了潘锦功的严辞拒绝。在有信仰的人眼里，金钱本不值一提，潘锦功只想赶紧回归，改变中国传统的建材历史！

生产碲化镉发电玻璃除了技术上的难题，稳定的稀散金属原材料供应，也是核心关键的一环。稀散金属，通常是指由碲（Te）、锗（Ge）、铟（In）、镓（Ga）、硒（Se）、铼（Re）和铊（Ti）7 个元素组成的一组化学元素。显而易见，碲元素对于碲化镉发电玻璃的生产必不可少。碲的主要来源其实是自碲铜矿中提取的，我国是个产铜大国，按理来讲碲不算稀缺，但是稀散金属成本价格具有比较大波动性，期货炒作也比较频繁，为了控制成本，拥有稳定“碲”的来源就尤为关键，原生碲矿就是碲材料价格的压舱石。

回国以后，潘锦功博士要处理的第一件事，不是研究碲化镉发电玻璃，而是寻找发电玻璃的构成材料——“碲矿”。这时，一则 1993 年 3 月，《人民日报》上刊登的报道《我国发现世界罕见碲原生矿》吸引了他的眼球。“地质矿产部 18 日正式向外界宣布，我国地质工作者经过大量艰苦的工作，最近在四川省石棉县大渡河畔发现了有一定规模和开采价值的碲原生矿。”“这个矿的矿石含碲一般在 1%~12%，个别高达 36.6%……是世界上罕见的具有开采价值的碲矿床。”四川省独特的地质资源成功的吸引住了潘锦功博士，他开始思考，“理智地看，四川能够辐射到西南五省，市场巨大，覆盖人群相当于整个欧洲。同时，雅安石棉县有全国首个独立的碲矿床，资源丰富。”就这样，受到原材料和市场的双重吸引，潘锦功带着核心技术，从美国新泽西理工大学辞职回国，来到了四川成都。2009 年，成都中建材光电材料有限公司正式成立。在首次发现碲原生矿 20 年以后，2013 年国务院批复在四川成立全国唯一资源性试验区—攀西国家战略资源自主创新先行先试试验区（碲铋、钒钛、稀土），为中建材碲化镉的研究和实验提供了基本的材料保障。

2011 年，一位美国参议员来成都中建材考察碲化鎘技术，他对中建材的技术实力大为震惊，又对研究环境感到异样的侥幸，当时成都中建材公司正面临资金困难，公司发展举步维艰。这位参议员立刻提出，如果潘锦功团队愿意回美国，美国政府愿意提供 45 亿美金政府担保贷款支持碲化鎘技术发展。美国人又一次想用金钱和名誉诱惑他，潘锦功博士又一次不假思索地拒绝了对方。当这位参议员回国以后，他马上向政府提出为美国本土新能源企业提供资金支持的计划。随后，美国能源部从其不断缩小的项目资金中拨备基金，为潘锦功的竞争对手——美国第一太阳能公司（First Solar Inc）发起的三个位于加利福尼亚州的太阳能项目提供 45 亿美元的贷款担保。

潘锦功的创业之路步步都是血印，但不管遇到了再多的坎坷与艰辛，他都咬牙坚持着，即使陷入发展低谷，成都中建材依然保持着“产业报国”的信念和热诚，依然满怀用碲化镉新技术改造传统玻璃工业的激情和希望。在国家创新创业浪潮推动下，在产品技术不断革新下，公司的项目陆续赢得外援的支持，四川、湖北、安徽等地纷纷表示投资意向，2015 年 12 月，公司获国家发改委“增强制造业核心竞争力重大工程”项目得到了 1. 59 亿元资金支持。这颗用汗水与血泪浇灌了六年的种子终于发了芽！

▷▷▷“碲化镉” 领域的中国骄傲

一直以来，晶体硅和薄膜太阳能电池是光伏行业的两大技术阵营，晶体硅在过去和现在都主导着全球光伏市场。成都中建材为何会放弃晶体硅而选择薄膜太阳能电池中的“碲化镉”作为发电玻璃研发项目呢？

世界上第一个碲化镉薄膜太阳能电池是由美国无线电公司（RCA）实验室在CdTe单晶上镀上In的合金制得的，其光电转换效率为2.1%。随着技术的进步，碲化镉卓越的性能越发凸显。晶硅发电玻璃理论最高发电转化率是27%，碲化镉发电玻璃的理论最高转化率为33%；晶硅发电玻璃的排碳量几乎是碲化镉发电玻璃的三倍；晶硅发电玻璃至少需要两年才能回收生产中使用的能量，碲化镉发电玻璃仅需八个月。在光电转换率、碳足迹、回收期这三个评价发电玻璃最重要的方面，碲化镉发电玻璃的表现都显著优于晶硅发电玻璃。更具吸引力的是，在弱光条件下碲化镉发电玻璃依然可以保持较高的转换率，这突破了传统太阳能发电的局限性，即使在下雨天，碲化镉发电玻璃依然可以发电。

就像有人不相信当时色彩单薄、亮度不足的液晶电视能代替CRT电视；就像有人不相信当时成本高昂，体积巨大的数字摄像机能代替交卷摄像机。现在也有人认为碲化镉发电玻璃无法取代晶硅发电玻璃。但时代的浪潮从来不会顾及人类的傲慢与偏见，少数人的质疑无法阻挡科技进步的趋势，拥有更高性能的碲化镉发电玻璃一定会有越来越高的地位，最终统治发电玻璃的江湖。

2019年，第21届中国国际工业博览会上，成都中建材光电材料有限公司的碲化镉发电玻璃和成都京东方光电科技有限公司的柔性AMOLED显示屏分别摘获“CIIF新材料奖”和“CIIF大奖”，这是这么多年以来四川省在中国国际工业博览会上下的唯一一次“双黄蛋”。

参加这次大会前，潘锦功博士和公司副总经理、总工程师傅干华博士并没有对得奖抱太大的期待，带着一块能防弹的碲化镉发电玻璃忐忑地来到上海参加答辩。潘博士首先展示了发电玻璃有光即可发电的效果，在没有任何外联电线的情况下，连上玻璃电源的灯泡稳定地发出光亮。发电玻璃还具有防弹功能，正常情况下玻璃在抗击打时可能会碎，但不会被打穿，在展示发电玻璃防弹效果时，潘博士拿起一把铁榔头，一榔头把防弹玻璃给砸碎了。评审专家们惊呆了，但是让他们吃惊的并不是潘博士的大意或是被砸碎的防弹玻璃，“这玻璃碎了还能继续发电?”专家们看着玻璃上仍旧闪烁的灯泡发出惊叹，面面相觑，当场决定另设一个“新材料奖”。

成都中建材是国内率先开展碲化镉材料特性研究的公司机构，首先提出了新型缺陷分析方法，重点突破发电玻璃制备过程中关键技术问题。目前成都中建材已经形成国内外销售的“碲、铟、硒”三大系列几十个品种的高纯单质和化合物材料，另有多个高端产品作为储备项目将适时推向市场，中建材布局国际国内标准 28 项，专利 177 项，产品进入国家发改委《绿色技术推广目录（2020 年版）》、工信部《重点新材料首批应用示范指导目录（2019 年版）》、第 21 届中国国际工业博览会新材料奖、四川省科技厅重大创新产品等殊荣和奖项。

▷▷▷服务国家安全 促进军民融合

发电玻璃的战略意义并不只有环保上的贡献和经济上的收益，更重要的是从国家安全的战略角度勾画了新的发电、用电模式。

成都中建材与军方展开了深度合作，主动服务于国家安全战略。公司专注高纯材料的研究与生产，使用超高纯锑（99.999 99%）+超高纯铟（99.999 99%）合成的红外导引头用于东风系列导弹；超高纯碲（99.999 99%）+超高纯锌（99.999 99%）合成的碲锌镉中波红外焦被运用在航母和歼 20 上；高纯硒（99.999%）+高纯砷

(99.999%) 合成的红外瞄准镜/测温透镜是红外测温仪的关键组件。同时中建材还为人民解放军提供了大量定制款发电玻璃，为服务国防，根据部队要求建设以碲化镉发电玻璃为牵引的打不烂、炸不垮的军事能源保障系统，成都中建材为军方开发了诸如伞兵专用便携式折叠组件（可折叠、防爆裂）、三叠层高强组件（安全防爆防弹，抗冲击实验无损）、迷彩发电玻璃（颜色可变，实现军事伪装）、通过新型保温放舱亮相高原助力军事能源（维和部队）帮助边防战士住进暖房子……这些发明得到了军方的一致好评。

这样的好评一点都不让人意外，碲化镉发电玻璃是一种优良的新能源光伏发电材料，是良好的建筑隔热保温材料，更是可控颜色的伪装功能材料。新材料的发展运用与科技强军息息相关，碲化镉发电玻璃也成为重要的“军事建材”。

目前，我国的电力格局还处于集中发电、集中供电的传统模式，一旦发生大规模国际冲突，若是中央供电系统遭到破坏且在短时间内供电系统得不到修复，重要单位和寻常百姓就有可能长时间用不到电，造成的后果将不堪设想。如果太阳能发电玻璃能够在一定程度上普及，那国家的发电格局将从系统上和结构上得到优化和升华，相对落后的集中化发电将变成先进的零散化、分散化的发电，只要有太阳百姓就能用到电，太阳每天都会照常升起，而通过发电玻璃发出的电也会源源不断地供给人民群众。

也正是因为意识到了这一点，潘锦功才会如此坚持回国才会如此坚定地创办中建材。今天，成都中建材靠着前瞻性的新材料技术，走在世界前列，他们始终保持着一颗用发电玻璃点亮生活，用科技强军服务将士的赤诚报国之心。

▷▷▷瞄准新材料前沿笃定前行

2017年8月，距成都中建材光电材料有限公司成立过去了八年，全世界最大单体面积的碲化镉“发电玻璃”横空出世，这种发电玻璃长1.6米、宽1.2米，其结构为：玻璃/FTO/CdS/CdTe/Cu/Mo/EVA/玻璃，是在绝缘的普通玻璃上，均匀涂抹仅4微米厚的（相当于头发丝的百分之一）碲化镉光电薄膜，由此制成可导电、可发电的半导体材料，解决了碲化镉均匀镀膜、膜面存在缺陷等难题。成都中建材的这项巨大技术突破马上就在业内引起了轩然大波。2017年12月中建材研制出了第一块转化效率超过10%的发电玻璃，2018年3月中建材研制出了第一块转化效率超过13%的发电玻璃，仅仅一个月以后，由成都中建材研发的我国首条大面积“发电玻璃”生产线在成都双流投产。世界第一条拥有自主知识产权工业4.0的年产100兆瓦发电玻璃的大面积碲化镉发电玻璃生产线正式投产，产品当年批量供应市场并实现盈利。这标志着我国不仅掌握了全球领先的大面积碲化镉发电玻璃核心技术，更是打破国外技术垄断、填补国内空白的重大创新成果，有效提升了我国新能源产业竞争力，中国从此具有了制定行业规则的话语权。

通过技术革新，发电玻璃在色彩上也从第一代多彩、半透明、艺术性到第二代多彩、仿石材，再到第三代釉彩、高透光率的多彩质感，这为发电玻璃带来更多的应用场景，赋予发电玻璃更广阔的未来。在成都中建材车间，彩色发电玻璃、透光发电玻璃、各种各样样式美观的定制款发电玻璃，强度硬度极高的军用发电玻璃，应有尽有。四十五千克重的铅球被拉到1.2米的高处自由落体，瞬间撞击玻璃表面发出一声轰隆巨响，铅球被弹开，又马上再次落下重重地撞击玻璃，但玻璃果然毫发无损。

如今，坚持以“用材料创新推动建材产业革命”为目标的成都中建材，已经成为世界一流、中国第一的发电玻璃材料公司。公司成立以来，中建材参与和建成了成都指挥中心、成都双流机场T2航站楼、九寨沟九黄机场、河北沙河发电玻璃彩虹桥、攀枝花工业园1.25MW

屋顶、赤城碲化镉发电玻璃电站，等多项大型项目。通过多年的实际行动，践行了“绿水青山就是金山银山”的理念，推动了新能源的普及，打破了国外对碲化镉发电玻璃的技术垄断，带动了我国新能源、新装备、新技术的相关配套产业发展，综合提升了我国新能源产业的竞争力，也为助力实现国家碳达峰、碳中和目标提供了重要手段。2021 年第七届“一带一路”园区建设国际合作峰会暨第七次全国企业营商环境研讨会上，成都中建材光电材料有限公司作为绿色能源建筑材料产业链链长入选“战略新兴产业链链长企业十佳案例”。

中建材在不盈利的情况下整整坚持了八年，几乎从零开始，从材料选购开始，从产品研发开始，甚至从车间设备的制造开始，一步一个脚印。没有材料就寻找材料，没有技术就攻破技术，没有设备就并购公司制造设备，一路上成都中建材凭借自己无与伦比的气魄和非比寻常的胆魄，凭借自己的满腔热血和求是精神，也凭借着投资人的信任和冒险家的勇气，愣是把碲化镉发电玻璃给做了出来。在科学的探索中，特别是在新领域和深水区的探索中，谁也不知道出路在哪，只有心中的信仰是不灭的灯塔，只有不懈的努力是永恒的光亮，只有不忘初心、坚持研究才能找到出路，总有这样一批科学家，废寝忘食专注研究，总有这样一群人，献身科学忠于科学，也只有这么一批人才配得上久旱后的甘露、配得上这样重大的、这样畅快的、这样接连不断的胜利！是他们让“成都”力量在新材料领域、绿色低碳环保领域、国家安全领域再一次散发出耀眼的光芒。

四川中烟：肩挑重任 梦想起航

2003 年 8 月，伴随着中国烟草风起云涌的改革浪潮，全国烟草行业第一个跨省（区）重组的工业企业——川渝中烟工业公司在成都宣告成立，十几年来有力地支持了四川和成都的社会经济发展。

为推动全行业卷烟工业战略性重组整合，顺应行业深化改革需要，发挥示范引领作用，2015 年 11 月，国家烟草专卖局决定撤销川渝中烟。11 月 8 日，全国最年轻的烟草工业公司——四川中烟工业有限责任公司在成都挂牌成立。那一年，烟草行业寒意逼近，全国卷烟生产和税利双双下滑，四川中烟在诞生之初便迎来一场大考，面对高端品牌缺失、计划资源闲置、长城雪茄厂亏损、盈利能力低、企业士气低迷等一系列现实困难，四川中烟党组意识到，唯有“谋变突围”才能走出困境。

六年来，四川中烟以党建引领发展、凝聚人心，创建“雁行宽窄”党建品牌，弘扬“正直豁达 智慧精微”的企业精神，打造了一支坚定目标、满怀信心的员工队伍，努力推进供给侧结构性改革，以“钉钉子”精神抓落实。“十三五”期间企业实现了品牌形象整体重塑、运行质量实质变革、改革创新系统推进、助力脱贫攻坚成效显著、精神面貌焕然一新的发展状态，完成了从“求生存”到“求发展”的重要转变，连续上榜川企百强、荣获“2020 四川十大领军企业”称号、企业纳税连续两年位居四川省第一……四川中烟交出了一份圆满的发展答卷，成为成都国有企业改革创新发展的典范。

▷▷▷宽窄立世，重塑川烟品牌形象

著名作家、茅盾和鲁迅文学奖获得者阿来曾说：“市场的一时成功是窄，品牌的长久成功才是宽”。四川中烟“十三五”时期最大的创新是重塑了川烟的品牌形象，从无到有的“宽窄”带动“娇子”重归百万箱，进入行业中高端卷烟“136”品牌规模引领集群，高端品牌销量位列全国第七，企业竞争力持续提升。而这一切的开始，要回溯到六年前。

2015 年年底，新组建的四川中烟下定决心，从零开始，打造企业有核心竞争力的高端品牌系列。在四川省及成都市烟草专卖局（公司）的大力支持下，研发和营销团队走访了上千家卷烟零售店和数万烟草消费者，依托有着“成都会客厅”美誉景区创设的“宽窄巷子”品牌方案送到了四川中烟负责人案头，负责人高屋建瓴地指出：“‘巷子’二字太窄，约束了品牌文化的生发，去掉‘巷子’，“宽窄”就是一种哲学。2015 年 11 月 18 日，融合成都地标、四川品牌文化和东方卷烟哲学基因的“宽窄”品牌应运而生。甫一亮相的宽窄自在、宽窄、宽窄如意这“宽窄三剑客”就让市场惊艳，令行业振奋。烟包可宽可窄、烟支可粗可细、烟气可浓可淡、劲头可大可小，因其从外到内的“真创新”，被誉为最近十年内高档烟品牌最具特色、最具原创性、最不能被复制、最有文化内涵、最富哲学思想的创新产品典范。一时间，“宽窄”一包难求。

“宽窄”的诞生，让四川中烟的命运发生了逆转。四川中烟以满足消费者需求为出发点，站在马斯洛人类需求层次内在逻辑的高度，以“逍遥自在、幸福快乐、吉祥如意、平安好运”为主体，构建了宽窄从高到低、层次鲜明的产品组合构架。自“三剑客”之后，四川中烟陆续推出了宽窄好运、宽窄逍遥、宽窄吉祥、宽窄平安等十余个系列产品，打造出一个“定位清晰、风格鲜明、卖点突出”的宽窄产品矩阵，涵盖不同层次的卷烟需求，适应人们不断升级的消费水平。

“我经营卷烟已经20年了，看着四川中烟产品逐步发生变化。现在，‘宽窄’卷烟已经成长为四川省的一张新名片，知名度、影响力持续提升，消费者喜欢抽，零售商能赚钱。”四川省成都市锦江区莲桂南路王氏烟酒商店店主陈春明介绍道。经过近六年的创新发展，“宽窄”品牌成功在中国烟草行业形成了令人瞩目的“宽窄现象”，其销量从2016年的不到0.8万箱，到2020年突破22万箱，成为中式卷烟高端品牌新标杆。正如2020年国家烟草专卖局局长在四川烟草调研时指出：“这几年把娇子（宽窄）品牌发展起来非常不容易，没有创新的意识、攻坚克难的精神、背水一战的干劲是做不起来的”。

▷▷▷创新驱动 打造改革发展的核心动力

创新是企业发展的根本动力。自成立以来，四川中烟在创新驱动发展战略的引领下，大力推进品牌创新、科技创新、管理创新、体制机制创新等，为企业改革发展注入了强劲动力。

科技创新，构建常态化创新格局。“十三五”期间，获各类科技成果31余项，参与制定行业标准3个，获得授权专利146件，公开发表论文45篇。在此背后是四川中烟抢抓新一轮科技革命和产业变革机遇，以系统化的科技创新支撑品牌高端化，推动企业发展连上台阶。

创品类，打造“彰显硬实力”的核心技术体系。四川中烟认识到，只有把核心技术掌握在自己手中，才能真正掌握竞争和发展的主动权。他们聚焦宽窄系列卷烟风格特征塑造和产品培育，从品类特性、原料、工艺、材料、香味等方面入手研究，形成“可感知、有支撑、成体系”的宽窄“润甜香”品类关键技术体系。2020年11月，“润甜香”品类构建项目通过国家相关部门的评审鉴定。除卷烟之外，创建中式雪茄“醇甜香”品类，开展了“醇甜香”系列核心技术的研究，主持或参与了《国产雪茄烟叶原料工业发酵技术研究与产品应用》等行业重大专项5项。

建平台，促进产学研用深度融合。多年来，四川中烟陆续搭建了国家级“博士后科研工作站”、四川省“院士工作站”“降焦减害四川省重点实验室”等多个科技创新平台；依托三联公司“国家高新技术企业”独有平台，加强行业特种滤棒工程中心和四川省新型烟草制品工程技术中心建设；与江南大学、四川大学、郑州烟草研究院等机构开展深层次合作，支持四川中烟打造核心技术；以“管理、技术、技能”为重点建设人才队伍，打造了一支由4名公司级学科带头人，60名高级技术人员为代表的高水平专业技术队伍。

重体验，应用创新焕发市场活力。2015年，新成立的四川中烟在品牌与品质研发取得突破后，亟需在产品技术层面做到“独具一格”：如何让消费者从物质层面体验到“一宽”“一窄”。这个要求传递到四川中烟旗下四川三联新材料有限公司，他们仅用3个月时间就开发出国内独有的“旋转滤嘴棒”，在技术上实现“香气可浓可淡”的新特征。为了实现“科技要看得见，让消费者明确感知”的目标，三联公司不断创新并丰富滤嘴棒的功能，已形成增香保润、特色外观、旋转调香等五个系列19类产品，其中包含国际首创的“笑脸滤棒”。三联公司以“1+N”的方式向外拓展市场空间，从滤棒创新向新型烟草、香精香料等领域的创新发力，这家曾经专注于滤嘴棒生产的车间，如今已是国家高新技术企业，成为四川中烟的创新基地。

管理革新，激发内生动力。“十三五”期间，四川中烟基于改革需要，深入探索新的机制体制，推动人才、资源、要素向生产和市场一线集中。

一是人才向一线。自2015年年底开始，持续选派优秀的“80后”“90后”年轻干部员工到生产和营销一线锻炼，其中不乏总部机关的办公、行政人员。与此同时，四川中烟从发现储备、培养锻炼、选拔使用等方面入手，有针对性地安排跨单位、跨部门、跨岗位进行锻炼，建立“80后”党委委员、基层单位厂长助理、“90后”车间主任助理等培养平台，使年轻干部接受全方位的思想淬炼、政治历练、实践锻炼和专业训练。

二是用人向一线。不断完善选人用人机制，坚持在基层一线发现、使用和培养干部，落实突出实干导向、基层导向、担当导向、创新导向的选人用人标准，坚持以公开公正、竞争择优的方式选人用人。例如，技术中心邀请专家对公司内部科技成果进行客观评价，对成果转化应用进行量化鉴定考核，并完善“能上能下、能进能出”用人机制，针对科研人员建立评价、晋升和淘汰机制，进一步营造“比学赶超”的科研创新氛围。

三是资源向一线。通过科学技术创新奖励推荐、科技成果转化（推广）等管理创新，加大对产品配套技术、生产工艺过程、质量保证等领域的科技创新奖励的推荐力度，确保科技成果迅速转化为生产力，助推生产效率提升。

全员创新，迸发蓬勃生机。六年多来，四川中烟在全员范围内持续弘扬“劳模精神、工匠精神、创新精神”，让创新成为一种思维方式、一种工作习惯、一种企业文化、一种精神追求。通过创新工作室、QC小组、六西格玛项目组和精微改善课题组等群众性创新组织，鼓励全员从技术、管理、服务、制度等方面进行创新，群众性创新成果全面开花。截至2020年年底，四川中烟创新工作室共计38个，其中，国家级创新工作室1个，省级创新工作室5个。QC小组146个，140名六西格玛绿带，3 500多人参与各项创新活动。

▷▷▷品质革命 奋力推动高质量发展

2016年5月，“品质革命”一词首次出现在国务院常务会上，一场全方位面向中国制造业产品质量调整升级转型的革命正在到来。这既是契机也是挑战，对四川中烟人来说，“来一场四川制造的品质革命”势在必行。

品质革命从标准化入手。着力标准化体系建设，四川中烟在原有标准化管理体系基础上，优化薄弱环节，学习借鉴行业先进企业质量管控模式，形成全方位品控管理要点，建立并优化制度标准150余项，ISO9000-2015新版质量体系建设顺利通过第三方审核认证。“不合格原料不投产、不合格半成品不进入下一道工序、不合格产品不出厂”的“三不”原则和“产品质量零投诉、物资采购零报废、工作质量零差错”的“三零”标准的质量铁律在每个生产环节、每个工作岗位落实到底，带动了公司技术标准水平提升。

“支支系命运、包包是尊严”。按照“小题大做抓质量、六亲不认抓管理”的要求狠抓质量改进。在生产旋转滤棒产品时，为了解决百分之一毫米级的质量缺陷，成都卷烟厂卷包车间用高速摄像机进行拍摄，然后一帧帧分解，花费了3个月的时间分析了100多万张底片，最终找到症结所在，成功解决问题。为了啃下“烟支重量标偏”技术难题，卷包车间高级技师廖洪军和同事们扎进车间，翻阅过程记录，查看设备运行状况，全面验证不同机组的质量信息，寻找影响烟支重量标偏的所有因素，全规格烟支重量标偏达标率对比提高了24.5%。

贯彻公司新颁布的《质量管理处罚条例》，重奖重罚。2017年，四川中烟旗下某厂某批次烟因一个小问题被投诉。但四川中烟却“小题大做”，派副总经理赴省外道歉，除当班操作员和管理层被罚，厂长还被重罚。对比鲜明：2018年，成都卷烟厂因在国家局抽查中斩获三个第一，全厂获得表扬，生产管理者被重奖。罚，罚得“心痛”；奖，奖得“眼红”。

品质革命从优质原料发力。四川凉山州的会东烟叶，有着“金沙江畔一枝花”美誉，是烟草行业唯一获得国家地理标志保护的农产品。在凉山会东县金沙江畔的一碗水村，日照充足、降水充沛，有着高山小梯田、山地原生态的独特地貌，是优质烟叶适宜种植地区。2017年开始，四川中烟携手中国农科院烟草所，在这个小山村筛选优质品种，建立栽培、调制及工业运用标准，在这个世界优质烟叶“黄金生态圈”上不可多得的“金边银角”，将得天独厚的生态优势与独具匠心的科技创新完美结合，打造出“宽窄花园”精品原料基地。“宽窄花园”出产的烟叶，糖碱比适宜，钾氯比适中，成分协调，配伍性强，燃烧性好，安全性高，为宽窄“润甜香”品类和风格奠定了不可复制的原料基础和保障。

“十三五”期间，四川中烟研发上市24款新品，打造了一批定位清晰、风格鲜明、卖点突出的主力品种，实现了从生产合格品向优质品的转变。2020年四川中烟卷制包装优质品率达100%，在2020年国家烟草专卖局卷烟市场抽检中，公司产品危害性指数7.5，排名行业第二。五年来，宽窄五粮浓香中支、宽窄好运细支、宽窄五粮醇香等五个规格产品在国家烟草专卖局监督抽检中分获同价类、同规格产品综合质量总分第一名。

▷▷▷文化引领　以软实力提升品牌价值

2015年四川中烟创立“宽窄”品牌，从其甫一诞生便担负起了不寻常的任务。四川中烟主动融入扩大内需的战略基点，研产业之道、企业之道、生活之道，以创新为要、文化为底、哲学为魂，以“宽窄”文化引领品牌塑造，准确把握消费行为变化和市场真实需求，构建更好适应消费升级和个性化、多样化的供给体系，以供给创新带动需求扩大和引领消费升级。

融传统文化，提升品牌力。“宽窄”从知名景点到哲学思想，从一时现象到经久不衰的背后，离不开精准的市场定位，稳定的产品品质，更离不开深厚的文化底蕴。从“走出夔门天地宽”的上下求索，到武侯祠攻心联的宽严相济，再到宽窄巷子蕴含的传统文化，“宽窄”

与巴蜀文化的契合，使之成为四川文化的代表和符号。同时，四川中烟抓住文化之于品牌的这个根本，以“宽窄哲学”为品牌核心价值，它占领了人文领域制高点，既是价值观，又是方法论，生动诠释和体现了广与狭、多与寡、深与浅、有形与无形、有限与无限、简单与复杂的辩证统一，成为驱动新川烟发展的文化引擎，从顶层设计上推动四川中烟把无形文化变为有形产品、把哲学价值转化变现为货币财富。

融企业文化，提升战斗力。以宽窄文化为内核和延展，四川中烟构建了党建文化、企业文化和品牌文化三位一体的文化体系。党建文化管方向、激活力，打造既有“川味”，更有“国企味”的“雁行宽窄”党建品牌，把党建工作与企业战略目标结合起来，为企业发展提供了保障与动力；管理文化推改革、生动力，品牌文化促创新、赢市场。

融哲学文化，提升软实力。为了让产品拥有更多可能性，四川中烟用哲学赋能品牌，让品牌普及哲学文化，为消费者提供了物质与精神有机结合的优质产品和服务，也努力实现哲学研究与品牌发展的双赢，打造出独树一帜的品牌文化“软实力”。川烟和四川省社会科学院联合成立“宽窄哲学研究院”，同时联合院校、媒体、专业机构，积极开展“宽窄哲学”学术研究与理论输出，发挥文化高地作用传播“宽窄”文化。几年来，先后举办各类“宽窄哲学高峰论坛”“宽窄之道读书会”“宽窄岁月·我与新时代”“人生无处不宽窄”等宽窄哲学文化活动，出版《宽窄九章》《宽窄之道》《宽窄哲学研究与辩证法》等书籍，开办宽窄哲学文化专刊或专栏，打造“宽窄之道”新锐微刊和“宽窄哲学”艺术装置。这些宽窄文化输出，传播满足了消费者精神的品牌表达，让宽窄品牌赋予消费者情感共鸣，使品牌生成了市场创造力。

融媒+跨界，提升传播力。抓住移动互联网时代机会，创新品牌文化传播。四川中烟构建了“五平台一入口”的移动互联网矩阵营销体系，形成内外有机整合、线上线下互联的全网整合营销新态势。横跨5年时空，开展“1108”庆典活动，并在全国近百个城市进行网络连线直播。“宽窄”版《成都》的倾情演绎，“宽哥窄妹”“熊猫文创”形象萌化打造，人格化的“宽窄”IP受到青睐。融合跨界，四川中烟与五粮液合作，“川烟”“川酒”跨界联姻，打造多元IP。持续的整合营销传播与创新内容输出一路伴随着企业和品牌这近六年来的发展，让一个哲学的宽窄、诗歌的宽窄、音乐的宽窄、科技的宽窄、行走的宽窄在大众面前栩栩如生地呈现出来，也见证着宽窄品牌的从零到年销量22万箱一步步的突破。

所谓取之于民，用之于民，成都这座城市与四川中烟已融为一体，彼此之间相互成就，在未来，二者之间的融合将会让我们看到不一样的四川中烟、也看到不一样的成都。

红旗连锁：本土社区超市的全面创新之路

一张成都地图上插满了小红旗，成都红旗连锁股份有限公司的一面旗子代表着一家店面。红旗连锁已遍布成都的街头巷尾。

红旗连锁董事长曹世如还有一个别称：曹大侠。从无到有，从小到大，曹世如凭借着敏锐的商业嗅觉和魄力，将并不起眼的社区超市业务做得有声有色。

如今，红旗连锁已发展成为“云平台大数据+商品+社区服务+金融”的“互联网+”现代科技连锁公司。此外，红旗连锁还是四川省及成都市“重要生活必需品应急保供重点联系企业”。梳理红旗连锁近21年的发展历程可以发现，这家企业在体制、资本、战略、管理、品牌、技术等方面做出了诸多创新，在成都零售业一枝独秀。

▷▷▷“净身”改制

1972年，曹世如进入当时的国营企业红旗商场工作，最初的岗位是票证管理员，后来担任过班长、业务科长。正是在业务科长这个位置上，凭借着个人出色的业务能力和人格魅力，她建立了全国性的业务网络，与超市供应商建立了良好关系。

1991年，红旗商场进行了内部调整，曹世如所在部门改为红旗商场批发分公司，她本人出任批发分公司的经理。那段时期，国家还处于对经济活动的探索阶段，零售市场较为混乱。

当时，交通以及信息沟通远不如今天顺畅，价格双轨制又带来了寻租空间，市场上充斥着伪劣产品，定价也十分不稳定，还有很多零售终端拖欠货款，这些都让曹世如头疼不已。

“当时我的部门主要负责专业批发，别人拿了我们的货，却没有能力支付，最后导致我们也没法向上游厂家支付，因此‘三角债’的情况很严重。”曹世如回忆道。有一次她去收款，对方一脸无奈地说：“你看嘛，坐着那么多人都是要求发工资的，我们已经几个月开不出工资了，还能有什么办法，只有一堆烂皮鞋可以拉走抵款。”

红旗商场的乱象在一定程度上代表了当时国有零售业的普遍状况。曹世如意识到了企业不按市场规律运行所带来的种种弊病。“那时的国有零售企业都处在很被动的阶段，可谓举步维艰。当时的零售业还没有真正按照市场经济的规律运行，官僚作风还比较严重。”她表示。

外患不断，内忧也无处不在。红旗商场内部管理很混乱，曹世如作为“局中人”，逐渐有了自己经营的念头。她举例描述，原来在卖场里，仅 1 000 多平方米的面积就有十几个部门相互竞争，他们在同一个商场里卖着同样的东西，实际上是一种资源的浪费。“我们既有全国性的供应商网络，又具备仓储等条件，为什么不主动地走进社区、走向终端开超市呢？”

曹世如一直是一个主动寻找机遇的人。1996 年，凭借着超强的执行力，曹世如说服红旗商场终于在成都市梁家巷开了第一家社区超市，虽然面积不到 300 平方米，却经营了 4 000 多种商品。接着，她又把店的名字改成红旗直销批发商场，目的是告诉老百姓，这里的商品便宜、方便购买，并且质量可以放心。

“当时成都市还没有连锁经营的零售企业，我们就想，既然老百姓买东西不方便，而我们又有充足的货源，为什么不尽可能地贴近老百姓的生活呢？”曹世如说，这也是她当年想做连锁社区超市的初衷。为了实践自己的想法，曹世如在选址上有意避开了黄金地带，“当时的选址主要在街边、社区里、工厂旁，都是很不起眼的地方，否则成本太高，竞争太大，很容易遭到红旗商场的反对”。第一年，曹世如就开了 8 家分店，用她的话来形容：“当时感觉真是不得了”。在随后的4年时间里，红旗超市陆续在成都开了30多家分店，都选择开在离市中心较远的社区里。

在计划经济的背景下，曹世如坚持走市场化道路的做法自然也会遭受异样的眼光。例如，当时红旗连锁分店的大部分员工都不能享受国企职工待遇。“因为分店招聘的都是下岗工人等，红旗商场没有这部分人的工资待遇，就只能靠给厂家打广告、做批发，把一些商品的回扣积累起来给这些员工发工资和奖金，日子过得紧巴巴的。”曹世如感慨道。

1999年，原来的红旗商场明确禁止曹世如继续发展连锁开店的业务，但那时连锁超市已经有30多家店、900多名职工。“其中有40多人是原国有企业职工。这时不进反退，不改制都会‘死’在这个旧的体制里。”曹世如回忆道。

1999年，曹世如主动向上级打报告要求改制，但并没有得到红旗商场的同意。于是，她又找到了当时的主管部门商贸委，历经种种困难才最终获批。不过，改制的条件极为苛刻：红旗连锁必须自己承担红旗商场1 180万元的债务，40多名国企职工的安置费也由她本人来解决。尽管前路曲折，但是这样的结果代表着红旗连锁，踏上了自主发展的创新之路。

胡耀明从1981年起就在红旗商场工作。在改制之前，他负责配送中心的管理工作。据他回忆：“当时很多人都不理解我们，也包括家人。他们说我们本来是国有企业员工，跟着曹总出来，原来的国有企业的编制和福利就没有了。但是我们信任曹总，因为共事多年，对她的为人处事和责任心都是有目共睹的，大家都相信她的工作能力。”

2000年6月，红旗连锁正式改制，但日子并不好过。“当时我们没有什么资产，所有的门店、仓库都是租的，只有一堆供应商的货，还好当时供应商都愿意支持我。”曹世如回忆道。当时给供应商支付货款很困难，什么资产都没有，仅靠供应商的货在周转，压力比较大，最迟要2~3个月的时间才能支付货款。供应商的支持都源于曹世如在业务科、批发公司时积累的人脉资源和信任。

▷▷▷红旗“三步曲”

“如何让红旗连锁迅速走上正轨”成了改制后曹世如首要思考的问题。管理创新则是突破口之一。

“在还没改制之前，我就很注重内部管理，也尝试过电脑化管理。因此改制成功后，第一件事情就是全面推行电脑化管理，建立整套电脑管理系统。”曹世如说道。企业要发展，就应该利用现代化的管理手段来科学管理，一是能够高效率，二是能够透明化。

在规范管理后，红旗连锁加快了扩张步伐。由于资金短缺，红旗连锁无法快速占有市场。为了解决这个问题，曹世如采用了加盟的方式，比如在远离市中心的区域开设加盟店，数量一度达到200多家。“但是在公司发展到一定程度，形成了规模以后，我专门成立了一个班子砍掉这些加盟店，因为担心操作不规范的加盟店会影响企业声誉。”曹世如说道。

“提升硬件、加速扩张、寻找合作伙伴”，是当时红旗连锁给自己定的战略创新“三步曲”。

2002年年底，红旗连锁已经实现销售额超10亿元。此时，企业在合作伙伴上看到了新机遇。2003年3月，德隆旗下的德隆国际委托一个中介机构联系到红旗连锁。在曹世如的办公室里，德隆国际的法定代表人唐万里静静地听她介绍着红旗连锁的情况以及经营之道，时间长达3个多小时。当时德隆的危机尚未暴露，在资本市场上依然风光无限。

2003年7月，双方正式合作，德隆国际总共从原红旗连锁两个股东手中受让了70%的股权，曹世如与另一股东各持股15%。“当时德隆追得很紧，并且我觉得他们也很有诚意，所以就同意了合作。我一心希望将企业做强做大，一开始还是对德隆寄予了很高的希望。”曹世如说道。

这一次股权转让，曹世如在商场的魄力以及希望迅速做大的决心表露无遗。“德隆提出必须要控股；我还是担任董事长、总经理，所以我觉得没有什么变化，最后就同意了。”

按照曹世如的想法，引进德隆，起码应该在管理团队、资金支持两方面给红旗连锁带来帮助，但不料，事与愿违。

很快，德隆就空降了一个6人团队到红旗连锁。按照曹世如的话来讲，当时红旗连锁敞开胸怀为这一团队提供很好的条件，但是没有想到该团队金玉其外，败絮其中，表面看起来素质很高，其实并不专业。他们来了以后破坏了红旗连锁的正常运行。譬如，按照德隆计划，红旗连锁年内要在成都发展几家大中型的超市，这完全违背了红旗制定的稳定发展原则。

紧接着，德隆要求红旗连锁与旗下另一企业进行相互担保，互保金额为5 000万元。曹世如对此坚决抵制，说：“我了解我的企业，但我怎么了解对方？我当时就给公司的干部团队讲，德隆这样的做法是在利用国家金融体系存在的漏洞。”互保没有得到曹世如的同意，德隆为此很头痛。

曹世如感慨道：“我当时就感觉到，德隆是想完全控制这个企业，一方面掌握现金流，另一方面好干些其他事，但最终发现我并不是一个听之任之、好驾驭的人。”

事实上，德隆在付了第一期股权收购款并完成工商变更后就再无下文。而按照签署的协议，在第二、第三期款项支付之后，股权转让合同才可生效。后来德隆危机爆发，他们没有完全履行合同，曹世如通过各种努力终于拿回了德隆手中的股权。

德隆的事情刚刚解决，原来的母体红旗商场又出了风波。

“在2005年的时候，红旗商场负债8 000多万元，资不抵债。一些老员工就找到我，希望我能接手红旗商场。”曹世如回忆道。

红旗商场内部管理混乱，或多或少殃及了红旗连锁。“他们开了三家分店，但是老百姓心目中只认一个红旗牌子，两面红旗并存的局面搞得我很头疼。”曹世如表示，其他人去做了很多不规范的事情，但别人都会认为这是红旗连锁做的，容易造成混淆。比如，消费者到红旗商场买了东西，发现有问题，又跑到红旗连锁要求退换等。

此外，从2005年起，跨国零售商加速向内地二、三线城市扩展投资，包括沃尔玛、新世界百货在内的国际零售龙头企业都陆续到成都踩点。外资零售企业以及国内其他零售巨头陆续入驻成都，零售市场争夺更为惨烈，红旗连锁也需要两线作战。

在如此情境下，曹世如坚定决心要尽快解决“两面红旗”的问题，以便抽出手来应付更为激烈的市场竞争。当时红旗商场值钱的资产仅剩地处成都盐市口的一栋房产，而这座商场由于长期惨淡经营，已经门可罗雀。曹世如把它接管过来，包括商场8 000多万元的负债。

她果断决定，红旗商场的500多名员工，如果愿意到红旗连锁来工作，经过培训后就可以重新上岗。2005年9月，原来的红旗商场重新开张，部分门面定位为四川土特产销售点，占地面积仅为1 000平方米。门面虽不算大，但在平日里销售额却能达到二三十万元，在高峰时甚至高达上百万元。商场其余面积则用于出租，大楼上面开设了红旗宾馆、红旗剧场。

在这之后，红旗连锁进入了良好发展的轨道，并开始盈利。从2007年起，每年超市业绩都有30%的增幅。“基本上我们每年都要增加100家新店。”曹世如说道。

在这期间，曹世如重点规范加盟店的发展。2005年以后，原先负责加盟部门的任务变成了减少加盟店。“做得不规范的就不再续约，我们还收购了6家加盟店。”曹世如表示，“但如果是在很偏远的地方，经营者本身责任心强，且有能力经营，依然可以选择加盟。”

在这些年的发展中，曹世如更加坚定了一条经营法则：真正的效益源自管理，而不是规模。譬如，红旗连锁的供应商可以登录网站，实时查询自己的产品在每家店的销售、库存情况，并且可以主动给红旗连锁补充货源。“这就保证了管理是透明的，也可以防止公司员工出现违规行为。”曹世如说道，如此一来，也可实现与供应商的进一步互信。在软文化建设方面，她很注重思想教育。在公司起步时，员工当中只有3名共产党员，后来发展到上千名，曹世如本人一直担任党委书记。如此一来，红旗连锁的员工凝聚力变得更强了。

▷▷▷首家便利连锁上市公司

2009年，给红旗连锁做审计的会计师事务所主动找到曹世如，建议她考虑上市的事情。“为什么要上市？上市的好处是什么？其实我当时并不太懂。”曹世如说道。

不过，很快她就接受了会计师事务所的建议，一个企业要做大做强还是要依靠上市融资，按照红旗连锁目前的成绩，应该再继续往前走一步。随后会计师事务所、律师事务所、券商等机构入场，一直到6月份，整个机构团队都运转正常。这时，曹世如心里反而开始不安，她说：“我觉得红旗当时还没做好上市的准备。”于是，上市准备工作不得不暂停。

她解释道，如果需要高速扩张，管理团队储备得还不够。且当时红旗连锁依靠每个月的盈利尚能进行稳健的扩张，每个月都有上千万元的盈利，并不缺资金。

然而，两件事情很快就让曹世如改变了想法。

第一件，2011年年底，多名具有零售业背景的管理人员主动找到曹世如，希望能加盟红旗连锁。“他们来公司后，我根据他们个人的能力安排岗位，现在发挥得都很好。”管理团队的加盟，让她的底气更足了。

另一件事情就是新战略投资者入股。在众多机构看来，中西部的零售业正面临着一次大机遇。民生证券的零售业报告认为，从分地区的经济增长速度、社会消费品零售总额增速来看，“十一五”期间呈现出中西部地区增长快于东部沿海地区、二线城市发展快于一线城市的趋势。这种趋势在“十二五”期间将得以持续。“十二五”规划将重点推进劳动密集型产业向中西部地区转移，区域内就业的扩大和城镇化的提速将推动地区经济和消费加快增长。

事实上，自2007年以来，资本市场逐渐火热，国内外很多股权投资机构都找到红旗连锁，希望能入股，其中不乏高盛、摩根士丹利等国际大牌机构，但都被曹世如拒绝了。在她看来，“红旗”两个字就决定了不能搞成中外合资企业。曹世如始终如一地想将企业做成纯正的民族品牌，这是她一直坚持的原则。

而对于国有的投资机构，她认为，国有企业的体制没有民营企业的灵活，需要考虑的因素太多。零售是一个竞争性太强的行业，曹世如担心机制的不灵活会使企业的发展进入瓶颈。

2009年年底，九鼎投资以及作为“中小板第一股”的新融创投开始分别接触红旗连锁，并在2010年上半年达成投资协议。据曹世如透露，两家投资者总共投资2.7亿元，持股超过10%。其中，九鼎投资公布的投资额是1.5亿元。2010年5月，成都红旗连锁股份有限公司成立，曹世如任董事长、总经理。她表示：“我感觉他们做得很专业，做事也很实在，他们对红旗的文化很认同，对我的团队也很认同，因此我就接受了他们。”

随着风投入股，上市也自然重新成为曹世如思考的问题。在2010年春节过后，上市的各项准备工作又继续推进。2012年9月5日，红旗连锁登陆深圳证券交易所，成为中国A股市场中首家便利连锁超市上市公司。

▷▷▷门店多元化，着重省内

自2010年以来，红旗连锁在发展的道路上进行了一些创新尝试。

“我们会从实际出发，成都的夜生活毕竟还不如北京、上海等地，因此不一定非要做成24小时营业，更多门店只需将关门时间调整到晚上12点即可。”曹世如说道。除了24小时便利店，大卖场也是曹世如的一个构思。她认为，零售业的格局在发生改变，再不开设大卖场可能就落伍了。

此外，现在网购业务很流行，占比也相当大。虽然红旗连锁很早就已经实现网上购物，但是这一渠道也决定了必须有大卖场这样的载体作为支撑。曹世如说：“顾客拿着购物券到红旗连锁买米买油，能消费多少钱？又有谁愿意通过网上购物买酱油？”她认为，社区超市的规模小，要搞一个大促销活动很困难，而大卖场就不一样，做活动很方便。

“因此必须突破大卖场这个瓶颈，我就不相信依靠红旗连锁的影响力没有能力跟外资企业竞争。我们如果不突破，就永远不能实现大步发展。”曹世如说，“有了投资者加入，我们会加快发展的速度，原来已有两个物流配送中心，马上就要建第三个了。”

2003年，红旗连锁尝试走出成都，到四川省内江市开了省内跨区的第一家门店。在连锁经营的模式下，商品价格理应保持一致，但是最后发现，内江分店在各方面的成本都大幅增加。据曹世如透露，随着德阳、绵竹、内江等地的门店数量不断增加，成本逐渐有所下降，总体上效益比不上成都地区，但保持正常的运营没问题。

在曹世如看来，无论是做连锁或其他行业，最重要的还是出发点，“必须抱着为老百姓服务、不让员工失业的心态，这个出发点会让你永远快乐地辛苦着”。

▷▷▷社会责任驱动管理创新

红旗连锁拥有四川省内数量最多的门店，并且还在不断地扩张中，这样的速度离不开其“收购+拓展”的发展方式。几年前，我们还能够看到“互惠超市”的身影，而如今互惠超市的众多门店都已经挂上了“红旗”的招牌。2015 年，红旗连锁展开了对红艳超市、互惠超市、四海超市的收购。

实际上，收购互惠超市十分棘手。

对互惠超市现有的门店进行改造，价格并不比新开门店低。此外，互惠超市拖欠的员工社保、供货商货款都需要收购方协调补齐，红旗连锁其实并没有将其“吃下”的必要，但红旗连锁仍然选择了收购。四川的零售业内人士认为，红旗连锁主动接受互惠超市是出于社会责任的考虑。

社会责任这一理念早已被红旗连锁融入经营之中。我们可以看到红旗连锁的收银员、导购员、铺货员等大多是 40~50 岁的中年妇女。2015 年的一份数据显示，红旗连锁拥有高中及同等学历的员工 7 033 人，初中及以下学历的员工 7 642 人，这些员工共占据员工总数的 90%以上，并且其中 80%是女性。7-11、全家等便利店更倾向于雇用年轻女性作为收银员、导购员。相比之下，红旗连锁就像是行业里的一位“大妈”，一位令人尊敬的“大妈”。

为了能够为社会尽一份力，曹世如接纳进城务工人员和下岗人员，为地方政府解决了“就业难”的问题。收银员、导购员的工作内容并不是很难，工作人员不需要具备高超的技能，只要经过简单的培训就能上岗。

红旗连锁扎根社区，是生活超市，与其他便利店有着不同的定位。生活超市中的柴米油盐对于中年女性来说并不陌生。这些阿姨辈的工作人员是店铺最佳的运营人群，因为她们懂生活、会生活，相比年轻人，她们在社区生活方面有着更为丰富的经验。

红旗连锁尽到的社会责任并不止于此。在“5·12”汶川大地震和“4·20”芦山地震发生后，红旗连锁配送中心协助政府和军队将一批又一批的物资送入灾区。在贫困的川西山区，红旗连锁捐建的多所希望小学已帮助数千名学生完成了学业。红旗连锁成立后为社会捐款捐物上亿元，董事长曹世如个人向社会捐赠 2 000 余万元。

社会责任不是企业的负担，担负起社会责任是企业回馈社会的另一种方式。红旗连锁将社会责任融入企业经营之中，其为下岗职工创造的工作岗位数量位居省内第一；捐建的希望小学数量是省内第一；在同行业中缴纳的税收也是省内第一。不可否认，这面“红旗”的的确确是扛起社会责任的一面大旗。

▷▷▷携手永辉，进军生鲜

从 2003 年起，红旗连锁便开始提供公交卡充值服务，后来陆续增加了缴纳水电气费、手机充值、拉卡拉电子支付系统、广电网络业务费代收、邮政速递代收件等方面的服务。

“红旗连锁——您的好邻居”这样“亲民”的红旗连锁的确成为人们离不开的好邻居。深入人心的便民服务加强了消费者与红旗连锁间的联系，让红旗连锁能够在零售企业纷纷倒下的大环境下得以逆流而上。不过随着移动支付的普及，这种便民服务的优势不再。消费者在网上便可得到日常需要的服务，这让红旗连锁的便民服务似乎只限于充值公交卡这一项。

幸运的是，红旗连锁通过在这几年里，已经找到了另一种不可替代的生活服务。

2017 年 12 月 15 日，红旗连锁向深圳证券交易所申请公司股票停牌。众人纷纷猜测是哪家巨头想要购得红旗连锁的股份。不过让人没有想到的是，入股方竟是永辉。直至 2018 年年初，永辉一共“吃进”

了红旗连锁21%的股份，成为红旗连锁的“二当家”。

生鲜零售业务是永辉超市的经营强项，而在双方通过股权捆绑达成战略合作后，永辉超市专门派出了一个生鲜业务团队协助红旗连锁进行生鲜零售业务的运营。“通过与永辉超市的合作，公司的一些业务短板得到了有效弥补。从目前率先开设的试点生鲜店的情况来看，生鲜门店的营业额较普通门店大幅提升，运营效果非常好。”曹世如说道。

生鲜入场为红旗连锁带来了显著的积极效果。生鲜能让消费者每天都有理由来到小区外的红旗连锁逛一逛，这一行为不仅能够促进生鲜本身的销售，还能够带动超市其他配套商品的销量。生鲜在社区超市的地位将越来越高，消费者也更倾向于购买更为干净的、品质更加有保障的生鲜。社区店如果能让部分居民省去前往菜市场的时间，那么其收益将更加显著。

位于成都市天府新区海昌路的红旗连锁店，依托永辉超市的强大供应链，在原有基础上进行了升级改造，是红旗连锁第一家转型升级、拥有生鲜的社区生活店。店内蔬菜瓜果、鸡鸭鱼肉样样俱全，十分新鲜，引来了很多顾客。家门口的红旗连锁就可以满足日常生活必要的购物环节，特别是在日常生鲜领域，这不仅让消费者省心，还让店内的销售额得到大幅提升。

红旗连锁做过很多产业拓展，包括宾馆、缴费服务和生鲜等。无论哪一种拓展都是对便捷生活的一种尝试，不可否认的是这些尝试给我们带来了许多便利，也让红旗连锁与“便民”二字紧紧地结合在了一起。

▷▷▷“本土化”“接地气” 制胜

年轻人喜欢将红旗连锁与7-11、全家等日资便利店做对比，相比之下，红旗连锁的商品不如日资便利店的新颖，货架摆放不如日资便利店的时尚，甚至收银员也不如日资便利店里的年轻等。这些不足似乎让红旗连锁与“土气”挂上了钩。

2011 年 3 月 17 日，日资便利店 7-11 在成都开设第一家店。许多人都为本土便利店的经营捏了一把汗。

其实红旗连锁与 7-11 等外资便利店有着本质上的区别。红旗连锁扎根社区，是实实在在的社区便利店，而 7-11、全家等便利店大多选址在繁华的地段。繁华地段虽然能够提升便利店的品牌影响力，但是事实上便利店扎堆的繁华地段人群分流严重，并且消费几乎都属于即时性需求，例如购买饮品、香烟等快销品，很少有消费者会因为计划性需求而对便利店产生主动消费的意识。可见这种即时性需求在繁华地段虽然能够促进销售额的增长，但是在品牌的营造上并没有太大效果。没有人会为了计划性地买一些常用商品而专门跑到繁华地段，这也让外资便利店显得“不接地气”。

红旗连锁的店铺遍布各个街区，一个较大的社区附近基本都会有红旗连锁的身影。这些社区店能够满足消费者的计划消费和即时需求。虽然带点“土”味，但是却能给消费者带来实惠和便利的体验。与其说是“土”，倒不如说是一种“本土化”“接地气”的特色。

▷▷▷布局新零售

全球知名咨询公司贝恩发布的《2015 中国购物者报告》显示，2013—2014 年，大环境的低迷使大多数零售企业减少了新开门店的数量，并且关掉了一些效益不佳的门店，比如家乐福关闭了约 25 家，沃尔玛关闭了 30 家。而红旗连锁逆势而上，在 2015 年收购整合、新开门店超过 600 家。这样的成绩正是借助了科技的力量。

2016 年 12 月，红旗连锁联合小米科技、新希望集团发起成立了四川首家民营银行——新网银行，同时这也是西部唯一的互联网银行。目前该银行已为红旗连锁带来盈利。相关数据显示，2019 年新网银行实现营收26.81亿元，同比大增100.79%，同期净利润达11.33亿元，同比更是大增207.61%。而红旗连锁对应获得的投资收益为1.70亿元。至此，红旗连锁“连锁+互联网+金融”的布局已经成型。另外，公司还不断向智慧零售、智慧生活迈进。在加强自有营销网络建设的同时，公司也与美团、饿了么等具有竞争优势的线上企业合作，实现了线下线上共赢发展。

2017年6月，红旗连锁宣布启动红旗云大数据平台，成为国内零售业首家大数据连锁企业。红旗云大数据能够为红旗连锁上千家供应商及其他合作伙伴提供相应的数据服务，为消费者提供消费数据参考和建议，为政府相关部门的决策提供一定的数据支撑，为行业发展提供数据报告等。

红旗云大数据平台与电子商务平台的数据区别较大。电子商务平台的数据分布领域较广、量级较大，是许多企业做决策、下定论的有效参考资料，但电子商务平台的刷单现象十分常见。2018年8月9日，央视《焦点访谈》曝光电商平台有80%的卖家都存在“刷单”现象。这样“刷单”的数据对企业的战略决策、发展方向都会产生一定的负面影响，虽具备参考意义，但仍然不能代表真实的市场。

红旗云大数据平台的数据源自一张小小的会员卡，这些数据是人们在红旗连锁购物时的实际消费数据。虽然产品种类有限，也不能反映全国的消费习惯，但是对于川内的企业来讲，这些数据是真实可靠的，是可以促成企业决策的有效数据。简单来说，红旗连锁的任何一家门店每卖出一瓶酒、一包烟，数据就会被上传到红旗云大数据平台进行分析。如此，近500万会员客户的消费习惯就一目了然了。这些数据能够拉近红旗连锁与消费者之间的距离，淘汰长期滞销的货品，为热销的货品带来更多的空间。

除了红旗云大数据平台之外，红旗连锁还“玩”起了跨界合作。超市目前可以提供公交卡充值、水电气充值代收、移动支付、网络代收、票务代收和取票、邮政速递和顺丰快递的代存、代收件等服务，在全国同行中遥遥领先。红旗连锁还运用自身的渠道优势、信息技术优势等，先后与中国邮政、中国电信、四川发展、香港四洲集团、中国石化、四川能投等多家公司达成战略合作，力争在品牌联合营销、大数据、信息化应用、社区金融、社区O2O服务等领域展开深入合作，助力成都打造“互联网+”时代的5分钟便民生态圈。

不断地创新与跨界让红旗连锁不再是一个传统的零售连锁企业，其不断扩大的影响力使其能改变消费者的传统理念，让红旗连锁焕发出新的活力。

作为成都本土的连锁便利超市，红旗连锁已为社区居民提供70多项便民服务，又与成华区、青羊区、锦江区、高新区、武侯区等的政府部门开展合作，打造“市民驿站”，还可办理社保、税收等多项政务服务。2018年，红旗连锁运用人脸识别等技术推出了线上自助收银、24小时无人售货服务，并研发了红旗App等科技产品，实现了线上线下融合发展。如此，红旗连锁从“连锁经营+物流配送+电子商务”发展成为“云平台大数据+商品+社区服务+金融”的“互联网+现代科技”连锁企业的商业模式。

同时，作为本土最大的连锁企业，截至2019年9月底，红旗连锁的门店数量已经超过3 030家，并且仍在增长中。虽然门店大多数集中在成都区域，但是却占到了全国便利店7.6%的市场份额，仅次于东莞零售巨鳄“美宜家”和江苏最大的连锁超市“苏果好的”。

2020年年度报告显示，红旗连锁实现营业收入90.53亿元，同比增长15.55%；营业利润达5.05亿元，同比略降2.20%，扣除对联营企业和合营企业的投资收益后公司主营业务净利润4亿元，同比增长15.55%。截至2020年12月31日，公司共有门店3336家。报告期内，公司新开门店302家，老店升级改造160家。2021年公司计划新开门店350家。近些年，红旗连锁主动拥抱科技创新赋能，着手进行行门店提档升级、调整商品结构，除了“商品+服务”之外，积极布局快餐、生鲜等领域。2019 年 11 月，红旗连锁牵手阿里旗下饿了么、口碑进行深度合作，主要提供线上超市外卖，推出了城区快捷无缝覆盖的到家服务。目前首批 200 家门店已经上线，后续将根据业务需求新增更多门店，为消费者提供多元化的体验选择。

2019 年 12 月，红旗连锁与中国铁塔股份有限公司成都市分公司联手，打造“5G+智慧商超”新模式。中国铁塔是经国务院批准设立的大型通信基础设施综合服务企业、全球最大的通信基础设施服务公司、国家战略性公共基础设施建设运营主力军。双方将在 5G 网络站址资源储备、连锁超市备电发电、便民电动车换电、智慧物流、智慧消防等方面展开深度合作。未来，双方将不断探索出新的合作路径，助力成都打造智慧城市、建设国际消费中心城市。

不得不说，这样的红旗连锁是川内零售企业向高科技企业转型的一个典范，布局“互联网”与“金融”，打造更靠近消费者生活的生鲜市场，红旗连锁勾勒出了连锁零售行业的未来。

第六章
城市更新

成都人的幸福感来自这个城市的每一份美好，这些美好来自升腾的烟火气、美丽的风景、宜居的环境，还有为梦想提供的养分。包罗万象的成都给了生活一万种可能。

创新激发活力，开放拉动增长。成都市目前正在主动融入国际国内“双循环”新发展格局，在拓展国际循环的同时，持续深化供给侧结构改革，促进国内大循环，助推新经济，全力打造高质量发展的增长极和动力源。

发展脉络总览

▷▷▷产业与城市

西部大开发20年来，世界经济格局正在发生深刻调整。成都市把握城乡统筹实践与发展高端产业的契机，并结合城市自身的特色，吸引了众多世界企业巨头们的关注，激荡出了前所未有的投资热潮，爆发了不可估量的发展潜力。

中央政策研究室、国务院发展研究中心的专家称，成都走出了一条内陆城市科学发展的路径，**“改革开放前三十年的样板看深圳，后三十年的样板看成都”。**

2020年5月17日，中共中央、国务院印发了《关于新时代推进西部大开发形成新格局的指导意见》，提出贯彻新发展理念，形成大保护、大开发、高质量发展的新格局。

作为一个西部内陆城市，成都何以吸引英特尔、戴尔、富士康、仁宝、台湾奇宏等国内外知名企业进驻？成都何以在全球金融危机和汶川特大地震的双重压力下，实现“变道超车、直奔高端”？成都为何能在互联网行业奋起直追？作为众多重点项目的承载地，成都高新区为何能在招商引资、产业化发展、规模经济、可持续发展、知识创造与孕育创新能力等方面都位列全国高新区第一方阵……

成都，这个曾因国宝大熊猫而闻名的中国西部城市，为何能在世界产业转移和经济格局调整的过程中脱颖而出？本章将从经济学和政府的双重视角，以相关案例和模式为切入点，更纵深地在新背景下解读“产业与城市”的关系。

产业与城市到底是何关系？可谓仁者见仁，智者见智。但不可否认的是，每一次产业的变迁都为人类社会发展带来了全新动力，而各个城市的历史积淀、文化氛围、演进历程等则为产业发展打上了鲜明的“烙印”。

从某种程度上来看，城市的发展决定了其产业的环境和基础；而产业发展不仅代表着城市未来的发展方向，还给城市带来了深刻的产业逻辑。

改革开放40余年，中国经济走过了西方国家两三百年的路，GDP超过日本成为世界第二，创造了海内外热议的“中国模式”。原因何在？毋庸置疑，这也是产业的力量。

不管是西方两三百年的发展历史，还是中国改革开放40余年的实践，都可以证明城市化、城镇化进程的加快是国力提升、经济繁荣的体现，而文明的演进则是以城市化、城镇化、工业化、信息化来推动的。如何促进城市经济的发展，就在于如何选择产业发展的路径。

按照习总书记的指示和要求，成都要发展成为特大中心城市，需要加上产业的支撑，才能发展得更好。产业是力量、动力、推手，与城市的发展互动互补、和谐交融。

近几年，成都在“变道超车、直奔高端”的发展道路上找到了感觉。成都前些年所做的工作实际上可分为两部分，一方面，按照“全域成都”的规划理念推行统筹城乡综合配套改革试验，从教育、就业、医疗、社会保障和户籍等方面“破冰”，从而初步弥补了城乡分割“二元”体制的巨大裂痕，努力营造了“人在园中、城在园中、园在城中”的良好外部环境，建设与之匹配的软硬件设施。另一方面，成都在打造外部环境的过程中，把高新技术产业、现代服务业、新兴产业、低碳环保产业、高端制造业等作为招商引资和产业发展的主导方向。相比国内其他城市，成都具有市场辐射能力强、产业发展配套好、物流交通便捷、人才资源丰富、环境宜居宜业等优势，这使成都成为国内外产业转移的优选城市。

成都近些年所做的工作是对上述发展与实践模式的再升华，这体现在：第一，成都依托丰富的自然资源，于2018年3月明确提出建设美丽宜居的公园城市，并编制了《成都市城市总体规划（2016—2035）（送审稿）》。第二，在产业方面，成都逐步规划了未来新经济的发展方向，即“六大新经济形态”——数字经济、智能经济、绿色经济、创意经济、流量经济、共享经济，和“七大应用场景”——大力提升服务实体经济能力、大力推进智慧城市建设、大力推进科技创新创业、大力推进人力资本协同、大力推进消费提档升级、大力推进绿色低碳发展、大力推进现代供应链创新应用。

正是准确的产业演进脉络与城市发展定位，使众多城市都在“争抢”的国内外重大产业项目接连落户成都。对电子工业企业的引入让成都迅速成为IT之城，并吸引了大量的上下游配套企业迁址入驻。成都人力资源丰富、交通运输便捷，为电子工业企业营造了一个舒适的发展环境。

据四川省经济和信息化委员会的官方文件，2020年，四川省电子信息产业克服疫情不利影响，呈现良好发展态势，总量达12 684.8亿元。

对于其他高端产业，例如生物医疗、运输载具制造等，成都附近的德阳、绵阳拥有航天工业部件生产的基础，可谓近水楼台先得月。只需通过便捷的交通系统，就可以快速地完成原料、零件的补给，为企业节省供应链成本。

成都互联网企业的发展也在与时俱进。2008年腾讯入驻高新区，成都高新区成为西南地区的互联网中心。紧接着华为、新浪、京东等都在成都落户，这些企业将研发部、技术团队悉数安置在成都，除了可降低研发成本外，更看重的是成都的人才资源。

▷▷▷成都的吸引力来自哪里?

对城市来说，如何让人民群众对日益增长美好生活的向往得以满足，是一个城市温度的重要体现，也是衡量一座城市的幸福指数和吸引力的重要标准。2020 中国幸福城市论坛发布《2020 中国城市幸福感报告》，成都、杭州等 10 个省会及计划单列市入选，这是成都连续 12 年蝉联最幸福城市 TOP1。

成都市除了持续打造巴蜀特色国际消费目的地等一系列新消费场景，为人民提供高品质的生活环境和宜人场景之外，着力实施城市更新行动，也是让人民群众的获得感、幸福感、安全感的重要举措。

在 2021 年 8 月 18 日国新办举行的“建设人与自然和谐共生的美丽中国”发布会上，生态环境部部长点赞成都空气质量改善。几天后，住房和城乡建设部总经济师杨保军又为成都的城市更新工作点赞。他说“成都猛追湾是一个成功的城市更新案例。这里实施城市更新后，成了成都著名、全国闻名的活力休闲区。”

2021 年春节后，成都召开了“两会”，成都市委、市政府决定在“十四五”时期实施“幸福美好生活十大工程”，其中就包含了“城市更新和老旧小区改造提升工程”。7 月 19 日，成都市住建局围绕建设践行新发展理念的公园城市示范区、高品质生活宜居地和世界文化名城的城市目标，正式印发《成都市公园城市有机更新导则》。8 月 16 日，成都举行了城市更新和老旧小区改造提升工程重大项目集中启动仪式，年内成都计划启动片区更新项目 59 个。

如此密集的城市更新行动，是成都坚持以人民为中心的发展思想，着力提升群众幸福感的生动实践。

除了对人民群众的吸引力体现，成都还有什么优势和磁力能吸引如此众多国内外企业的关注?

究竟是什么力量为成都这座千年古城注入了生机，使其焕发新颜，并成为《福布斯》榜上未来10年发展最快的城市之一呢？

《福布斯》（中文版）总编辑周健工称，成都拥有很强的工业发展基础，同时，成都的电子信息产业与创意产业在全国范围内具有相当大的影响力，这些都成为成都发展的原动力。

现代的高端产业和产业高端化为成都带来了机遇，高新技术产业、高端现代服务业、低碳环保产业、新兴产业等为其带来了革命性变化。区位环境、政策优惠、人才成本、产业配套、基础设施、市场潜力、政府服务等影响因素无疑也是让国内外巨头企业“扎堆”成都的原因。

经过改革开放40余年的发展，各地已经充分认识到人才、政策、软硬件环境、政府服务等要素对招商引资的作用，并铆足劲儿下功夫，各个城市在这些方面的差距正在缩小。改革开放初期所提及的优惠政策、劳动力成本等已经不是这些企业落户成都的最主要因素了，综合竞争优势才是最为重要的原因。

▷▷▷“T”形经济带轮廓初现

从过去几年的数据中可以看出，中西部地区省份增速位列全国前茅已经成为一种常态。与此同时，一些东部沿海省市的经济增速开始明显放缓。2011年，天津市地区生产总值增速达16.4%，2016年，达9.1%，排名全国第四。然而，从2017年开始，天津市地区生产总值增速陡然放缓，仅为3.6%，跌至全国最后一名。2018年，这一数据保持不变。2020年增速跌至1.5%。虽然这仅为个例，但是东部沿海地区经济增长放缓已成趋势。

东西部地区发展的不平衡与不均衡恰恰蕴含着巨大的发展潜力，中国西部经济一体化趋势出现，“T”形经济带轮廓初现。随着我国经济发展中心由东部沿海地区向中西部内陆地区渐次过渡，深居内陆的成都、重庆、西安、昆明的经济发展速度引人注目：成都、重庆、西安先后被定位为国家中心城市，昆明也成为区域经济发展的龙头。如果横向把成都、重庆相连，再延伸至贵州、湖南，纵向把西安、成都和昆明相连，那么一个从西北向东南倾斜，直接覆盖中西部几省和一个直辖市的“T”形经济带就会显现。

从相关统计结果来看，近年来“T”形经济带已经成为中国内陆最具活力的经济带，成为与沿海三大经济圈（京津冀、长三角、珠三角经济圈）并驾齐驱的中国经济“第四极”，极大地推进了西部经济一体化，并和国内外经济高频互动，增强了中国经济的回旋空间和能力，对推动经济社会的均衡发展产生了十分重要的积极影响。

“会展+”：阔步迈向“国际会展之都”

会展是一座城市的“名片”，被誉为“触摸世界的窗口”和“产业发展的加速器”，是连接世界的桥梁、创新发展的引擎，可以形成跨产业、跨区域的信息流、资金流、物流和人流。中国会展经济研究会发布的《2019 年度中国城市会展业竞争力指数报告》显示，成都再次入选了“2019 年度中国最具竞争力会展城市”，并连续三年位居全国第四、中西部第一，仅次于上海、北京、广州。

会展国际化成为推动城市国际化的重要一环。目前，成都会展经济已从国内走向国际。2019 年，荷兰皇家展览集团、上海万耀企龙展览有限公司、意大利展览集团集体宣布正式进驻成都；法国智奥会展集团与成都签署战略合作协议；瑞士迈氏集团来蓉调研；中欧国际会展业合作圆桌会发布了《中欧会展业合作成都倡议》，决定将成都作为欧洲会展企业、机构拓展中国西部会展市场的“首要登陆城市”……西部会展经济发展劲头十足。

2020 年年初，会展行业受疫情影响遭到冲击。数据显示，疫情期间，成都市取消或延期的展会和节庆活动达上百个。但这并没有阻挡成都构建会展经济产业生态圈的步伐。2020 年 4 月 1 日，会展经济产业生态圈建设工作推进会议（以下简称“推进会”）在中西部国际博览城召开，成都市博览局相关负责人表示，“成都市将会展经济产业生态圈列为全市 14 个产业生态圈之一，充分说明了会展经济在新兴服务业中的重要地位和作用”。

2020 年 5 月成都出台《成都市培育展会新模式激发增长新动能指导意见》，旨在加快会展产业与数字经济、智能经济、绿色经济、创意经济、流量经济、共享经济“六大形态”深度融合发展。作为全国会展经济产业生态圈首提者，成都已形成以天府新区总部商务区为支撑，以东部新区国际会都岛、新津天府农博园、大邑大匠之门文化中心、都江堰融创文旅城四区协同、差异互动的产业生态；已出台的《会展产业精准支持行动计划》等15项长效管理政策，为提升会展生态圈的产业能级，推进生态圈统筹发展提供了强力支撑。政策利好之下，全国首个会展新经济产业园2020年8月在成都开园。

成都将继续通过西博会、农博会、欧洽会等重大活动组展办展，利用国际商会、重大展会活动，带动区域内相关企业走出去，拓展实体经济产业链和市场范围，提升会展经济竞争力。

▷▷▷西博会中的城市进阶史

在互联网兴起之前，国内企业唯有通过展会与论坛的形式将企业和投资方汇聚在一起，才能让企业与企业、企业与投资方之间实现更精准的接洽，从而达到促进经济发展的目的。西博会的举办至今已经促成了总金额高达数万亿元的投资和合作项目，其对西部的经济发展有着举足轻重的作用。

自2000年举办第一届西博会以来，西博会在20年的时间里经历了三个不同的阶段，这三个阶段都有其明确的目标和定义，从最初的转换剩余经济，到如今的生活、科技、商业盛典，西博会最终成了国家级的大型涉外论坛和展会。

2010—2020年，成都的地区生产总值增长了近3.2倍，绵阳、德阳、宜宾等城市经济一直也在保持着稳定的增长，这些城市为四川整体经济的平稳发展起到了不小的推动作用。

如今的西博会已经不再局限于中国西部的优秀产业。从2007年第八届西博会上英国、捷克、巴西、意大利首次设展后，越来越多的国家加入了这一盛会。这些国家设展的原因也很简单，它们需要一个能够向潜力十足的中国市场展示其高新技术的平台。随着越来越多的国家加入其中，西博会对世界的影响力和号召力也越来越强，举办西博会的成都也成为万众瞩目的中国西部核心城市。

西博会让世界认识了成都，而随着“一带一路”的推进，成都也成为中国进入西亚及欧洲市场的出发点。在国内经济转型力度加大的宏观背景下，成都作为新一轮向西开发开放的枢纽，截至 2020 年年底，已吸引到世界 500 强企业中的 364 家企业前来投资兴业，其中，境外世界 500 强企业达到 250 家。产业转移及高端产业的总体定位成为推动全市经济高速增长的主要因素，尤其是高新区的电子信息产业和汽车产业方面。这一切奠定了成都“西部产业第一城”的地位。

可以看到，每一届西博会都有一个主题，从“与世界接轨”到“中国西部 · 世界机遇”再到“开放创新 · 合作共赢”，我们能够体会到西博会的成长历程。从接轨到世界机遇再到新时代，“西部大开发”与“一带一路”为西部经济发展带来了一个又一个的高峰。第十八届西博会除了有往届参展的各国外，还有新加入的阿根廷、乌拉圭、秘鲁等南美国家，东盟 10 国以及南亚 6 个主要国家悉数前来，韩国与日本两国也在不断地扩大参展面积。

为了向投资方和各企业展示一个现代化的城市，成都一直在大力整治、规划交通和环境，给有意向入蓉发展的企业留下了深刻印象，真正实现了西博会“共办、共享、共赢”的办会初衷。相信这些企业能够在这里找到令其动心的投资理由。

西博会这个原本只为西部争取剩余经济资源的论坛，已然成为展示全球经济的盛会。西博会能带来的经济收益已经远远超出了创立之初的期望，如今的西博会不仅是中国西部的盛典，更是一场全世界的盛会。未来，西博会还会带着“一带一路”的成果继续刷新其辉煌的成绩，成都、四川和中国西部地区的经济也会随之蓬勃发展。

▷▷▷欧洽会：连接欧亚丝绸之路

中国第一次向西探索，是在西汉时期。张骞奉命出使西域，从汉朝都城长安出发，过玉门关一路向西，经楼兰至疏勒，最远到达今天的里海沿岸。虽然当时张骞距欧洲仍有很长一段路，但是后人却沿着他的足迹，走出了一条横跨欧亚大陆的“丝绸之路”。

2006 年，欧洽会来到中国的第二次活动选址——成都。此后，它再也没有离开过这里。2014 年，欧洽会的主题是“东西携手——共启新丝绸之路”，从举办效果来看，“新丝路”已入佳境。欧洽会这一平台，全面推动了中国西部地区与欧洲在投资、贸易、科技、文化等方面的交流合作，树立了中欧互利共赢合作新标杆。

▷▷▷从成都出发

2013 年，中国提出“一带一路”倡议，依靠中国与沿线各国的双多边机制，借助既有的区域合作平台，积极发展与沿线国家的经济合作伙伴关系，共同打造互信互利的人类命运共同体。这条贯穿了亚欧非大陆的经济合作带，一头是活跃的东亚经济圈，一头是发达的欧洲经济圈，横跨了世界上面积最广阔、人口最多的大陆，中间广大的腹地国家经济发展潜力巨大。

成都作为“一带一路”中的重要城市，拥有 2 300 多年的建城史，自古以来就是丝绸之路的汇集地。蜀锦、川茶等物资曾源源不断地从这里流向西亚与欧洲。2015 年开通的蓉欧快铁（成都—罗兹）更是将成都和欧洲紧密地联系在一起。这条线路全长 9 826 千米，运行时间不到 11 天，是国内直达欧洲时间最短、最早承诺定期开行且冬季不停运的中欧班列。

更为重要的是，2017 年成都成为欧洽会永久举办地，与成都飞速发展的经济水平和深厚的文化底蕴息息相关。近年来蓉欧快铁新开成都至莫斯科、布拉格等9条线路，国际班列全年共开行1 012列，货值达46亿美元、增长了254%，位居全国中欧班列第一，2020年，重庆、成都两地中欧班列开行数量近5 000列，同比增长近60%，历年累计开行量达1.4万列，占全国开行总量40%以上。航空肉类进境指定口岸获批，实现了空港“7×24小时”客运口岸通关、货运口岸预约通关。

2019年成都在欧洲的进出口总额为13 134.4亿元，增长了37.1%；双向投资持续增长，欧盟国家在蓉投资企业约达435家，到位资金约达52.67亿美元。至今欧洽会已举办十五届，累计参会欧方企业达4 000余家，中方企业达7 600余家，成功安排企业配对洽谈29 000多场次，达成意向性合作协议3 100多项。种种迹象表明，成都已成为中国西部对欧洲开放的新起点。

▷▷▷新经济百花齐放

2019年第十四届欧洽会开幕。本届欧洽会探讨和交流的主题是“共建陆海新通道，共创开放新枢纽，共享合作新机遇”。

本次欧洽会共有来自芬兰、西班牙、德国、法国、意大利、波兰、英国、丹麦、拉脱维亚、塞浦路斯、比利时、匈牙利、俄罗斯等27个欧洲国家的300余家外方企业和机构，以及700多家中方企业和园区代表参会，涉及教育、生物医药、科技创新、信息与通信技术、工业环保、文化旅游等主题和领域。在为期3天的会议议程中，这些参会代表参加了中欧新经济自由贸易高峰论坛、中欧国际化营商环境论坛、中欧数字经济与科技创新论坛、北欧可持续发展城市论坛、中欧职业教育高峰对话、中欧水资源发展论坛、第二届中欧国际会展业合作圆桌会、中欧企业项目配对洽谈会等活动，分享了新经济发展成果，探寻了新经济成长路径。

在中欧企业配对会上，集中签约了13个对欧合作项目，总投资合计约 1.8 亿美元，包括英国纬图亚太总部项目、福布斯中国 U30 加速器暨创新基金合作项目、剑桥科技创新中心项目、亚太经合组织中小企业信息化促进中心项目、卡夫卡国际文化交流中心项目等。其中，11 个项目落地成都高新区。另外，中欧企业项目对接达2 000余次，现场达成超 400 个企业合作意向。

值得一提的是，在 2019 年的这届欧洽会上，位于成都高新区的中国—欧洲中心以欧洽会永久会址的身份首次亮相。当前，已投入使用两年的中国—欧洲中心正主动服务国家对外开放战略，以“对欧商贸中心、交往中心、服务中心”为核心功能定位，打造对欧开放合作平台。截至 2019 年 11 月底，中国—欧洲中心已有法国蒙彼利埃大区、波兰罗兹省、德国北威州等 16 家境外官方机构入驻，有英国纬图亚太总部、挪威 Opera 中国区总部、亚马逊 AWS 联合创新中心、成都以色列科技创新中心等 10 余家外资总部企业及创新平台落户，并引进了成都“一带一路”国际商事法律服务平台、贸易仲裁委员会、“一会三中心”、成都市对外开放展示中心等 5 个配套平台型项目。

通过欧洽会，成都已在英国、意大利、丹麦、芬兰等国建设海外离岸基地 35 个，并在成都高新区建成国际人才创新创业孵化基地 90 余个，引进高层次海外人才项目 108 个，并设立海外人才离岸创新创业基金，全面形成了海外预孵化、到岸再孵化、加速器产业化等全链条的跨境创新体制机制。

成都市政府表示，将充分发挥中国—欧洲中心作为中欧合作平台的作用，快速衔接成都天府国际机场、中欧班列等交通枢纽，有效实现互联互通，推动中欧企业在资本、品牌经营、市场拓展、跨国技术转移交易、项目开发等方面的全方位合作，助力蓉欧合作不断升级，助力成都建设成为国际门户枢纽城市。

如今，成都正积极把握西部陆海新通道建设的契机，大力推动“四向拓展、全域开放”。目前已有 18 家外国领事馆在成都设点，这为西部发展提供了巨大的帮助。以“一带一路”为轴，打造点轴面的合作方式，欧亚大陆的合作伙伴可以在这里找到合作的目标和支点。

通过欧洽会的合作方式，在“一带一路”倡议下，中欧必将在欧亚大陆架起通向繁荣的大桥。

“公园+”：未来城市形态样本

公元1170年，46岁的陆游入蜀。一生颠沛流离的大诗人，终于在成都获得片刻安稳。他在成都留下了许多诗篇，其中《成都行》中的名句“成都海棠十万株，繁华盛丽天下无”是我最喜欢的。晃眼千年过去，虽然当年大诗人所见盛景我们无缘再见，但是成都人却想把“十万海棠”的梦想留在这里。

2018年2月，习近平总书记在成都视察期间，首次提出了“公园城市”的理念。而后，2018年3月初的成都市“两会”，通过了最新修编的《成都市城市总体规划（2016—2035）（送审稿）》，“公园城市”这一全新理念被写入新总规划，成都明确提出将加快建设美丽宜居的公园城市，探寻美丽中国未来城市新形态。

“公园城市”是一个新词汇。众所周知，新加坡有“花园城市”的美誉，中国的贵阳、深圳已创建“森林城市”，此外还有“田园城市”“生态城市”“山水城市”“低碳城市”等多种提法，那么“公园城市”又与它们有何不同呢？

▷▷▷何为公园城市？

实际上，城市是一个人与自然、人与人和谐共存的有机体，环境的营造和改善都需要从人的需求和能动性出发。

所谓“公园城市”，并非仅指多建公园，而是要集经济建设、政治建设、文化建设、社会建设及生态建设于一体，全面体现新发展理念的城市发展新模式。天府新区总规划师、复旦大学教授匡晓明认为，“公园”可以理解为一种城市空间极大程度面向全体人民开放的城市先进形态。这种形态适应社会主义发展阶段，以“公”为目标，“园”为“公”的载体与表现。成都市规划设计研究院院长表示公园城市是一种以生态文明引领城市发展，以人民为中心，构筑山水林田湖城生命共同体，形成人、城、境、业高度和谐统一的大美城市形态的城市发展新模式。

东部新区书记、原成都市规划管理局局长介绍，公园城市的内涵特征主要包括四个方面：

一是突出以生态文明为引领的发展观。建设公园城市正是以尊重自然、顺应自然、保护自然的生态文明理念引领绿色发展来回应人民群众对美好生活的向往，实现“蓝天白云常在，青山绿水永存”的美好愿景，引领功能产业、资源利用、文化景观、生活服务等各方面发展，形成“绿色+”的新发展框架；实现城市格局更加优化、绿色空间和公共空间更加丰富、公共服务更加均衡、城市功能更加开放、城市形态更加优美、城乡关系更加融合、产业发展更加绿色的愿景。

二是突出以人民为中心的价值观。城市发展关乎民生、连接民心，必须始终坚持以人民为中心的发展思想，切实将提升老百姓的获得感、满意度和幸福感落到实处，落到细节处。公园城市的理念将“城市的核心是人”作为价值取向，以“让生活更美好”为使命方向，突出公园城市中的“公”字，做到共商、共建、共治、共享、共融；突出人民属性，以人民的获得感和幸福感为根本出发点；突出“服务所有人”，力争满足各类人群的个性化需求。

三是突出构筑山水林田湖城生命共同体的生态观。公园城市理念应体现山水林田湖城之间的合理配置和统筹优化，将山水林田湖城视作一个生命共同体，构筑人与自然之间唇齿相依的一体性关系。

四是突出人、城、境、业高度和谐统一的大美城市形态。公园城市理念将以人本作为规划建设的逻辑起点；科学构建城市空间形态，提升城市宜居品质；注重生态建设，营造碧水蓝天、森林环绕、绿树成荫的城乡环境；强调加快产业转型，大力发展与生态环境相协调的功能产业；实现农耕文明、工业文明和生态文明交相辉映，人、城、境、业高度和谐统一的大美城市形态。

“公园城市”的提法便是兼顾“十万海棠”与“繁华盛景”。公园城市以“园”为载体，以“公”为核心，突破了以往人与自然相割裂的生态观和城市规划观，让人耳目一新。

▷▷▷如何建立公园城市？

根据《中共成都市委关于高质量建设践行新发展理念的公园城市示范区高水平创造新时代幸福美好生活的决定》（以下简称《决定》），成都打造公园城市，其发展分为三个阶段。到 2025 年，人、城、境、业高度和谐统一的美丽宜居公园城市形态基本构建，创造幸福美好生活的体制机制和政策框架基本建立。到 2030 年，践行新发展理念的公园城市示范区全面建成，幸福美好生活水平全面提高。到 2035 年，生态型、高质量、人本化、有韧性、可持续的特质充分彰显，践行新发展理念的公园城市示范区成为全国样板，共同富裕走在全国前列。

成都公园城市的建设长达数十年，如何实现最终目标，首先要做好顶层设计。2018 年 5 月 11 日，天府公园城市研究院正式成立，这也是全国首家公园城市研究院。该院聘请了多个领域的权威专家组成顾问委员会，重点推进首批八个重大研究课题：公园城市的内涵研究、指标体系的国际经验与趋势研究、建设模式研究、对市民平时生活影响的研究、消费场景研究、公园形态研究、对城市品牌价值的研究、绿色生态价值研究，从而为完善公园城市理论体系奠定了坚实基础。此外，研究院还将与联合国人居署、清华大学环境学院、同济大学建筑与城市规划学院、中央党校、中国社会科学院财经战略研究院、国家发改委城市和小城镇改革发展中心、腾讯云等多家研究机构签订战略合作协议，建立长期合作关系。

总规划师匡晓明教授称：“城市发展的终极目标，是公共产品遍及每个角落。这也是公园城市的努力方向。”对成都而言，“公园城市”会和大熊猫一样，属于成都未来又一张闪亮名片。成都跟长三角、珠三角地区的城市比较，城市发展程度可能存在差距，但是成都农村美丽的田陌、灵秀的竹林、温情的村落和城市的繁华相互映衬，各美其美。可以说，成都农村的品质衬托和提升了城市的品质，没有这样的农村也就构不成现在的成都。

成都的农业农村振兴就是公园城市的乡村表达，在城市经济快速发展的同时，始终不忘保护农业农村，留住好的山水格局、好的田园林盘、好的自然村落和乡愁记忆，是未来城市最大的价值所在。要真正把资源运用好，结合城市发展和项目落地，把大量的城市基础设施配套和城市公共服务配套延伸到农村腹地，这是国内其他地方少有的优势。

可以看出，从公园城市到公园城市示范区，上升到一个全视域、全方位、全领域的崭新高度，是习近平生态文明思想的体现。**公园城市作为一个未来城市发展方向，也是对城市建设管理、市民生活、社会治理的全方位变革，体现了我们的制度优势，最终服务于人。**特别是经过此次新冠肺炎疫情的重大考验与反思，我们更加深刻地理解了人和自然的关系，更加切实地体会到新发展理念和习近平生态文明思想是多么重要的科学论断。公园城市理论的提出，为推进人类命运共同体建设提供了中国智慧和中国模式，也是全球探索城市可持续发展的新形态、新高度。

“公园城市”是全面体现新发展理念的城市发展新模式。“公园城市”的“公”为全民共享，“园”为生态多样，“城”为生态宜居，“市”为创新生产。城市建设最终要实现发展的可持续，既满足当代人的需求，又不对后代人构成危害。

正在成都进行的公园城市建设实践，突出以生态文明引领的发展观，以人民为中心的价值观，以构筑山水林田湖生命共同体的生态观，实现人、城、境、业高度和谐统一的大美城市形态。在公园城市里，生态价值得到全面充分体现，诗和远方在这里深情相拥。

成都建设公园城市示范区，责任重大，意义重大。公园城市建设是一个全新课题，国内外没有样板可学，没有标准可依，实践中没有范例可找。只有结合成渝地区双城经济圈建设的新形势、新任务、新要求，对建设践行新发展理念城市再学习、再提高，才能在认识理解上更深刻，在内涵把握上更精准，在路径选择上更科学。

优化空间布局，建设全域公园。《决定》指出，成都要建设以协调为新优势的公园城市，努力拓展人和城的承载空间。成都建城历史悠久，独具魅力，要传承成都城市的规划基因，彰显其特有美丽基础上让城市更富朝气，更具活力，形成“产田相融、城田相融、城乡一体”的全域公园城市美丽新格局；坚守呵护自然生态本底，形成“山水田林城”公园城市新形态。公园城市建设要尊重城市建设规律和基础条件，基础设施建设先行，先地下后地上，让城市从大地里长出来，有呼吸、有生命，有机、生态、绿色，坚持以协调作为推动公园城市的内在要求，实现城市与人、城市与产业的友好对话，特别要重视城市的数字化统筹，形态与内容同步建设，强化对建筑体量、高度、理念、色调等要素配置，成为美丽的全域公园城市为幸福美好生活提供永续承载空间。

建绿色产业群，筑经济生态圈。构建绿色产业集群，打造集成电路、新型显示、新能源产业集群，培育壮大电子信息、装备制造万亿级产业集群，培育航天、生物医药、新能源、新材料、绿色低碳等新兴产业集群，抓住国家数字经济创新发展试验区建设机遇，发展工业互联网等新兴产业和信息技术应用创新产业，创建区块链产业创新中心，强化大数据、人工智能、区块链等功能应用，把握5G网络商用机会，加快互联网+产业发展。抢抓绿色基础设施建设机遇，推动基础设施建设绿色化低碳化，推动可持续生产与消费，发展绿色贸易。特别作为新的内陆开放门户，成都要贯彻绿色发展理念，着眼于全球资源配置，促进国际产能与基础设施建设的绿色化，积极推动中外绿色制造领军企业加强合作，共同服务“一带一路”沿线国家工业绿色发展。要为城市发展提供源源不断的动力源泉，通过构建产业生态群、经济生态圈、创新生态链，形成城市产业与城市生活互促互荣的现代城市建设新格局。要创新统筹好改革、科技、文化三大动力，推动创新性发展、创造性转化，从而促进公园城市的高质量发展。

2020年，成都的公园城市建设有了新的定位和使命。尤其是国家相关战略决策对推动成渝地区双城经济圈建设作出重大战略部署，明确要求支持成都建设践行新发展理念的公园城市示范区。

由此，从“公园城市”到“公园城市示范区”，是更精准的定位，也为成都指出了明确的探索路径。

“智慧+”：开启成都新经济 2.0 时代

2016 年，李克强总理在强调“加快新旧动能转换”时，提及“新经济”。他称：“过去我们的政策主要扶持企业的技术改造和就地扩能，现在要提升政策的‘边际效益’，让政策向新动能、新业态倾斜，大力发展‘新经济’。”

实际上“新经济”这一说法，早在 1996 年 12 月 30 日的美国《商业周刊》的文章中就被提了出来。当时的美国经济在第二次世界大战后高速增长，经济增长率达到 4%，失业率从 6% 下降到 4%，通胀率也在不断下降。1999 年美国的消费品通货膨胀率只有 1.9%，为 34 年来的最小增幅。美国经济界便用“新经济”来形容那一段时间蒸蒸日上的经济形势，将其定义为在经济全球化背景下，受信息技术革命形成的经济发展模式，其特点是高增长率、低失业率、低通货膨胀率、低财政赤字。

不过随着时代变迁和社会发展，新经济的内涵也在不断变化。新经济的两个关键因素是其与旧经济的本质区别。

第一，新经济产生的背景是经济全球化和信息技术革命。只有在经济全球化的背景下，才能实现资源和人才的自由配置，这为新经济的发展奠定了基础；新经济的“新”，源于生产和发展的原动力——信息技术带来的全新革命。这不仅改变了人类的信息传输方式、储存方式，更让生产力得到大幅解放和提高。

第二，新经济是知识密集型经济。区别于传统经济，知识密集型经济对自然资源和人的体力劳动需求更低，往往以高技术产业为支撑，以智力资源为主要依托，同时强调“创新”是其发展的核心之一。

今天，随着大数据、人工智能和物联网的发展，“新经济”呈现出了与“旧经济”融合的趋势。这便是“新零售”和“新制造”提出的背景。因此，我们可以把新经济归纳为两大力量：一是利用“互联网+”（信息化）等培育新动能；二是要改造升级传统动能。

▷▷▷中国新经济格局

中国经济进入“新常态”以后，经济形势错综复杂，传统行业增长乏力，中国经济需要持续寻找新的增长点。从 2010 年开始，一大批优秀的互联网公司如百度、腾讯、阿里巴巴、京东、华为、今日头条等成长壮大，形成了目前中国新经济全面开花的局面。2020 年，中国 GDP 首次突破 100 万亿元，在新冠疫情和中美贸易摩擦等一系列的严酷外部环境之下，中国经济保持了 2.54%的增长，表现出总体平稳、稳中有进、稳中向好的发展态势。中国经济之所以能够面对复杂严峻的国内外环境，顶住下行的压力，很大程度上得益于新经济的蓬勃发展。

此处仅以新经济中的数字经济为例。据《人民日报》相关数据，截至 2020 年 6 月，中国网民规模为 9.4 亿，网络零售用户规模达 7.49 亿。如今我国进行的 5G 技术研发试验第三阶段测试工作已经基本完成，我国 5G 已经正式商用。

数字经济新动能的积聚创造出了三大红利：一是创造了消费增长红利。我国移动支付交易规模位居全球之首，2020 年全国网上零售额达 11.76 万亿元，较 2019 年增长 16.5%。二是创造了数字经济红利。深入推进“互联网+”行动和国家大数据战略，基于互联网、云计算和大数据等数字技术驱动的新兴产业已成为新的经济支柱产业。三是创造了数字就业创业红利。数字经济带动了大量直接就业，在线医疗、在线教育、餐饮外卖等新型消费模式呈现爆发式增长，已经成为名副其实的新经济增长点。

除此之外，分享经济、共享经济、平台经济等新经济模式也迅速成长。同时，全球又迎来了以人工智能、物联网为代表的新一轮技术革命。中国开始在各科技领域与欧美并驾齐驱，处在同一起跑线上。这既是中国实现弯道超车的重大机会，也是实现民族复兴的千载难逢的历史机遇。中国新经济接下来的发展情况，将决定着中国在新一轮国际秩序中所处的位置。

▷▷▷成都新经济路线

2017 年 11 月，成都市召开了新经济发展大会。此次大会不仅为成都设计了新经济发展方案，还明确提出："到 2022 年，基本形成具有全球影响力和区域带动力的新经济产业体系，成为新经济的话语引领者、场景培育地、要素集聚地区和生态创新区，建成最适宜新经济发育成长的新型城市。新经济产值达 5 000 亿元以上，新经济总量指数排名进入全国第一方阵"。

不沿江、不靠海，作为后发新兴城市，成都并行发展六大经济形态令人折服。历数成都发展新经济的前世今生，即便高端人才、资本质量、产业基础、改革环境相对北上深较弱，但不甘沦为"二线城市"的成都率先系统性提出"新经济"，意欲"变道超车"，彰显了"破釜沉舟"的勇气。

相较于充分利用"市场化红利"吸引全国创新人才的深圳，拥有全国顶尖高校科研资源，并以政治中心身份作为重要支撑的北京，拥有得天独厚的资本和地理优势的上海，以及依托互联网巨头企业形成互联网经济生态的杭州，成都要发展新经济虽然有困难但并非痴心妄想。人才吸引力强，市场活跃度高，文化资源丰度高，以及拥有发展创意经济的创新基因与资源禀赋等优势，已为成都发展新经济产业奠定了坚实基础和提供了重要保障。

虽身处新一线城市序列首位，但成都仍然是一名追赶者。在人才结构、企业家精神、海外市场拓展、金融支持以及基础建设等方面，成都距离新经济之城依然有差距。成都需要“海纳”新人群、“引爆”新模式、“聚变”新要素、“解放”新技术、“构筑”新生态，从建设宜居“公园城市”出发，转变创投发展理念，持续推动智慧产业，最终实现“蝶变”。

面对丰富且仍在加速聚集的创新资源，成都正通过梳理与整合，探索出一条释放成都优势、体现成都特色的新经济发展之路。在这条路上，绕不开的是以“互联网+”“AI+”为核心的互联网行业。

成都发展新经济、打造新经济之城为互联网行业的发展营造了良好的氛围，形成了巨大的推力；反过来互联网行业的蓬勃发展也是成都发展新经济、打造新经济之城的一个重要体现。“互联网+”出行形成了共享单车、网约车服务、网上购买票、出行导航系统等，是现行交通系统短板的一个补充。工业互联网作为第四次工业革命的重要基石，是现代经济发展过程中重要的新型基础设施之一，就好比第一次工业革命的铁路，第二次工业革命的电力，未来互联网和5G的结合更会生发出难以描绘的巨大应用空间。

发展新经济，需要颠覆者，互联网行业正是颠覆者的聚集地。未来，大家将共同见证科技对传统行业的重新定义，这开启了实体经济发展的新时代。

后疫情时代的新经济发展，成渝两地将在“推动西部大开发形成新格局、推进成渝地区双城经济圈建设”等多重机遇的叠加下，最终形成高质量发展的增长极和动力源，一极两中心。

什么东西是最具有力量的？我们常说产城结合，产业是推动经济发展重要的原动力。那么新时代的新产业是什么呢？我们选择新经济作为经济增长的爆点。

2020年上半年，成都面向全球持续发布1 000个新场景、1 000个新产品，助推新经济产业发展。新经济已变成很重要的经济增长方式和城市发展方式，即从过去传统的产业和城市的关系，发展为新经济与城市的关系。

▷▷▷布局“新基建”，位居全国第一梯队

“新基建”这一概念源自2018年中央经济工作会议。该会议明确指出2019年加快5G商用步伐，加强人工智能、工业互联网、物联网等新型基础设施建设。

2020年4月20日，国家发改委首次明确了中国“新基建”的范围和当前的工作重点。

以5G为例：成都作为全国首批5G规模商用试点，提出到2022年要建设成为5G网络供给全国领先、行业应用深度融合、核心生态高度汇聚、产业聚集效应凸显的中国5G创新名城。2019年2月底发布的《成都5G产业发展规划纲要》提出，到2020年年底，成都将建成5G基站1万个，到2022年全市建成5G基站4万个以上，培育5G产业链企业500家以上，5G产业规模达到1 000亿元，成为全国重要的5G资源聚集地、中国5G创新名城、千亿规模全国5G产业发展高地。

2020年7月，《成都市新型基础设施建设行动方案（2020—2022年）》（下称《方案》）正式出炉，为成都“新基建”清晰了路径，也明确了未来三年的重点任务。

根据《方案》，到2022年，成都将基本形成技术先进、模式创新、四网融合、支撑有力的新型基础设施，与铁路、公路、桥梁等传统基础设施，共同构建数字化、网络化、智能化的基础设施体系，对国民经济和社会发展的贡献度和支撑力显著提升。

“新基建”是个新市场，理论上所有企业都可能成为参与者和建设者。但是，“新基建”无论是技术门槛还是资金门槛都比较高，大型行业龙头企业机遇相对更大。广大中小企业特别是创新型科技型企

业，可以通过多种灵活方式，比如项目混改、技术入股、知识产权入股等（积极主动参与其中）。

“新基建”将成为发展新动能和新经济的新赛道，让不同企业处在新的起跑线上，是后发者奋起直追、变道超越的新机遇。

“交通+”：西部中心，连接全球

在10多年前甚至20年前，还有人发问，成都在哪里？也许你并不知道，全球每五台笔记本电脑中就有一台成都制造，每两台电脑的CPU就有一台是在成都制造的。

其实，在每位投资者眼里，“成都在哪里”都是一个问题。透过这个问题或许会看到巨大的市场，或许会看到未来的机会。随着时间的推移，成都与世界的关系发生了巨变。成都，正在用国际化的航空物流体系，缩短与世界的距离，展开与世界高端产业的对话。

▷▷▷对外开放“新门户”

经过西部大开发十几年的发展，四川打破了偏居一隅的“区位劣势”，与世界的关系因西部综合交通枢纽的建设而变得和过去不同。航空物流的快速发展便是其一。

2012年5月6日，成都双流机场海关空运货物监管科科长戟凌来到办公室开始一天的工作。“今天英特尔和富士康在综合保税区的产品要转运到这里。”戟凌在成都海关已经工作13年了，亲眼见证了出关产品从皮鞋、服装等低附加值产品到精密仪器、电子产品、生物医药等高附加值产品的转变。

十几年来，成都海关监管货运量增加了20多倍。各项业务指标稳居中西部空港口岸第一。

2021年3月15日，“成都—伦敦”全货机航线包机，从成都双流国际机场顺利起飞，意味着，继成都往返阿姆斯特丹、达卡之后，2021年成都双流国际机场又有了第3条国际全货机航线。该航线也是递四方在西南地区布局的首条国际货运航线。至此，成都双流机场全货机航线达到 14 条，客改货航线 30 余条。

成都双流机场的统计数据显示，该机场早在 2012 年便已是中国中西部地区最大的航空枢纽港，是中国国际航空公司西南分公司、四川航空公司、东航四川分公司、成都航空公司、西藏航空公司的基地机场。

“十四五”期间，双流机场还将重点打造美国、欧洲、澳洲和亚太国际全货机货运干线通道，新开全货机航线不低于 10 条，形成 20 条以上覆盖全球重要节点城市的国际全货机航线网络，全力推动成都加快建设国内大循环的战略腹地和国际国内双循环的门户枢纽。

新的变化还在发生。成都的天空“越来越国际化”。

四川省政府物流办相关负责人认为，随着成都建设国家级航空枢纽不断取得新突破，以及四川经济产业发展的有力支撑，成都天空的国际化色彩将越来越浓厚。

▷▷▷连接欧亚，通达全球

成都处于欧亚航路的中点，是中国以及东南亚通往欧洲、中东的最佳中转地，以航空港和铁路港为主体的立体交通体系建设，正是四川乃至西部加快开放发展、服务国家大局的关键。此外，成都还可以成为南亚、西亚、东南亚、中东及欧洲进入中国的门户。

航空枢纽的要义在于中转，而中转看重的是区位和辐射能力。打开中国地图，成都对中西部乃至全国的航线网络早已织就。

2020 年，成都双流国际机场实现旅客吞吐量约 4 074 万人次，位居全国第二，有望冲击全球第三，货邮吞吐量约 62 万吨。数据诉说着成都航空体系的成功，但这并不能满足未来成都的发展，相反，即将达到上限的运储人次和货邮吞吐量会限制成都的未来，但双流国际机场已经无法扩建。2016 年 5 月 27 日，规划于成都简阳市芦葭镇的成都天府国际机场正式开工建设，一期工程已于2019年建成，2021年6月27日，成都天府国际机场正式开通运营，成都由此正式晋升为我国继北京和上海之后全国第三个，也是中西部唯一一个拥有两座大型国际机场的城市。天府机场启用后，能满足年旅客吞吐量9 000万人次，将是西南地区最大机场，成为中国航空枢纽城市中的绝对顶流。

天府国际机场的布局，让西部地区有了与北京、上海、广州遥相呼应的航空枢纽，必将推动成都成为中国泛欧泛亚的西部国际门户。

作为我国新一轮扩大开放的战略部署，天府国际机场既为成都融入全球提供了时代机遇，也为世界深耕中国西部提供了支点。

同时，成都率先提出“蓉欧+”战略，希望借助成都到波兰罗兹的蓉欧快铁，由线及面，在国外、国内各“织”出一张物流网，并予以连接，实现两端互联互通。

借由“蓉欧+”战略，成都正通过打造“两港三网”，强化面向泛欧、泛亚地区的开放力度，形成全方位互联互通格局，推动跨境通道网络向“一带一路”域内国家和地区延伸覆盖，加快打造西部对外交往中心，全面提升国际交往便利度与交流合作紧密度。

无论是直飞成都还是在成都进行中转，这个城市在世界地图上的重要位置已经显露无遗。曾经人们都说成都是一块被崇山峻岭“围困”的平原，如今的成都已经隐约显现出了世界之轴的态势，这也是越来越多的国际航线在成都开通的重要缘由之一。

天府国际机场投入使用后，制造业所需的材料运输会更加便捷。旅客的分流能让双流国际机场承担更多的货邮吞吐量，从而间接提高企业生产的效率。不仅如此，天府国际机场还为企业带来了新的机会。各领域人才、投资人和企业的陆续“空降”，能为成都新经济的扩建和发展提供一套完整的“供应链”。

随着天府国际机场的启动，另一项占地483平方千米的工程也开始动土。这个项目紧邻天府国际机场和临港口岸，也是引领航空枢纽经济的新核心，名称叫作“天府国际空港新城”。这是高新区“东进”路线中为成都市社会经济发展开辟出的另一片天地。

在不破坏当地生态环境的情况下，空港新城将打造多种类型的公园，包括山水型公园、郊野型公园，以及若干城市公园，并建设三岔湖马鞍山观景台、环三岔湖滨湖绿道等一系列绿色景观工程，以及对三岔湖环湖路进行改造提升，使空港新城的生态水系及绿地占比达63%。天府国际机场作为飞抵成都的第一站，这样的环境想必会让人们对成都留下一个完美的第一印象。良好的生态环境既有助于留住人才，也有助于提高生产。

空港新城的产业定位是“全球新经济枢纽领航者”。新经济枢纽围绕着三大产业主题，分别是临空型枢纽经济、都市型服务经济和创新型新经济。根据成都市高新区正式公布的成都天府国际空港新城四级规划体系的相关内容，我们可以看到，临空型枢纽经济意指依托空港枢纽与未来的自贸试验区，重点发展临空指向性强、全球辐射广的新枢纽经济；都市型服务经济则要突出以人为本的理念，瞄准高端客流群体，重点发展具有宜居、休闲特质的城市；创新型新经济要围绕新技术、新组织、新产业、新业态和新模式，聚焦六大新经济形态，重点发展科技与经济深度融通、发展潜力巨大的新经济模式。

第七章
新区未来

纵观改革开放以来中国的发展，是新区把从农村转移出来的巨大人口和经济资源，转换成了一连串令人难以置信的经济数据。可以说新区建设深刻地改变了中国，并将继续改变着中国。从高新区到天府新区再到东部新区，成都，也正在用新区重新定义自己，用新区挑起整个西部和中国的未来！

发展脉络总览

▷▷▷新区崛起

新区，是不是正在改变中国的未来？设立新区，是不是正在成为中国发展模式变革的一种有效解决方案？

2011 年年底，总投资超过 2 000 亿元的天府新区浩荡启航，150 个项目同时破土动工。尽管它只是中国众多新区中的一员，但至今仍令我印象深刻。因为这意味着一个不争的事实——新区建设正深刻地改变着中国，并将继续改变中国的未来，无论改变的是经济规模还是增长速度，都是如此。

短短几十年时间，中国的新区和开发区建设得如火如荼，106 个国家级高新区、135 个国家级经济技术开发区，还有苏州工业园，以及浦东、雄安等新区的出现，冲破了旧体制和观念的束缚，促使了经济爆发式增长，其展现出的勃勃生机，蔚为壮观。

过去 40 年来，有两个趋势正在加速形成，并且引起了广泛的关注。一个是堪称中国历史上规模最大的工业化进程——重化工业化、新型工业化二者兼而有之；另一个是范围广泛的城市化进程。这两个趋势都与新区建设密切相关。正是这些星罗棋布的新区（包括经济技术开发区和高新技术开发区），遵循市场化改革和对外开放的原则，承担了中国工业化的使命。在我看来，这些开发区仿佛是一个个黑洞——把农村转移出来的巨大人口和经济资源统统吸进去，创造出一连串令人难以置信的经济数据。据相关部门统计，2010 年国家高新区营业总收入达到 105 917.3 亿元，创造了全国 11.5%的工业增加值、8%的国内生产总值和16.8%的出口创汇，成为带动区域经济发展的强大引擎。回过头来看，这一工业化进程，在国际金融危机爆发后的几年里，也几乎没有停下来。确立中国“世界工厂”地位的，正是这些遍布于新区中的设备、仓库和港口。

当然，也正是依托这些生机勃勃的新区或者是开发区，一座座新城快速崛起，发展成为囊括现代产业、支撑现代生活的城市新星。大约30年前，深圳特区在蛇口工业园起步，到2013年深圳的出口规模已相当于整个印度的出口规模。稍晚年代的浦东新区，其天际轮廓线已成为中国建筑业的实验场，632米的上海中心大厦直插天际，令它的邻居上海环球金融中心和金茂大厦相形见绌。广而言之，当时海南从广东省的一部分变成了中国的一个超大新区，而重庆脱离四川变为直辖市也是类似情形。中国这一批崭新城市的崛起，既是新区建设留给我们迈向更高程度的繁荣的巨大物质财富，也是中国未来城市愿景的理想归宿。

▷▷▷新区模式

在改革开放的进程中，新区在中国疆域未变、法律体系以及核心价值未变的情形下，如何获得相对的优势？换句话说，是一种什么样的力量，支撑了新区爆炸式的增长？我的答案很简单，那就是通过差异化的竞争力提升区域经济密度，通过产业的集约集群发展提高经济效率。

作为一种管理经济的新方法，新区之新就在于被赋予了更多的经济管理权限——市级、省级或者国家级管理权限，在更大的范围内打破了传统行政区划壁垒——特别是固化的地方利益对区域经济集中设置的种种阻碍，使得一个本无边界的地理实体或者单元，抓住了难得的发展机遇，产生了局部的吸引力。在较为短暂的时期内，这种方式促进了生产性机构、人口的快速集中，最终极大地提升了区域经济的密度，并通过共享性的发展措施实现了包容性的社会共同发展，撒播了现代文明的种子，这就是所谓的新区“先行先试”的经济真义。

比如，浦东新区在陆家嘴的狭小区域内聚集了与金融相关的经济活动，经济密度提升最快，强势支撑起了中国建设与其经济实力相当的国际金融中心和航运中心，浦东新区的发展态势是振奋人心的。滨海新区则聚集了空客飞机，以及葛兰素史克等大型制造项目；两江新区虽然诞生的年代有点晚，但是势头不错，布局了综合保税区和保税港区，聚集了与电子信息相关的制造业。

成都高新区占地 130 平方千米，通过多年的发展成为具有世界级和国际影响力的 IT 产业基地，贡献了四川省和成都市的“两个十分之一”：一个是 2011 年地区生产总值达 710 亿元，超过了成都市的十分之一；另一个是 2011 年财政总收入 220 亿元，占四川省的十分之一。此外，如西安高新区、合肥高新区、宝鸡高新区等 21 个国家高新区的工业增加值已经占到了所在城市工业增加值的 30% 以上，其经济密度可想而知。放眼全球，欧洲从当初的煤钢共同体走向货币联盟，再到目前讨论的作为欧元区主权债务危机的解决方案——财政联盟，都是沿着这一规律前行的。

自 21 世纪以来，新区建设尚未有过丝毫的犹豫，在发展的自由度、速度和规模方面，都是无畏前行的。历史上从未有过像这样的时刻：国家批复了一系列的区域发展规划，新区建设从东部到西部，包括两江新区、珠海横琴新区、舟山新区、天府新区、西咸新区、兰州新区、贵安新区、郑东新区、雄安新区、济南新区……截至 2018 年 6 月，全国共有 19 个国家级新区，几乎每个城市和地区都试图通过建设新区来重新定义自己。

▷▷▷中国未来的新区建设

新区建设主要围绕六个维度：经济的密度、金融的维度、产业的维度、市场的维度、体验的维度以及幸福的维度。

在这里，我想对产业的维度做特别的阐述。一个核心问题是，无论是廉价的土地、巨大的人口红利，还是环境的消耗和良好的国际贸易环境，从产业发展上来讲，30年来的新区建设，几乎吃尽了中国工业化史上所有低处易摘的果子，从中国资本市场上传来的消息是，近年来上市公司取得同样的利润要消耗比以往多得多的资本。还有市场统计数据显示，中国地方政府的土地收入占总收入的比例已从20世纪90年代末的不足10%，上升到2010年的70%左右，这些可不是未来新区建设的好消息。因此，未来的新区发展，尽管工业化、城市化的机遇仍在，但是易得的果子在不断地消失，我们将不得不采摘生长在高处的果实。未来面临危机是：劳动力成本的大幅上涨、土地的刚性约束、地方政府推动新区建设的债务极限和风险，以及全球经济大潮中不时游弋的黑天鹅（既可能是主权债务危机，也可能是更加恶化的外部需求环境），等等。

在如此紧迫的压力以及重大不确定性中，唯一的办法就是转型，更加注重自主创新的内生增长。只有新的发明才是长期促使经济持续增长的主因，所以未来的新区建设要勇于攀登技术的高峰，这既需要我们有过硬的自身素质，也需要我们有更加坚定的勇气，这也是未来摘果子的难点所在。同时，仍然要坚持对外开放，特别是中西部地区的新区。这个话从正面来讲可能显得太宽泛而无实际内容，如果从反面来讲就印象深刻了。封闭起来发展产业，就好比是“零和博弈”的赌博游戏，没有根本的增加值，至多是一种自娱自乐。当然，对外开放也不是过去那种“捡到篮子里的都是菜”的做法，而是需要对“菜”加以改良——大规模承接高端产业和产业高端转移。

这里还有一个既是战略性问题也需战术性考量的事实必须要强调，就是我们既要重视对内宣传，以达至多项综合意图，又要千方百计地对外营销推介，构建并管理好新区的理想预期。

在科技化、信息化高度发展的今天，像成都这样不沿江、不靠海的城市发展的劣势正在弱化：人才来了，资金也来了。观察整个中国，东部的发展在放缓，中部在趋稳，而西部的发展却在井喷。正是这样一种发展态势，影响着未来的竞争。这种影响决定了单一城市之间的竞争将逐渐演变成为城市群、城市带之间的竞争，而且会愈演愈烈。由是，新区正在改变中国。

天府新区：“公园城市”首提地

2018年2月，习近平总书记来川视察时，在成都天府新区强调“‘天府新区’是‘一带一路’建设和长江经济带发展的重要节点，一定要规划好建设好，特别是要突出公园城市特点，把生态价值考虑进去，努力打造新的增长极，建设内陆开放经济高地。”从此，公园城市这一全新的城市建设理念，从这里走向全国，走向世界。成都很幸运地成为公园城市的“首提地”。

2018年4月26日，习近平总书记在深入推动长江经济带发展座谈会上指出，“我去四川调研时，看到天府新区生态环境很好，要取得这样的成效是需要总体谋划、久久为功的。”2020年1月3日，习近平总书记在中央财经委员会第六次会议上部署成渝地区双城经济圈建设，强调“要以两江新区、天府新区为重点，打造内陆开放门户”。

▷▷▷生态立区：“山水林田湖城”生命共同体

紧盯“公园城市首提地”建设时代命题和建设践行新发展理念的公园城市先行区，天府新区深入推动绿色低碳发展，这里70.1%的面积为生态用地、农业用地和河流湖泊用地等蓝绿空间，“碳中和”禀赋不断彰显。

天府新区公园城市建设局局长介绍，天府新区按照“突出公园城市特点”的要求，锚固“70.1%生态空间”。目前，已初步形成“一山、两楔、三廊、五河、六湖、多渠”的大美生态格局；以城市设计为先导，通过对天际线、轮廓线、山水通廊进行整体设计和严格规划管控，构建“大开大阖、显山露水，高低错落、疏密有致”的公园城市空间美学格局；同时，天府新区邀请国际国内大师、新锐设计团队，对独角兽岛、天府国际会议中心、兴隆湖书吧等进行了精雕细琢，建成一批显示度高的精品建筑。

天府新区的建设目标聚焦整个城市就是一个大公园，老百姓身处其中就像在自家花园一样，以此实现园中现城、城园相融，城市就像是在自然中生长出来一样。

总书记在天府新区提到的“生态价值”，通俗地讲即“绿水青山就是金山银山”。城市何来“绿水青山”？一方面，有大美的自然生态，有多个要素的积极支撑，有城，有乡，有诗意，有远方，有产业、有文化，有新增长极，有新经济圈，既搞新农村建设，又建国际化社区；另一方面，还要有与之配套的现代化的治理体系等。发展至今，天府新区已紧密融合“生态价值”要素，随着公园城市的理念在天府新区扎根，一座实现城市建设发展全方位变革迭代升级的新城已应运而生。

▷▷▷产业强区：成渝双城经济圈中的高端引领

天府新区作为获批的国家级新区，叠加的利好政策、完善的配套设施，以及政府搞出一番事业的决心，吸引海内外投资人纷纷投资建业。高精尖产业集聚，经济走势一路高歌。

成立三年多来，天府新区基本形成了组群布局、美丽宜居的公园城市形态，初步构建起高端引领、创新驱动的现代产业体系。其核心组团成都科学城、天府总部商务区、天府中央法务区和天府文创城已成为新区高质量发展的重要引擎，发挥着“极核”作用，为实现区域间协同发展、打造内陆对外开放新门户提供最大动能。

四川天府新区党工委管委会2021年工作会议暨实施幸福美好生活十大工程动员大会将天府新区2020年的各项工作定调为“日新月异年出彩”，2020年，全区实现地区生产总值3 561亿元、增长6.7%，居国家级新区第5位。开放协同方面，中意国别合作园区建设深化推进、中意文化交流城市会客厅建成开放，全国进口贸易促进创新示范区成功获批，全球首个中央法务区启动建设。创新要素方面，成都超算中心如期运行，110万平方米高品质科创空间加快建设，天府实验室顺利筹建。

2021年8月，天府新区中海超高层建筑——“一带一路”大厦也正式宣布动工开建，大厦地坪标高487.3米，建筑总高度489米。这栋未来“成都第一”摩天大楼再次刷新了成都最高天际线，也成为了天府总部商务区的地标性项目。

面对成渝地区双城经济圈建设的重大战略机遇，作为成都、重庆经济发展的主战场，天府新区与两江新区积极发挥联动作用，集聚了“双城”最精华的产业板块、开放要素、创新资源、开发空间，联手开启产业联动发展新篇章。两大国家级新区联手成立了包括汽车、电子信息、科技创新、文创会展、现代金融、数字经济、总部经济、生物医药八大产业旗舰联盟。而这些产业覆盖了成渝地区的优势产业体系，联盟成立也意味着两江新区和天府新区将携手打造成渝地区世界级产业集群。这不但会厚实天府新区、两江新区的产业基础，更能为共同推动成渝地区双城经济圈建设提供强有力的支撑，更好地肩负起国家战略重大平台的时代使命。

▷▷▷交通规划：构建密网式公共交通

根据《四川天府新区总体规划（2010—2030）（2015年版）》，天府新区将与中心城区共同构成国际区域性综合交通枢纽，构建“两横四纵”的高速路连接系统、“三横七纵”的快速路连接系统，以此加强天府新区城市组团与中心城区、组团与组团之间的高速连接。

铁路方面，目前规划区内快速铁路主要包括成资城际铁路、成自泸城际铁路、成昆货运外绕线客改铁路，并预留北向引入西成客专。

公路方面，相较于原总体规划提出的“两横四纵”路网布局，本次规划调整为“两横六纵”，新增 2 条高速公路，分别为成都—双流机场—蒲江—丹棱—青神—井研—宜宾—珙县—高县—筠连—川滇界、成都—天府国际机场—资阳—安岳—川渝界。

航空方面，成都天府国际机场与成都双流国际机场共同形成了中国西部最大的区域性国际航空枢纽。

从“公园城市”理念首次提出，天府新区用三年多的时间让人们看到了“公园城市”的理想模样。通过“山水林田湖城”生命共同体的营城理念，遵循“生态打底、产业支撑、数字赋能、美学呈现、生活活化”的路径，着力营造“水清、岸绿、业兴、人和”的城市意境，天府新区完成沿路发展向拥绿发展、从空间建造向场景营造、从形态打造向意境塑造的“三级跨越”。生动践行“城市让生活更美好”的初心使命。

正如四川天府新区党工委书记所说，天府新区正锚定把天府新区打造成“宣传习近平生态文明思想的重要窗口、世界城市可持续发展的中国方案、彰显中国特色社会主义制度优越性的未来城市样板”的发展愿景，以“建设践行新发展理念的公园城市先行区”为统揽，加快高质量发展。

东部新区："一山连两翼"城市新格局

龙泉山，位于成都主城区以东，和成都西面的龙门山遥遥相望。这两条山脉像是张开的双臂，共同守护着成都这座历史文化名城。不过随着成都向世界递交出成都新名片，这座曾经的天然屏障也正逐步转变为天府之国的"中央花园"。

2017年，成都市第十三次党代会明确提出了"东进、南拓、西控、北改、中优"的城市空间发展战略。"东进"作为龙头规划，以龙泉山为界，西侧是老城区和高新区，东侧是东部新区，也是天府国际机场所在地，这是继打造天府新区之后，成都市的又一力作。成都的建设者们在"东进"总规的指导与要求下，要把龙泉山脉以东（包括龙泉山脉以西的部分地区）共计3 976平方千米的沃土变成西部高端制造业的摇篮。龙泉山城市森林公园将衔接起中心城区与东部新区两大核心区域，与天府国际空港新城、简州新城、淮州新城、简阳城区"四城一园"共同构建一个"新成都"。

成都正式启动"东进"战略后，成都坚持了3 000年的"两山夹一城"旧图景也变为"一山连两翼"新格局。"东进"实施4年多来，成都城市位势、空间格局、发展动能的提升日益明晰，在国家开放版图上日渐显现出不同寻常的分量。成都将在一个更大的空间去布局城市想象力，去建设现代化、国际化的国家中心城市。凭借这一双羽翼，在全球城市竞争中一飞冲天。

▷▷▷东进战略

成都是典型的"圈层固化"城市。国土开发强度达到84.8%。按照“五中心一枢纽”的定位，成都将瞄准西部国际门户枢纽、内陆经济开放高地进行建设。但是战略定位越高，头衔越多，人口聚集的压力就越明显。预计到2030年，全市人口规模将突破2 200万人的承载极限。如果采用粗放型产业布局，那么必然会加剧人口资源环境的矛盾。要解决“大城市病”的问题，谋求更大发展，成都不得不在人口迅速增长和产业转型的双重背景中做好长远规划。

不只是成都，中心区功能过载、人口膨胀、交通拥堵、资源紧张和区域发展不平衡……这些“大城市病”困扰着全球许多城市。正因为如此，许多城市开始打造“双中心”或“多中心”布局，为未来留下发展空间。比如，东京构建了筑波等新城；北京打造了通州副中心，还在周边增设了雄安新区；天津提出了“双城双港，相向拓展”战略，将中心城区与滨海新区的关系由“一主一副”调整为并重的“双城”。

成都东进，也是为了解决同样的问题。中心城区要有序发展，同时也要让边缘地区都能享受成都的发展红利。人口和功能的疏解是成都构建新城市空间的必然趋势。

成都的人口和产业向外环扩展，理论上可以有多种选择。从目前的空间结构来看，西部拥有广阔的腹地，但作为成都的水源区，地形条件复杂，生态压力大，无法大规模开发；往南，已经有天府新区，且南向腹地有限；往北，有连片的棚户区，以及大量的国营老厂、铁路单位，意味着新城改造的成本巨大。

而东部区域发展空间广阔，涉及龙泉驿、简阳、金堂。地势以丘陵和平原为主，国土开发强度低于全市平均水平，潜在工业建设用地充足，拓展空间潜力巨大。2016年5月，两件大事让成都东进有了更加坚定的理由，天府机场正式开工，省委决定由成都代管简阳。向东，在成都有了新依托新内涵，更大的画卷在铺开。龙泉山作为东边的一个屏障，工业园区向东延伸，既可以发展成都工业，也不影响成都的生活环境，并且城东的交通优势明显，能够享受主城资源，也不影响城区人居环境和服务业的发展。同时城东紧连城南，也能辐射城南范围。从成渝城市群的大战略上来考虑，东进还能实现成都与重庆的相向发展，让两地能够基于产业配套加强区域协作，除了助推两大城市共同发展，“东进”还能有效拉动川东北、川南地区经济发展，做大成渝城市群。

综合来看，东进是成都最合理的选择。在成渝地区双城经济区战略正式提出后，再一次证明成都当初选择东进、选择成立东部新区的战略眼光与前瞻性。

历时 4 年多，成都东部日新月异。以成都东部新区为例，完成总投资 1 021.5 亿元，十个片区开发全面启动……一座引领高品质生活、凸显公园城市特色的“未来之城”正在成势成型。

前四川省社会科学院党委书记李后强表示，东进区域定位为打造国家向西向南开放的国际空港门户枢纽、成渝相向发展的新兴极核、引领新经济发展的产业新城、彰显天府文化的东部家园，为建设面向世界面向未来的现代化大都市区奠定了基础。

▷▷▷筑“巢” 引“凤”

如何让梦想照进现实，把 3 976 平方千米的平原丘陵变成“新成都”？成都东部新区如何为城市赋能？

通过“设立新区”的方式来实现生产力与生产关系的重新组合、上层建筑和经济基础的重新耦合，最大限度地为区域发展赋能，实现经济组织方式和城市治理方式的新变革。

筑巢引凤，“巢”筑好了自然就会引得企业、项目落地。不过在落地过程中要做好新城的产业规划。

成都天府空港新城明确了临空型枢纽经济、都市型服务经济、创新型新经济三大产业主题，重点发展临空服务业、临空制造业、生活服务业和新一代信息技术四个主导产业。截至 2020 年 4 月，空港新城已开工重点建设项目 100 个，总投资 1 274 亿元。超 200 千米骨干道路、52 千米地下综合管廊建设持续推进，在建综合管廊体量居成都市第一；三岔 TOD（一期）等重大项目开工建设；102.8 万平方米高品质科创空间建设起步，为新城高品质的产业承载加速提供支撑；林栖公园、三岔湖环湖慢行步道空间示范段加快推进。

简州新城以新能源汽车、智能网联汽车为主导产业。截至 2021 年 8 月，简州新城已完成投资约 5 亿元，累计已完成 17.7 亿元。2021 年年底前，将完成东进大道项目、电力隧道项目施工任务，并为后续新开项目做好准备。简阳城区致力于构建以高端装备及智能制造、航空航天、新能源新材料为主导的先进制造业产业生态圈和电子商务产业生态圈。

2021 年 6 月 27 日上午 11 点 24 分，天府国际机场首飞航班川航 3U8001 正式起飞！同时拥有双流国际机场与天府国际机场的成都是继北京和上海之后全国第三个拥有两座大型国际机场的城市，成为中国航空枢纽城市中的绝对顶流，天府机场启用后，能满足年旅客吞吐量 9 000 万人次，将是西南地区最大机场，弥补西部地区空运短板，推动成都成为中国泛欧泛亚的西部国际门户。位于东部新区的天府国际机场往大了说，是“双循环”的重要枢纽，是连接全球的新通道；往小了说，它是成渝地区双城经济圈的重要纽带，是成渝地区面向国际的重要窗口。

▷▷▷龙泉山森林公园：全球规划面积最大的城市绿心

在龙泉山中漫步，你会发现原来的东部屏障正在变为城市绿地。这块面积达 1 275 平方千米的城市绿心，是目前全球规划的最大的城市森林公园，承担着生态保育、休闲旅游、对外交往、高端服务等功能。

这片城市森林公园将划分成三个不同的特色主题旅游片区，分别是北部的天府云顶、中部的天府原乡，以及南部的天府山水。最终打造成为集“山地运动”“山水度假”“城市休闲”于一体的中国首个城市中央大型生态休闲公园、国际知名的全景山地休闲旅游目的地，向世界展示成都的“国际范”。

龙泉山城市森林公园内，将涌现出一批特色小镇。规划显示，将策划梨花小镇、国际诗意田园小镇、国际康养运动小镇、洛带国际文创旅游小镇、五凤溪慢活小镇、汽车文化主题小镇、桃花驿站小镇、国际滨湖旅游度假小镇、巴蜀时光小镇、国际颐养小镇等 10 个主题小镇。

在成渝地区双城经济圈建设背景下，成都向东、重庆向西是发展必然，成都东部新区正在与城市中的其他经济单元一起，挑起成渝地区双城经济圈里的成都极核，助力西部经济崛起和实现国家战略目标，成为带动全国高质量发展的重要增长极和新的动力源。

成都高新区：30 年后再出发

30 多年前，从肖家河的一片农田上开始筑梦，成都高新区创新发展之旅启航。如今在产业引领、创新驱动下，这里已经成为国际创新要素云集之地。

30 多年后，梳理成都高新区的嬗变脉络时会发现，这是一部创新的鸿篇巨制。创新如何在这里发生，如何产生加速度，如何走向国际、融入全球，光影交织，既在历史里，也在现实中。

从筹建期 40 万元的开办费，到 2020 年 GDP 突破 2 400 亿元；从当初 2.5 平方千米的“起步区”，到如今 130 平方千米的空间规模；从南部园区生产出的第一部磁卡电话，到西部园区封装测试出的第一块芯片……创新改变中国。成都高新是中国宏大创新的一个部分。成都高新既是中国创新的见证者和参与者，也将跟随中国创新进程在更大的空间里开启新的高度。

▷▷▷新时代的“成都印象”

“只要来到这里，立刻就能感受到扑面而来的创新活力。”这不仅是人们初来成都高新区的感觉，就连天天在区内工作的“上班族”也有这样的强烈感受。一过城南天府立交，天府新城年轻而昂扬向上的建筑风格，和在这里工作的众多充满活力和激情的年轻面孔，都很容易给人留下深刻的印象。

从代表“老成都”形象的宽窄巷子到最具创新活力的成都高新区，节奏、韵律、“气场”迥异，“慢”成都与“快”成都的意境交替变幻，“盖碗茶”的馥郁与高科技的激情，水乳交融、相得益彰。

自 1991 年以来，这个位于中国西部地区的国家级高新区，一方面肩负着推动创新型国家建设的“国家使命”，另一方面承载着推动区域经济发展的“区域责任”，产业规模从小到大，综合实力由弱变强，目前已成为中国内陆发展环境最优，以及中西部高端产业招商引资成效最显著、创新创业资源最富集、对区域经济拉动最强劲的区域之一。

在高端产业快速发展、创新资源快速聚集的背后是人才规模的不断扩大和层次的不断提升。围绕“人产结合，以人促产”融合发展的思路，成都高新区以不遗余力地政策支持，让人才资源和创新动力，在 613 平方千米的热土上，产生了“引进一个人才、吸引一批团队、创办一个企业、兴起一个产业”的裂变。柔性引进诺贝尔奖获得者 6 人，国内外院士 19 人，高层次创新创业人才创办企业 1 762 家，海外人才离岸基地 25 个……从“内培”到“外引”再到柔性引才，从高校到城市再到海外揽才，成都高新区实现了从成立初期 677 份人才档案到 52.5 万人才的“量变”。

▷▷▷成都高新区发展的四个阶段

“产业发展是高新区的生命线”，在高新人看来，这是一个不言自明的道理。三十年来，高新区步步为营，不断积蓄优势、成长壮大，经历了筹建期、创业期、成长期、跨越期四个阶段。

1988—1990 年，是成都高新区的筹建期。1988 年 3 月成都高新区开始筹备，同年 7 月获成都市人民政府批准，同年 10 月获四川省人民政府批准，1990 年 2 月获国家科技部批准，规划面积达 24.6 平方千米，先期开发 2.5 平方千米。1990 年，高新区实现产业增加值 1 990万元、工业增加值 1 300 万元。

1991—2000 年，成都高新区步入成长期。1991 年 3 月 6 日，成都高新区被国务院批准为全国首批国家级高新技术产业开发区，产业定位为现代通讯、生物制药、计算机多媒体技术、光机电（机电一体化）、精细化工、环保技术和新能源、新材料等。1996年，成都市委、市政府对成都高新区进行了区划调整，赋予成都高新区市级经济管理权限，并将规划面积扩展为47平方千米，将产业定位修订为电子与信息技术、生物医药工程、食品工业。这一时期，成都高新区形成了由起步区、冯家湾工业园、新加坡工业园等组成的一区多园的产业格局，拥有西门子、阿尔卡特、普天、鼎天、地奥制药、恩威制药、吉泰安制药、迪康药业、旺旺食品、新成食品、美登高等一批重点企业。2000年，实现产业增加值41.2亿元、工业增加值16.9亿元。

2001—2006年，是成都高新区的成熟期。2001年，随着西部园区的并入，成都高新区逐渐形成了由南部园区和西部园区组成的产业布局，规划面积扩展到68平方千米，产业定位再次修订为电子信息、生物医药、现代制造（航空航天技术）。2003年，成都高新区的规划面积扩大到近80平方千米，初步确定了以电子信息、生物医药、精密机械制造三大产业为主的产业定位。这一时期，英特尔、中芯国际、宇芯、芯源、成芯等企业加快落户，集成电路产业集群逐渐形成。2005年，实现产业增加值140.8亿元、工业增加值66.2亿元。2006年，成都高新区成为全国首批“创建世界一流高科技园区”试点单位。

自2007年至今，成都高新区进入了产业层次升级、创新能力增强、产业规模做大的跨越式发展阶段，规划面积逐步扩大至130平方千米。这一时期，成都高新区先后引进了京东方、深天马、虹视、中光电等企业，光电显示产业快速聚集，成都已成为全国重要的光电显示产业核心城市。富士康、戴尔、联想等一批企业的落户加快推动了成都高新区终端制造业的崛起，让成都终于彻底告别了IT产业“缺芯少魂”的时代；在高端制造业加快突破的同时，软件及服务外包产业取得了突飞猛进的发展，成都高新区拥有11个软件类国家级产业基地，全球软件20强中有13家落户，软件企业总数达800余家，成都已成为中国第二大信息安全产品研发生产基地、第三大游戏产品研发运营中心和中西部3G通信企业聚集度最高最具产业活力的区域，整体产业规模和水平居于全国前列。此外，总部经济和金融等高端服务业也呈现出加快聚集态势，成都高新区的产业竞争力显著提升，成为中西部高端产业招商引资成效最为显著、创新创业资源最为富集、对区域经济拉动最为强劲的区域之一。

▷▷▷在创新中进阶

进入新世纪以后，在信息技术和物流发展的驱动下，产业要素在全球范围内加速流动。而即使在地处中国西部腹地的成都高新区，也能感受到全球创新经济的巨大磁场。成都高新区不断深化对产业发展规律和区域发展优势的认识，积极寻找参与全球经济新格局的机会。正是在这一阶段，成都高新区坚持“改革”与“开放”并举，通过面向全球的“外引”而“强筋健骨”，通过连续性的“内培”而“舒筋活血”，形成了内外联动双驱动的发展态势。

生活在成都的老百姓共同见证了成都高新区从无到有、由小做大、由量变到质变的30年。在国家、省、市的大力支持下，成都高新区不仅向人们展示了其高端产业发展、创新要素聚集、现代新城异军突起的光辉成就，而且为区域书写了30年的奋斗历程，在区域培育起了深厚的创新创业土壤、企业家精神和突出的国际化参与能力。

当前，区域经济发展的目标已由追求速度转向追求质量。同其他国家级高新区一样，成都高新区也处于这样的转向之中。

根据高新区官方的相关数据，2019年年底，高新区的产业结构调整为0.9∶32.7∶66.4，第三产业的比重超过六成，远超过第一产业和第二产业的总和。

这一变化，让许多人对成都高新区的产业结构有了全新的认识：成都高新区经济稳增长的动力引擎，已由工业“一枝独秀”带动，转变为“多极支撑”共同拉动。

成都高新区围绕电子信息、生物医药和新经济三大主导产业，着力构建涵盖现代服务业及未来产业的“3+2”现代化开放型产业体系，坚持“产业功能区”理念，以产业生态圈创新生态链变革经济组织方式，促进产业链、供应链、创新链有机融合，产业结构不断优化升级。

截至2020年年底，聚集市场主体23.71万户，其中企业超15万家，科技型企业5.6万户，累计培育上市企业40余家。经认定的高新技术企业超2 700家，当年新增专利授权量达15 741件，万人有效发明专利达212.7件。培育科创板上市及过会企业5家，聚集各类人才60.59万人。

这是一个区域产业发展进步的典型特征，也是经济迈向高质量发展的具体体现。许多发达地区的经济发展，都是在第二产业发展到一定程度后，通过“互联网+”、数字化转型等手段，为传统产业赋能，拓展现代服务业的发展空间。

当下，高端制造业、营利性服务业、生物医药产业、金融业、商贸业、建筑业等，构成了成都高新区产业“多极支撑”的格局。

这种格局，是多年“苦心经营”的成果。一个真实的故事：2005年，成都高新区决定在南区核心区启动建设天府软件园。而在2004年以前，这块土地已规划作他用，但为了抢抓互联网和移动互联网“风口”，成都高新区果断调整了产业布局思路。2020年，经过15年深耕，作为首批国家软件产业基地之一的天府软件园，区域年总产值已超600亿元，孵化出了一大批高新技术企业，从这里走出的极米科技、医联、拟合未来等，已经成为成都本土企业中的佼佼者。

2021年9月13日，成都高新区发布《成都高新区打造稳定公平及营商环境五年行动计划（2021—2025）》。该计划以服务企业全生命周期需求为指引，聚焦市场准入、投资建设、融资信贷、科研创新、要素获取等关键领域，推出68项重大举措。

在中央、省、市政府的领导下，成都高新区坚持把产业发展作为高新区的“生命线”，坚持科学的产业定位，坚持围绕产业抓招商，坚持围绕产业抓服务，努力通过加快产业发展和科技创新，为推进创新型国家建设和区域经济发展做出贡献。成都高新人正在不断地攻坚破难，把产业发展推向一个又一个高峰。

参考文献

国家信息中心，2010. 西部大开发中的城市化道路：成都城市化模式案例研究［M］. 北京：商务印书馆.

成都市高新技术产业开发区管理委员会，2018. 高新之光：一个国家级高新区的三十年华丽蜕变［M］. 北京：中国发展出版社.

成都市文化体制改革和文化产业发展领导小组办公室，成都市社会科学院，2019. 创意城市蓝皮书：成都市文化创意产业发展报告［M］. 北京：社会科学文献出版社.

吴智，2002. 陈道国. 托普发展借壳川长征上市案例分析［J］. 创新科技（5）：32-33.

魏雅华，2012. 眺望：新世纪第二个十年的中国汽车工业［J］. 汽车工业研究（1）：16-19.

周如刚，2020. 打造全球卓越的输液专业制造商：以四川科伦药业股份有限公司为例［J］. 现代经济信息（7）：50-52.

杨刚，2019. 浪潮涌动下的成都：生活遇上新经济［J］. 财富时代（7）：19-22.

熊筱伟，王眉灵，2015. 中国软件“入主”迈普通信［N］. 四川日报，2015-09-12.

史晓露，蒋君芳，2017. 成都确立新时代“三步走”战略目标［N］. 四川日报，2017-12-12.

许风婷，2011. 奥泰医疗：要做核磁共振界的“奔驰”［N］. 每日经济新闻，2011-09-01.

许风婷，杨小粤，2011. 小市场挖掘大纵深 西南首个民营机构获 DNA 司法鉴定牌照［N］. 每日经济新闻，2011-06-16.

余蕊均，谢孟欢，2017. 高质量推动新发展　成都定下 2018 经济目标［N］. 每日经济新闻，2017-12-29.

羽博，2015. 3D 生物血管打印机问世 蓝光发展入局千亿美元市场［N］. 中国经营报，2015-10-31.

张守帅. 产业布局调整背后的成都转型逻辑［N］. 四川日报，2017-07-03.

汪子旭. 重塑产业功能区领跑成都新经济［N］. 经济参考报，2019-12-17.

王怀，梁现瑞，方小虎，2011. 仁宝集团成都制造基地项目正式开工［N/OL］.（2011-01-02）. http://www.sc.chinanews.com/szbd/2011-01-20/3100. html.

熊筱伟，2017. 签约！腾讯更多项目将落地成都［N/OL］. 四川日报，2017-12-04. http://www.sc.gov.cn/10462/10778/10876/2017/12/4/10440581. shtml.

黄启恒，2018. 成都高新区万亿级电子信息产业集群的逐梦路径［EB/OL］.（2018-07-20）. http://www. cdht. gov. cn/cdgxq/c139818/2018-07/20/content_becb69367a3141ccafd72861953696b0.shtml

搜狐网，2018. 京东方第六代 OLED 进展顺利，综合良率已达 65%［EB/OL］.（2018-06-15）. https://m. sohu. com/a/236011536_116588.

腾讯财经，2019. 大众汽车品牌中国携手一汽-大众成立新合资企业 将提供车辆互联服务［EB/OL］.（2019-03-19）. https://new. qq. com/cmsn/20190319/20190319003644. html? Pc.

马天帅，余文龙，2011. 成都民企收购美国医疗器械公司一波三折[EB/OL].(2011-11-30).http://scnews.newssc.org/system/2011/11/30/013382233_01.shtml.

陈利，2012. 成都市高新区力争在5年内打造2 000亿元产业集群[EB/OL].(2012-07-13).http://www.sc.gov.cn/10462/10464/10465/10595/2012/7/13/10217904.shtml.

后记：读懂这大地

这里是成都，从“泽国赤盆”到“天府之国”，从西南腹地到开放前沿，承袭历史，夙夜匪懈，成都已然飞跃发展成为中国“第四城”。

2019 年成都实现地区生产总值 1.7 万亿元、增长 7.8%，排名全国城市第七，2020 年虽受疫情影响，但依然由负转正，经济社会可望实现既定目标，佳绩来之不易。

放眼全球，如成都这般耀眼的城市屈指可数。无论是经济总量、产业结构还是生态环境，成都的发展都可圈可点。探寻成都的成功之道，找寻城市发展的动力之源，是拙作的初心，奈何写作日久，过程也算一波三折、呕心沥血，但无论怎么样去书写、修改，直至付梓，仍觉得对成都的刻画不全面、不生动、不细腻、不周全，成都的精彩万万千，落在纸笔却不足以表达其万一，若有以偏概全、贻笑大方之处，还望海涵。

作为一名成都人，将对这座城市和这片土地的感情演绎为一本书，最终获得出版发行，一方面是自己深耕成都这片土地所见的侧影，这些侧影多少折射出这座城市和城市人的时代命运；另一方面，也希望这本书能成为一艘穿越时空的小艇，带读者漫游在成都现代产业发展史的长河中，从而找准立足的方位。

要真正解读清楚成都这 1.4 万平方千米的土地与两千万人民的关系，助力成都发展，还需万千读者群策群力。苏格拉底在《申辩篇》

中曾说："未经审视的人生不值得一过。"愿阅读此书的读者朋友们，可参考这句格言的观点。不要笑话这本书的粗陋，请和我一起去观察这座视域深广的历史之城；不要笑话著述的拙笨，请和我一起加入建设成都的行列。

书中涉及产业、经济等诸多方面，以及改革开放以来几十年的幻化变迁，为了尽量求得刻画的精准确切，得到了多位专家的帮助和指导，就不一一道谢了。需要查阅的资料很多，有些或不容易找到或数据准确性需严谨考证，四处求教于师友，获益也颇为良多。

凡是过往，皆为序章。成都走在成渝地区双城经济圈、西部大开发形成新格局、国内循环为主体国际国内双循环新发展格局的大道上，前路漫漫，风景无限，祝愿明天更好。

在此，感谢年迈的父母对我的支持，也感谢师友们的鼓励与帮助。对西南财经大学出版社诸位编辑的辛勤付出，谨致以由衷的谢忱。

是为记。

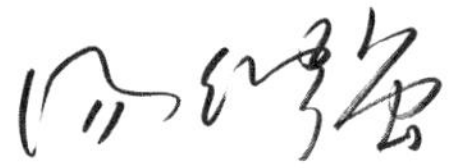

2020 年 9 月于成都